KLASSISCHE BIERE

KLASSISCHE BIERE

DER KLEINE BIERFÜHRER

garant

ww.garant-verlag.de

Herstellung und Organisation: TIM-Verlag
Redaktion: Reinhard Jarczok
Umschlaggestaltung: Simone Halfar
Bildnachweis Umschlag: www.fotolia.de

ISBN 978-3-7359-0147-7

BIERGESCHICHTEN

So wird Bier heute gelagert. „The Bruery" ist eine kleine Brauerei in Kalifornien, die mit einfachsten und reinsten Mitteln sehr bekömmliche Biere braut.

Bier kannte man bei den Sumerern bereits vor 4500 Jahren. Archäologen der Universität Yale gruben in der Nähe von Kairo eine Brauerei aus, die Bestandteil einer kompletten Stadt war. Hier fanden sie nicht nur Getreidelager, sondern auch Hieroglyphen, die in einer Lobeshymne an die sumerische Göttin Ninkasi eine Beschreibung des Brauprozesses von Bier enthielt.

Wie es zur Entdeckung des Gärungsprozesses kam, ist nicht überliefert, aber man nimmt an, dass es bei der Pflege eines Kranken zur zufälligen Entdeckung kam. Vielleicht wollte man einem kranken Menschen das Schlucken erleichtern und hatte ein paar Stücke Brot in Wasser eingeweicht. Dann wurde der Krug ein paar Tage einfach vergessen und das Brot begann zu gären. Dabei entstand ein berauschender Brei, den der Patient zu trinken bekam. Scheinbar war das Gebräu sehr bekömmlich und man begann, das Rezept nachzuahmen. Somit könnten die Sumerer als erstes Kulturvolk mit Brauereierfahrung gelten. Danach begann der Siegeszug des „göttlichen" Gebräus.

Im 3. Jahrtausend vor Christus war das Bier bereits von großer Bedeutung. Im Gilgamesch-Epos wurden die Anfänge der Menschheit erstmals schriftlich niedergelegt und die Entwicklung des Urmenschen zum kultivierten Menschen wurde beschrieben. Dieser Mensch mit dem Namen „Enkidu" wollte seine Kräfte mit dem gottesgleichen Herrscher Gilgamesch messen. Da Gilgamesch mehr über Enkidu erfahren wollte, schickte er dem primitiven Menschen eine Frau, die ihm die Zivilisation nahebringen sollte. Sie sprach zu Enkidu: „Iss nun das Brot, o Enkidu, denn das gehört zum Leben, trink auch vom Bier, wie es ist des Landes Brauch." Enkidu trank nach der Überlieferung sieben Becher Bier und ihm wurde leicht ums Herz. In dieser Verfassung wusch er sich und wurde so zu einem Menschen.

Auch die Nachfolger der Sumerer, die Babylonier, die im 2. Jahrtausend vor Christus das Zweistromland beherrschten, verstanden sich hervorragend auf das Bierbrauen. 28 Biersorten aus Emmer, einer antiken Getreidesorte, und Gerste sollen sie bereits

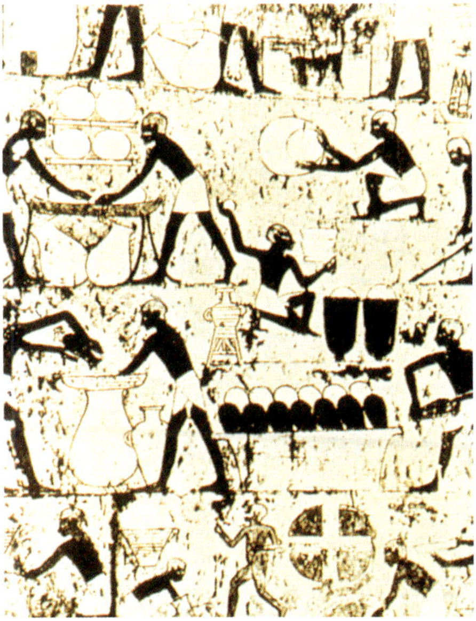

Die Szene auf der ägyptischen Wandmalerei aus dem Grab des Kenamon in Schech Abd el Gurna bei Luxor zeigt Ägypter um 1500 vor Christus beim Brauen von Bier.

gekannt haben. Das damalige Bier war natürlich, trüb und ungefiltert. Per Gesetzesbeschluss wurde jedem Babylonier eine tägliche Bierration, je nach sozialem Stand des Einzelnen, zugesichert. Einige Biersorten wurden von den Babyloniern sogar bis ins 1000 Kilometer entfernte Ägypten exportiert, so entstand das erste Lagerbier. Bier wurde nicht gekauft oder verkauft, sondern gegen Gerste eingetauscht. Da das Brauen von Bier zu Hause stattfand, gehörte es zum Aufgabenbereich der Frauen.
Auch die Ägypter erlangten bald das Wissen über das Brauen des Gerstensaftes und entwickelten sogar ein eigenes Schriftzeichen für das Wort „Bier". Eine Hieroglyphenschrift, die in einer Grabkammer angebracht wurde, lässt erahnen, wie in Ägypten gebraut wurde: „Um Bier zu brauen, nimmt man Gerste oder eine andere Getreideart, feuchtet sie an oder gräbt sie auch ein, damit sie zu keimen beginnt. Dann wird das Getreide gemahlen und unter Zusatz von Sauerteig zu Brot geformt. Die Brote bäckt man ein wenig – so, dass nur die äußerste Kruste brotartig wird. Das Innere muss roh bleiben. Dann werden die Brote in Stücke geschnitten, in einen großen Topf getan und mit Wasser begossen. So lässt man sie einen Tag stehen. Am nächsten Tag wird die Flüssigkeit durch ein Sieb in einen anderen Topf gegeben, wobei die aufgeweichten Brotstücke auf dem Sieb mit den Händen geknetet werden. Das weißlich schäumende Getränk, das so entsteht, hat einen bitteren Geschmack. Es muss gleich nach der Bereitung getrunken werden, weil es sich nicht aufbewahren lässt und, wenn man es in verschlossene Gefäße füllt, diese zersprengt. Um es noch bitterer zu machen, gibt man Rettich oder Wolfsbohne hinzu". Auch heute noch stellen die Fellachen, die ländliche Bevölkerung am Nil, das Bier auf die gleiche Weise her.

Das Bier geht in die Welt

Doch nicht nur am Nil war das Bier ein wichtiger Bestandteil des täglichen Lebens. Auch in Südostasien war zu dieser Zeit bereits Reisbier bekannt, in Afrika wurde Hirsebier gebraut und die Indianer in Mittelamerika tranken Biergetränke aus Mais. Auch bei den Germanen war das Getränk bereits vor 3500 Jahren bekannt. In Gräbern der Kelten und Germanen fanden Archäologen Reste von Bier in Gefäßen als Grabbeigaben, denn das Bier der Germanen war ein „Trank der Götter", wie man aus der Sage von „Thor und Tyr" erfahren kann.

So oder so ähnlich könnte das Vorbereiten der Maische für das Brauen von Bier ausgesehen haben.

Inzwischen hatte das Bier den nördlichen Teil des Mittelmeeres erreicht und der berühmte griechische Arzt Hippokrates erwähnt in seinen Schriften den „Gerstensud" als heilend gegen Schlaflosigkeit und Fieber. Und auch die Römer hatten zu dieser Zeit die heilende Wirkung von Bier bereits erkannt. Doch als Weintrinker verabscheuten sie den Trank der „Barbaren" bei festlichen Gelegenheiten und konsumierten nur bei krankheitsbedingten Beschwerden das schauerliche Gebräu aus Gerste und Weizen. Im Jahr 1911 kamen aus einem römischen Brunnen in Alzey bei Ausgrabungen steinerne Krüge zum Vorschein, die eine bräunliche Substanz enthielten. Chemische Untersuchungen ergaben, dass es sich hierbei um Maische handelte, die geschätzte 1600 Jahre alt war.

Bierbrauer

Bierhandel im Mittelalter

Im Gebiet des heutigen Europa war Bier einige Jahrhunderte nach Christi Geburt zu einer gängigen Handelsware geworden und spielte im täglichen Leben eine wichtige Rolle. So wurde in einer finnischen Volksdichtung dem Bier 400 Verse gewidmet, der Erschaffung der Erde aber nur 200. Und auch die „Edda" nahm sich dem Thema „Bier" an, denn dort steht: „Der Wein war den Göttern vorbehalten, das Bier gehörte den Sterblichen und der Met den Bewohnern des Totenreiches."

Auch bei uns gehörten das Brotbacken und das Bierbrauen im Mittelalter zu den Aufgaben der Frauen. Erst kurz vor der Jahrtausendwende, als man in Klöstern damit begann, Bier zu brauen, änderte sich dies und als Karl der Große im Jahr 800 n. Chr. Deutscher Kaiser wurde, gab es alleine in Bayern 300 Klöster, die Bier brauten.

Der Grund für die Beliebtheit des Gerstensafts bei Mönchen lag wohl in der Zusammensetzung des Getränks, das inzwischen wohlschmeckend und vor allem nahrhaft war. Für die karge Fastenzeit war so eine Alternative für eine ausgeglichene Ernährung gefunden worden, denn es galt „Liquida non frangunt ieunum" – Flüssiges bricht das Fasten nicht. Zu dieser Zeit war es jedem Mönch erlaubt, fünf Liter Bier am Tag zu sich zu nehmen.

Doch schon nach kurzer Zeit fingen die heiligen „Brüder" an, nicht nur Bier für ihren eignen

Brauer

Bierschenken

In vielen Brauerwappen und Brauereisymbolen findet sich neben den klassischen Brauerwerkzeugen Malzschaufel, Maischegabel und Bierschöpfer auch noch das Hexagramm, der sogenannte Bier- oder Brauerstern. Das Bild zeigt ein Wirtshaus auf dem Weg von Oaria nach Mailand.

Brauerwappen

Die „Beer Street – Beer, happy produce of our isle ...“ des englischen Zeichners William Hogarth aus dem Jahr 1750. Das Gegenstück zu diesem Bild ist die „Gin Lane“ vom gleichen Maler.

Bedarf herzustellen, sondern gegen eine Gebühr erhielten die Mönche das Recht, Bier gewerblich zu vertreiben. Daraus entwickelten sich in den Klöstern bald gut geführte Klosterschenken. Da die vielen Klöster die Bierbrauerei sehr vorantrieben und perfektionierten, waren die Biere entsprechend gut und beliebt. Viele Mönche entwickelten sich zu wahren Spezialisten auf dem Gebiet des Bierbrauens.

Die älteste Brauerei Bayerns

Auch dem Bayrischen Kloster Weihenstephan wurde vom Freisinger Bischof im Jahr 1040 das Brau- und Schankrecht verliehen. Weihenstephan braut auch heute noch Bier und ist damit die älteste noch bestehende Brauerei.

Doch nicht nur hinter Klostermauern wurde gebraut und abgefüllt, sondern auch in den Städten des Mittelalters wollte man auf das Bier nicht mehr verzichten und es entwickelte sich ein eigener Handwerkszweig, und zwar der des Bierbrauers. Da die Landesfürsten sahen, dass sich der Berufszweig sehr schnell entwickelte und die Kassen der Landesherren immer leer waren, wurde kurzerhand eine Biersteuer eingeführt, und da die Klosterschenken durch ein Gesetz von dieser Steuer befreit waren, wurden zu dieser Zeit viele dieser Schenken einfach geschlossen. Dennoch waren die Klostermönche diejenigen, die sich als Erste mit dem Brauen von Bier wissenschaftlich auseinandersetzten. Brabanter Klöster sollen die Ersten gewesen sein, die dem Gebräu erstmalig Hopfen hinzufügten, um es haltbar zu machen, und ihm gleichzeitig seine Würze gaben. Dies erklärt auch, dass der Brabanter König Gambrinus bis heute noch der Schutzpatron der Brauer ist. Doch die Verwendung von Hopfen löste einen heftigen Streit um das sogenannte Grutrecht aus, welches einer Brauerei die Herstellung von „Grut“ erlaubte, die rechtliche Basis jeder Brauerei und gleichzeitig eine Monopolstellung. Durch die Verwendung von Hopfen wäre kein Grut mehr notwendig gewesen. Aus diesem Grund wurde die Verwendung von Hopfen für die Herstellung von Bier erst einmal verboten.

Die Tischsitte des Anstoßens

Grut bestand unter anderem aus Wacholder, Gagel, Schlehe, Eichenrinde, Wermut, Kümmel, Anis, Lorbeer, Schafgarbe, Stechapfel, Enzian, Rosmarin, Rainfarn, Johanniskraut, Fichtenspänen, Kiefernwurzeln und vor allem aus Bilsenkraut, das während des Brauprozesses halluzinogene Alkaloide entwickelte. Durch diese Beimischungen ergab sich auch der Aberglaube rund um den Braukessel, der im „Anstoßen“ mit den massiven

Die ältesten bestehenden Brauereien in Bayern

1040	*Bayerische Staatsbrauerei, Weihenstephan (ehem. Benediktiner Klosterbrauerei)*
um 1050	*Klosterbrauerei Weltenburg*
um 1050	*Herzoglich Bayerisches Brauhaus, Tegernsee*
1100	*Schlossbrauerei Herrngiersdorf*
1119	*Klosterbrauerei Scheyern*
1150	*Klosterbrauerei Biburg (ehem. Benediktiner Klosterbrauerei)*
um 1150	*Brauerei Mühlbauer & Söhne (ehem. Schlossbrauerei)*
1160	*Graf von Moy Hofbräuhaus, Freising (ehem. Bischöfliche Brauerei)*
1182	*Klosterbrauerei Irsee*
1239	*Brauerei Haselbach, München*
um 1250	*Bierbrauerei Schneider und Sohn, München*
1259	*Brauerei Peschl, Passau*
1268	*Brauerei Aldersbach Aretin-Werke KG, Aldersbach*
um 1273	*Brauhaus Hallertau, Hans Veit Graf zu Toerring-Jettenbach, Pörnbach*
1283	*Rhanerbräu, Rhan*
1286	*Klosterbrauerei Raitenhaslach*
um 1300	*Schlossbrauerei Eichhofen*
1300	*Klosterbrauerei Fuchbüchler*
1300	*Brauerei zum Kuchlbauer, Abendsberg*

Krügen gipfelte. Denn in dieser Zeit war es durchaus üblich, einen unerwünschten Mitstreiter mit ein wenig Gift ins Jenseits zu befördern.

Beim „Anstoßen“ wurde so heftig geprostet, dass das Bier in den Krug des Gegenübers schwappte und sich mit dem Bier des Mittrinkers vermischte. Eine überaus schlechte Ausgangsposition für ein Attentat.

Beim Bierbrauen ging im Mittelalter öfter etwas daneben und in vielen Fällen suchte man den Schuldigen im Bereich des Mystischen. So wurden viele wundersame Kräutlein und kultische Gegenstände um den Sudkessel herumgelegt, um böse Geister fernzuhalten. Dieser Aberglaube ging so weit, fehlgeschlagene Brauversuche den „Brauhexen“ oder „Bierhexen“ zuzuschreiben. Die letzte Verbrennung einer „Bierhexe“ erfolgte im Jahr 1591.

Mit der erneuten Verwendung von Hopfen verschwand der Aberglaube und die Qualität des Bieres stieg erheblich an. Schließlich setzte sich das Zusetzen von Hopfen bei allen zukünftigen Biersorten durch. Dieses Bier war klar und kam im Geschmack den heutigen Bieren schon sehr nahe. Damit diese Qualität konstant blieb sollte, erließ der bayerische Herzog Wilhelm IV. im Jahr 1516 das „Reinheitsgebot“. Darin wurde festgelegt, dass die Bestandteile von Bier nur Gerste, Hopfen und Wasser sein durften.

Amerikanische Bierwerbung aus den 50er-Jahren: Nur fröhliche Gesichter beim Biergenuss während des Besuchs bei den Großeltern.

Bier wird salonfähig

Als erster „Stammtisch“ kann das „Tabakskollegium“ von Friedrich Wilhelm I. angesehen werden. Denn er machte Bier hoffähig. Sein Sohn, der später als Friedrich der Große in die Geschichtsbücher eingehen sollte, erlernte schon in jungen Jahren die Braukunst. Weitere grundlegende Erfindungen revolutionierten zu dieser Zeit das Brauereihandwerk. Der holländische Naturforscher Anton van Leeuwenhoek erfand im 17. Jahrhundert das Mikroskop, das nicht nur den Bierbrauern die Augen in eine völlig neue Welt öffnete, und in Pilsen wurde am Martinstag des Jahres 1842 zum ersten Mal ein Pils ausgeschenkt.

Loius Pasteur war es, der als

Die St. Johanni Brauerei in Accum präsentiert um 1888 stolz ihre Fässer mit dem edlen Getränk. Man beachte die Aufschrift „Gott erhalte“. Die Brauerei wurde 1917 geschlossen.

Im Jahr 1919 tritt in Amerika ein Bierverbot in Kraft, das 14 Jahre gilt. Während dieser Zeit kommt es zu zahllosen Demonstrationen. Als am 7. April 1933 das Verbot aufgehoben wird, werden innerhalb eines Tages in den USA über eine Million Barrel (1 Barrel = 159 Liter) des neuen Biers mit 3,2 Prozent Alkoholgehalt getrunken.

Erster auf die Idee kam, Flüssigkeiten zu kochen, um somit die in ihr enthaltenen Bakterien abzutöten. Aber die von van Leeuwenhoek gemachte Erfindung bildete nicht nur die Grundlage für die von Pasteur gemachten Entdeckungen, sondern half auch Bierwissenschaftlern, einzelne Hefezellen zu isolieren. Sie lieferten die Grundlage für die moderne Brautechnik und bahnten dem obergärigen Bier den Weg.

Was heute kaum ein Mensch weiß, ist, dass die Entdeckungen von Pasteur anfänglich nur von Interesse für die Brauereien waren. Er lernte, dass durch ein plötzliches Erhitzen die Hefen und Bakterien abstarben und das Bier nicht so schnell schlecht wurde.

Eine starke Bedeutung hatte zu dieser Zeit der Preis des Bieres, der schon immer im Mittelpunkt des Interesses stand. Eine geringe Anhebung konnte gravierende Folgen haben, wie es die Salvatorschlacht in München aus dem Jahr 1888 aufzeigt. Münchner Bürger waren mit den angehobenen Preisen der Wirtshäuser nicht mehr einverstanden und lehnten sich dagegen auf, indem sie die Inneneinrichtungen vieler Gaststätten in der bayrischen Hauptstadt zu Kleinholz schlugen.

Im 18. Jahrhundert machten sich auch die Brauereien den technischen Fortschritt während der industriellen Revolution zunutze. So war die Erfindung der Kältemaschine in den 50er-Jahren ein Quantensprung für die moderne Brauerei. Die Kühlmaschine ermöglichte das Lagern von Bier und machte eine ganzjährige Produktion möglich. Davor konnte das Bier nur im Winter hergestellt und in kalten Kellern gelagert werden. Oft wurde es mit Eisblöcken zusätzlich gekühlt.

Durch die neuen Möglichkeiten der Kältemaschinen suchten die europäischen Bierbrauer bald nach einer neuen Hefeart, die sich auch bei geringen Temperaturen vermehrte. Den Erfolg teilten sich der Österreicher Anton Dreher, der Deutsche Gabriel Sedlmayer und der Däne Emil Hansen. Dreher und Sedlmayer wurden bei ihren gemeinsamen Forschungen mit der Isolation der sogenannten untergärigen Hefe (Saccaromyces uvarum) belohnt. Hansen dagegen hatte es als Erster geschafft, eine einzelne Hefezelle im Laboratorium der dänischen Carlsberg-Brauerei zu isolieren.

Gabriel Sedlmayer belieferte im 19. Jahrhundert den königlichen bayrischen Hof und war für das Münchner Spaten-Bier verantwortlich. Er war auch der erste Brauchemiker, der die Wissenschaft in die Münchener Brauhäuser brachte.

Moderne englische Jungendliche während eines Festes bei Dorset. Getrunken wird das Bier aus Metallkrügen, die dem gebräuchlichen Raummaß Pint (568 ml) entsprechen.

Die Hefe macht's

Nachdem der Trick mit der Isolierung einzelner Hefezellen entdeckt worden war, konnten die Brauer nur die Hefekulturen verwenden, die für ein gutes Bier verantwortlich waren. Der Erfolg trat 1883 ein und brachte bei den verschiedenen Biermarken einen fast gleichbleibenden Geschmack durch das Verwenden immer gleicher Kulturen.

1930 war das Bierbrauen zu einer hochwissenschaftlichen Arbeit geworden und die Hochschule für Brauerei in Weihenstephan wurde der Universität in München angegliedert.

Vor knapp 100 Jahren trat der Münchner Gerstensaft seinen Siegeszug um die Welt an. Seit jener Zeit gilt das Münchner Bier weltweit als eine Besonderheit, die durchaus dem Champagner und dem Wein Italiens das Wasser reichen kann. Man hatte zwar schon zuvor bis nach New York exportiert, 1896 aber ging das Bier erstmals an die Westküste der USA, ja sogar in das Innere Afrikas.

Überall herrschte helle Freude über den dunklen Trunk aus der Bayernmetropole, deren Städte sich dank ihres Bieres allmählich zu den bekanntesten Städten auf der Erde entwickelten. Die Loblieder auf den Gerstensaft, der inzwischen nicht mehr nur in Deutschland oder Europa in bester Qualität gebraut wird, sondern auch in Übersee eine sehr gute Qualität aufweist, reichen von den Siedlern in Südwestafrika des Jahres 1896 über Lenin und Kaiserin Elisabeth bis zu den Amerikanern Thomas Wolfe und Leonard Bernstein.

Bei den vielen Festen auf der „Insel" wird direkt aus den Fässern gezapft. Dabei gibt es endlose Varianten des teilweise gewöhnungsbedürftigen englischen Biers auszuprobieren.

An die frühe Tradition der regionalen Braureikunst anknüpfend, entstanden in Brandenburg viele Brauereien mit in Sorgfalt und mit hohem Können hergestellten Bierspezialitäten. Doch in den früheren Zeiten war das Bierbrauen wesentlich weiter verbreitet als heutzutage. Im Jahr 1872 gab es im Gebiet der Brausteuergemeinschaft des Deutschen Reiches noch 14.157 Brauereien. Heutzutage sind noch ganze 1300 Brauereien in Deutschland verteilt zu finden. Um gegen die großen Brauereien zu bestehen, haben die kleinen Brauereien Brandenburgs einige Besonderheiten bei Frischbieren erarbeitet. Zudem gibt es besonders in der Gegend des Spreewaldes Erlebnismöglichkeiten, die sich sehr gut mit dem Genuss der dortigen Biere verbinden lassen.

Dunkel Spezial

Brauerei:	*Brauhaus Babben*
Standort:	*Lübenau, Brandenburg*
Sorte:	*dunkel*
Farbe:	*bernsteinfarben*
Alkoholgehalt:	*5,2 Vol.-%*
Stammwürze:	*13,5 %*
Serviertemperatur:	*6° C*
Geschmack:	*malzaromatisch*

Brauhaus Babben
Geschichte des Lübbenauer Bieres

Seit dem 23. Juli 1670 bestehen im Brauhaus Babben, belegt in einer aufgezeichneten ortsrechtlichen Regelung, die Braurechte der Brauerschaft zu Lübbenau. Um das Überhandnehmen der Gründung von Brauereien einzuschränken, erließ der damalige Schlossherr am 29. Januar 1677 ein Reskript zur Minimierung der brauberechtigten Bürger. Damals gab es in Lübbenau 28 ganze, 13 halbe und zwei viertel Braugüter. 1682 wurden dann mehrere der Brauereien zu einer großen Brauerei zusammengeschlossen. Am 13. August 1751 übergab der Inhaber des Brauhauses, Christian Birkholz, sein Recht an dem Brauhaus an Christian Richter, der es in Halbiks Garten an der Spree neu errichtete. Am 12. August 1750 überließ Richter das Brauhaus mit allen Braugefäßen der Brau-Urbarschaft zu Lübbenau, die es von nun an gemeinschaftlich verwaltete. Am 7. Februar 1903 ging der Besitz der Braugemeinde Lübbenau wieder in Privathand über. Ab dem 8. November 1928 war die Brauerei im Besitz vom Braumeister Erich Babben. Es wurde wieder, wie vom Vorbesitzer eingeführt, die Herstellung alkoholfreier Getränke im Nebenbetrieb aufgenommen. Am 1. Mai 1972 wurde der Betrieb verstaatlicht und führte seitdem die Bezeichnung VEB Stadtbrauerei Lübbenau. 1974 wurde hier vorerst zum letzten Mal Bier gebraut. Danach wurde bis 1980 nur noch angeliefertes Bier abgefüllt und

Die Auslieferung des Bieres des Brauhauses Babben in Fässern erfolgte noch bis in die 70er-Jahre mit dem Kahn.

Der Braumeister bei der Arbeit

es wurden alkoholfreie Getränke hergestellt. 1996 erfolgte die Wiederaufnahme des Brauereibetriebes mit einer 50-Liter-Anlage, die aufgrund der großen Nachfrage 1998 durch eine Fünf-Hektoliter-Anlage ersetzt wurde.

Heute werden in der kleinsten Brauerei Brandenburgs folgende Biere angeboten: Lübbenauer Bockbier, Lübbenauer Maibock, Lübbenauer Märzen, Lübbenauer Weizenbier.

Der Spreewald

Die Spreeaue ist heute eine naturbelassene Auenlandschaft. In dem 475 Quadratkilometer großen Biosphärenreservat Spreewald leben heute etwa 50.000 Menschen in 37 Dörfern und zwei Städten. Lübbenau mit seinem großen Kahnfährhafen gilt als die Hauptstadt des Spreewaldes. 1550 Kilometer sogenannte „Fließen“ durchziehen das Schutzgebiet.

Frankfurter Brauhaus 600 Jahre Brautradition

Seit über 600 Jahren wird in Frankfurt (Oder) Bier gebraut. Kathäusermönche entwickelten und verfeinerten in der Frankfurter Gubener Vorstadt ab 1396 die Kunst, aus Wasser, Malz und Hopfen Biere zu vergären. Die Historie der Bierstadt Frankfurt (Oder) weist aus, dass vor dem Jahr 1939 noch 27 städtische Braustätten als Klein- und Mittelbetriebe bekannt waren. Die Braugeschichte der Stadt wurde im Jahr 1945 mit der Zerstörung und Demontage der Frankfurter Ostquell-Brauerei AG am Ferdinandsberg, der größten bis dahin bestehenden Brauerei der Stadt, unterbrochen und konnte erst mit der Inbetriebnahme der Oderland-Brauerei (heute Frankfurter Brauhaus) im Jahr 1988 fortgesetzt werden.

Die heute gebrauten Regionalmarken geben der Frankfurter Brauhaus GmbH und dem Braustandort Frankfurt (Oder) eine eigene Identität. Getragen von Regionalität und Heimatverbundenheit, erfreut sich das Premium-Pilsener der Oderstadt großer Beliebtheit. Eine milde, feinherbe und harmonische Hopfennote sowie eine angenehme Vollmundigkeit sind prägend für den Charakter dieses Pilseners. Der etwas höhere Stammwürzegehalt und der daraus resultierende höhere Alkoholgehalt sind daneben weitere Besonderheiten, die dem Geschmack der Oderländer und Brandenburger Biertrinker und -kenner entsprechen. So entsteht ein Pilsener, das beim Trinken an die Ursprünglichkeit der Oderlandschaft erinnert und den Appetit auf den Genuss eines weiteren Glases erzeugt.

Durch den außergewöhnlichen Erfolg von Frankfurter Pilsener kam bald ein ganz besonderes Premium-Export dazu: ein Premium-Export mit den für diesen Biertyp charakteristischen Merkmalen einer weichen, würzig milden und leicht herben Geschmacksnote. Eine Vollmundigkeit entstand, die diese Spezialität in goldgelber Farbe abrundet.

Das Pilsator-Pilsener zeichnet sich durch eine helle, edle Farbe, leichte Hopfung und frischwürzigen Charakter aus. Ebenso durch Spritzigkeit und Leichtigkeit des Geschmacks. Für Pils-Kenner und Liebhaber ist dieses Produkt für den

Frankfurter Premium Pilsner

Brauerei:	*Frankfurter Brauhaus*
Standort:	*Frankfurt/Oder, Brandenburg*
Sorte:	*Pilsener*
Farbe:	*klar, goldfarben*
Alkoholgehalt:	*5,2 Vol.-%*
Stammwürze:	*11,8 %*
Serviertemperatur:	*8 bis 12° C*
Ideal zu:	*kräftige Speisen oder auch als Erfrischung*

täglichen Genuss ebenso geeignet wie für Garten- und Grillpartys oder das Löschen des großen Bierdurstes.

Klosterbrauerei Neuzelle Deutschlands berühmte Spezialitäten-Brauerei

Seit 1416 ist das Brauen in den Mauern des im Jahr 1268 gegründeten Klosters Neuzelle durch Akten zur bäuerlichen Zinszahlung von sieben Maß Hopfen pro Jahr belegt. Die eigene Brauerei wurde 1589 gegründet und gehörte bis zur Verweltli-

Nicht nur der Klosterladen der Brauerei, sondern auch die zahlreichen Veranstaltungen in Neuzelle bieten höchten Biergenuss.

chung im Jahr 1817 zum Kloster. Nachdem das Brauhaus 1892 vollkommen abbrannte, wurde es zehn Jahre später am heutigen Standort wieder aufgebaut. 1948 wurde die Neuzeller Klosterbrauerei in Volkseigentum überführt, indem die Besitzer von der DDR-Regierung enteignet wurden. Ab 1968 hieß die Brauerei dann „Brauerei Neuzelle". Mit dem Fall der innerdeutschen Grenzen bekam die Brauerei ihren alten Namen zurück und wurde schließlich 1992 als „Klosterbrauerei Neuzelle GmbH" privatisiert. Den Zukunftspreis der IHC Franfurt (Oder) erhielt die Brauerei im Jahr 2005. Heute produziert die Klosterbrauerei mit 40 Angestellten jährlich 40.000 Hektoliter Bier, wovon ungefähr fünf Prozent exportiert werden.

Das bekannteste Bier der Brauerei ist das Schwarzbräu „Schwarzer Abt" mit einem Alkoholgehalt von 3,9 Prozent und einer Stammwürze von zwölf Prozent. Die tiefdunkle Farbe, die Vielfalt der Aromen und die ausgewogene Harmonie der Ingredienzien geben dieser Bierrarität eine Unverwechselbarkeit im Geschmack. Eine über die Jahrhunderte gepflegte, klösterliche Brautradition und der über ein Jahrzehnt dauernde „Branden-

Brandenburger Bierkrieg

Gegenstand des Rechtsstreits zwischen der Landesregierung Brandenburgs und der Klosterbrauerei Neuzelle war der Rechtsstreit um die Beigabe von Zucker in den „Schwarzen Abt", da dies gegen das deutsche Reinheitsgebot verstößt. Nach langem Rechtsstreit bekam die Neuzeller Klosterbrauerei schließlich recht und der Richter schloss mit den Worten: „Der Schwarze Abt ist ein besonderes Bier. Er darf gebraut und auch unter dem Namen ‚Bier' verkauft werden. Wir wünschen weiterhin viel Genuss beim Trinken."

„Schwarzer Abt"

Brauerei:	*Klosterbrauerei Neuzelle*
Standort:	*Neuzelle, Brandenburg*
Sorte:	*Schwarzbier*
Farbe:	*schwarz, mit braunem Schimmer*
Alkoholgehalt:	*3,9 Vol.-%*
Stammwürze:	*14 %*
Serviertemperatur:	*ca. 12° C*
Ideal zu:	*Fisch oder kräftiger Braten oder Grillfleisch*

burger Bierkrieg“ haben diesem Bier Berühmtheit und Kultcharakter verliehen. Folgende Biere sind in Neuzelle erhältlich: Anti-Aging-Bier, Neuzeller Kloster-Bräu Dunkel, Klosterbrauerei Neuzelle Himmelspforte, Klosterbrauerei Neuzelle Klostermalz, Klosterbrauerei Neuzelle Schwarzer Abt, Marathon Bier, Neuzeller Kloster-Bräu Badebier, Neuzeller Kloster-Bräu Bock, Neuzeller Kloster-Bräu Closter Zell, Neuzeller Kloster-Bräu Export, Neuzeller Kloster-Bräu Kirschbier, Neuzeller Kloster-Bräu Mönchspils, Neuzeller Kloster-Bräu Porter, Neuzeller Kloster-Bräu Schlaubetaler, Neuzeller Kloster-Bräu Schwarzbier extra stark, Neuzeller Kloster-Bräu Winzerbier.

„Odin-Trunk“

Brauerei:	*Schlossbrauerei Fürstlich Drehna*
Standort:	*Luckau, Brandenburg*
Sorte:	*Vollbier*
Farbe:	*golddunkelfarben*
Alkoholgehalt:	*5,4 Vol.-%*
Stammwürze:	*15 %*
Serviertemperatur:	*ideal bei 6° C*
Geschmack:	*leicht malzig, Hopfen kaum spürbar, betont süßer Antrunk mit Honigaroma*

Schlossbrauerei Fürstlich Drehna
Natur, Tradition, Zukunft

Die Region um Fürstlich Drehna im Süden Brandenburgs gehört zu den sonnenreichsten in Deutschland. Die reizvolle, in der Eiszeit entstandene, einzigartige, leicht hügelige Landschaft des Naturparks Niederlausitzer Landrücken liegt direkt vor der Tür. Dieses Juwel Europas liefert naturbelassenes Wasser, weist eine Vielfalt von 18.000 Pflanzen- und Tierarten auf und ist eine der wertvollsten Agrarkammern Deutschlands. Dies alles verbindet die Schlossbrauerei Fürstlich Drehna ganz besonders mit ihrer Umwelt.

Sonne macht bekanntlich durstig. Seit 1745 stellt die Schlossbrauerei Fürstlich Drehna regional typische Biere her. Heute wie damals nach traditioneller, handwerklicher Braukunst- eine immer seltener werdende und in Nord- und Mitteldeutschland fast ausgestorbene Exklusivität.

Genießer mit individuellem Geschmack schätzen die charaktervollen und einmaligen Spezialitätenbiere der heutigen Bierproduktion. Allen voran der Odin-Trunk, ein Honigbier, hergestellt mit naturreinem Bienenhonig. Feinstes Malz, bester Hopfen und echter Bienenhonig kreieren den ganzen Geschmack des Odin-Trunks. Ein Bier von erstaunlicher Komplexität mit festem Schaum, golddunkelfarben, vollmundig und honigaromatisch süß. Eine absolute Spezialität – ein himmlisches, göttliches Bier. Aber auch das klassische Schlossbräu Edelhell, das Original Gambrinus Pils nach der bis heute geheim gehaltenen Originalrezeptur aus dem Jahr 1842 oder das bierhaltige Original Potsdamer, das urtypische Erfrischungsgetränk mit Himbeer-Brause können sich sehen lassen. Und exklusiv für den besonderen Anlass, sollte das Selection Premium Pils und das Selection Premium Malz nicht außer acht gelassen werden.

Spreewälder Privatbrauerei
Am grünen Strand der Spree

Das Dorf Schlepzig, schon 1004 als Sloupisti erwähnt, liegt im Herzen des Unterspreewaldes. Ruhe und Idylle zeichen den Ort aus, der mit seiner Fachwerkkirche, dem Agrarhistorischen Museum, einer rekonstruierten Mühle, der Naturschutzstation und natürlich der Spreewälder Privatbrauerei, der Brennerei und dem Weidenhaus viel Sehenswertes zu bieten hat.

Spreewälder Pils, Spreewälder Dunkel, Bock und Weizen, handgebraut und natürlich ohne Konservierung sind ein Biergenuss in Perfektion. Auf Wunsch macht der Braumeister auch eine Führung durch sein „Reich“.

Gediegene Gemütlichkeit, verbunden mit allem, was das Biertrinkerherz begehrt, trifft man im Brauhaus an.

Eine alte Brautradition hat auch Berlin. Unter dem preußischen „Soldatenkönig" Wilhelm I. wurde Bier „hoffähig". Mit seinem legendären „Tabakskollegium", dessen berühmtester Teilnehmer Voltaire war, rief Wilhelm I. sozusagen die erste Stammtischrunde ins Leben. Seinen Sohn ließ er sogar das Brauhandwerk erlernen. Dieser Sohn ging später als Friedrich der Große in die Geschichte ein.

In der Gegenwart ist Berlin auch für Biergenießer im August ein Highlight. Jährlich findet im August das Internationale Berliner Bierfestival statt. Über 2000 Bierspezialitäten mit über 300 Brauereien aus 86 Ländern präsentieren ihre Produkte im 2,2 Kilometer langen Biergarten zwischen Strausberger Platz und Frankfurter Tor. In den drei Festtagen werden jährlich um die 800.000 Besucher erwartet. Für die Unterhaltung sorgen auf 18 Bühnen Künstler aus dem In- und Ausland mit attraktiver Live-Musik und Shows für Kurzweil.

Drei Tage lang Ausnahmezustand beim internationalen Berliner Bierfestival, das 2010 Vietnam zu Gast hat.

Berliner Kindl Schultheiss Brauerei Die Geschichte einer Traditionsbrauerei

Mit der Gründung des Deutschen Kaiserreiches 1870 und der Industrialisierung setzte eine wahre Völkerwanderung in die neue Hauptstadt Berlin ein. Die Zahl der Menschen wuchs innerhalb von drei Jahrzehnten auf zwei Millionen Einwohner. Zu dieser Zeit begann auch die Geschichte der Brauerei „Berliner Kindl". Als Vereinsbrauerei Berliner Gastwirte zu Berlin AG gründeten acht Männer, darunter sechs Gastwirte, am 1. Februar 1872 eine Brauerei auf dem Rollberg in Rixdorf.

Die vielen Menschen, die es nach Berlin zog, konnten sich nur langsam an das obergärige, säuerliche Weißbier gewöhnen. Sie wollten auch Bier trinken, das sie von zu Hause gewöhnt waren. Das waren meistens Lagerbiere des Münchner Typs. So entschloss man sich in Rixdorf zu Beginn der 1890er-Jahre, eine Biersorte nach Pilsner Brauart zu brauen. Man gab dem Pils einen eigenen Namen in Anlehnung an seinen süddeutschen Verwandten und nannte es „Berliner Kindl".

Das „Berliner Kindl" erwarb sich bei den Berlinern schnell Anerkennung und so wurden 1900 schon mehr als 200.000 Hektoliter abgesetzt. Der Absatz stieg immer weiter an und man entschloss sich im Jahr 1910, die Firma in „Berliner Kindl Aktiengesellschaft" umzubenennen.

In den „Goldenen Zwanzigern" wurde Berlin schließlich zu einer der bedeutensten Metropolen Europas. Auch die Brauerei wuchs mit Berlin in dieser außergewöhnlichen Zeit und ca. 20 Brauereien, darunter traditionsreiche Brauereien, wurden übernommen und eingegliedert. Mit einem Ausstoß von einer Million Hektolitern Bier im Jahr 1939 wurde man zur viertgrößten Brauerei in Deutschland. Dann begann für Deutschland eine düstere Zeit und der verlorene Krieg traf auch die Brauerei „Münchner Kindl" in

„Berliner Kindl Jubiläums Pisener"

Brauerei:	*Berliner Kindl Schultheiss Brauerei*
Standort:	*Berlin, Berlin*
Sorte:	*Pilsener*
Farbe:	*gelb*
Alkoholgehalt:	*4,8 Vol.-%*
Stammwürze:	*11,2 %*
Serviertemperatur:	*8 bis 10° C*
Geschmack:	*Malzaroma ein wenig flach, Hopfenaroma ungewohnt blumig, süffig, im Abgang hopfenherb*

Werbung heute und damals: Das glückliche Bierlächeln ist immer das gleiche.

besonderem Maße. Viele Braustätten waren 1947 zerstört. Hinzu kam die Trennung Deutschlands. Dennoch wurde bereits in diesem Jahr wieder Bier gebraut und der Absatz bis in die 50er-Jahre kontinuierlich ausgebaut.

Als am 9. November 1989 die Mauer fiel, trat ein, wovon wohl niemand zu träumen gewagt hätte. So kamen 1990 wieder die früheren Abteilungen aus dem Osten als leistungsstarke Braustätten an „Berliner Kindl" zurück.

Heute zählt der moderne Stammbetrieb in Weißensee wieder zu den großen Brauereien Deutschlands. Die Produktpalette bietet ein Sortiment, das nahezu alle Wünsche erfüllt. Vom Berliner Kindl Bockbier für den starken Geschmack über den leichten Genuss der Berliner Kindl Weiße, bis hin zum traditionellen Berliner Kindl Pils bekommt man heute alle Biere aus der modernen Motropole.

Das Berliner Kindl Pils ist seit der Kaiserzeit Berlins das klassische Pilsener der Brauerei. Bereits kurz nach der Gründung der Brauerei erstmals eingebraut, verleiht ihr das Original unter den Berliner Bieren noch heute seinen Namen. Als eine der ältesten Pilsmarken Deutschlands ist die Traditionsmarke der Stadt seit jeher untrennbar mit den Berlinern und ihrer Geschichte verbunden. Folgende Biersorten sind im Angebot: Berliner Kindl Jubiläums Pilsener Premium, Berliner Kindl Pils, Berliner Kindl Radler, Berliner Kindl Export, Berliner Kindl Heller Bock, Berliner Kindl Dunkler Bock und Berliner Weiße mit Schuss.

Brauhaus in Spandau
Urige Atmosphäre

Die Brauerei „Brauhaus in Spandau" präsentiert sich am Rande der Spandauer Altstadt in einem wunderschönen, großen roten Backsteingebäude mit Fabrikschlot. Innen wird das Brauhaus von der großen Bar und den dahinterliegenden Kesseln dominiert, daneben befinden sich auch die Edelstahltanks. Der Gast findet im geräumigen Gebäude auf zwei Ebenen Platz, aber auch im dahinterliegen-

Oben: Der Grundriss mit allen Einrichtungen des Brauhauses in Spandau.
Rechts: Mit guten Freunden in uriger Atmosphäre essen und trinken – das Brauhaus in Spandau.

den Gastgarten. Eine kleine Überraschung haben auch die Toiletten zu bieten, wo die Deix-Kacheln einen zum Schmunzeln bringen. Übernachten kann der Gast nach einem ausgelassenen Abend dann auch in dem zur Brauerei und Gasthaus gehörenden Hotel.

Standard im Brauhaus in Spandau ist das Havelbräu. Seinen Namen erhielt es durch den benachbarten Fluss, der Spandau vom Rest Berlins trennt. Es präsentiert sich frisch, leicht säuerlich und malzig. Dominiert wird das Bier aber eher von der relativ ausgeprägten, trocken ausklingenden bitteren Note. Ungewöhnlich präsentiert sich das Bier allerdings vor allem im Aroma, das einen kräftigen Bananenton hat. Dieser dürfte anscheinend zu einem Art „Hausaroma“ gehören, da auch der angebotene Maibock eine ähnliche Charakteristik aufweist. Prinzipiell produziert die Brauerei etwa alle ein bis zwei Monate ein Spezialbier.

Neben Klassikern wie dem Maibock, einem Dunklen Weizen oder einem Märzen produziert man in Spandau auch Bier wie das „Spandauer Rotbier“, ein „Potz-Blitz-Bier“ oder den „Herbstbock Maronator“. Die Brauerei setzt aber nicht nur auf die eigenen Qualitäten. Die angebotenen Biersorten sind: Havelbräu, Saisonbier (Rotbier, Märzen, Maibock, Dunkles Weizen, Landbier, Herbstbock Maronator, Weihnachts-Festbier, Mondscheinbier, Potz-Blitz-Bier).

Brauhaus Südstern Stärkstes Bier der Welt kommt aus Berlin

Weltrekord! Mit sagenhaften 27,6 Vol-% Alkohol hat das Berliner Brauhaus Südstern das stärkste Bier der Welt nach dem deutschen Reinheitsgebot gebraut. Das Brauhaus Südstern hat den Titel damit einem bayerischen Bierbrauer weggeschnappt, und den alten Rekord aus dem Jahr 2005 um mehr als zwei Prozentpunkte überboten.

Das Zertifikat vom 8. Januar 2009 von Prof. Dr.-Ing. Frank-Jürgen Methner, Leiter des Fachgebietes Brauwesens des Instituts für Biotechnologie der Technischen Universität in Berlin-Wedding, bestätigt den Wert. Mit einem „normalen“ Pils oder dunklen Bier, das der studierte Brau-Ingenieur Schoppe seit über drei

„Südstern XXL“

Brauerei:	*Brauhaus Südstern*
Standort:	*Berlin*
Sorte:	*Weltrekordbier*
Farbe:	*dunkle bernsteinfarben*
Alkoholgehalt:	*27,6 Vol.-%*
Stammwürze:	*21 %*
Serviertemperatur:	*2 bis 5° C*
Geschmack:	*dickflüssig, hohe Süße, kräftiger alkoholischer Abgang, Aperitif, bieriger Likör*

Jahren regelmäßig im Brauhaus Südstern herstellt, hat das Weltrekord-Bier freilich wenig zu tun: Dickflüssige Konsistenz, hohe Süße und ein kräftiger alkoholischer Abgang machen den extremen Gerstensaft eher zum Aperitif oder zu einem „bierigen“ Likör.

Der Chef des Brauhauses Südstern, Helmut Kurschat, möchte jetzt einen Eintrag ins Guinness-Buch der Rekorde erreichen. Einziger Haken bei der Sache: Der Rekordversuch muss „vor Antritt der Höchstleistung“ angemeldet werden, so schreiben es die Statuten von Guinness World Records vor. „Na und“, grinst Braumeister Schoppe, „dann knacke ich eben meinen eigenen Rekord.“

Weitere Biere des Brauhauses Südstern sind: Heller Stern, Dunkler Stern, Stern Weiße und viele Spezialbiere.

Brauerei Engelhardt
Auferstehung geplant

Die Geschichte der Brauerei Engelhardt beginnt 1884 im Kiez. Ab 1886 firmiert die Brauerei unter dem Namen „Kaiser Brauerei“ als Weißbierbrauerei. Im Jahr 1888 ist sie bereits die größte Brauerei Chalottenburgs. Im Jahr 1910 fusionieren die beiden Brauereien Kaiser-Brauerei und die 1860 auf der Stralau-Halbinsel gegründete Engelhardt Brauerei. Einige besondere Erfolge sind das pasteurisierte Malzbier und die Einführung von Flaschenpfand als erste Brauerei. In den 30er-Jahren ist die Engelhardt Brauerei der zweitgrößte Brauereikonzern Deutschlands.

Nach dem Zweiten Weltkrieg war die Engelhardt Brauerei schwer zerstört und man begann den Wiederaufbau. Als in den 70er-Jahren die Bierproduktion wieder sehr stark angestiegen war, entschloss sich die Geschäftsleitung, die Produktion nach Kreuzberg zu verlegen. 1983 übernahm Schultheiss die Brauerei, die 1998 endgültig geschlossen wurde.

Heute denkt die Radeberger-Gruppe, der das Engelhardt-Pils heute gehört, über eine neue Zukunft des populären Pils nach.

Ausblick aus den Ruinen des Flaschenturms der Engelhardt-Brauerei hin zum Wasserturm Ostkreuz.

Adlerbrauerei H. Werner
Der Dachsenfranz – ein Original von echtem Schrot und Korn

Für die Adlerbrauerei ist das Original aus den Wäldern rund um die Brauerei nicht nur der Namenspate für die Dachsenfranz-Bierspezialitäten. Sowohl im Brauereigasthof als auch in der Brauerei selbst wird man als Besucher auf vielfältige Weise an den Dachsenfranz und sein Wirken erinnert.

Die Philosophie des Dachsenfranz ist aktueller denn je. Seine Lebensweise und Lebensweisheit sind auch auf unsere Gesellschaft übertragbar.

Der Dachsenfranz hieß mit richtigem Namen Francesco Regali. 1840 in Mailand geboren und getauft, nahm er als junger Bursche 1866 am Krieg des italienischen Freiheitskämpfers Garibaldi teil. Nachdem er einen despotischen Vorgesetzten niedergestreckt hatte, musste Francesco fliehen. Er wurde verfolgt und verwundet. Noch im hohen Alter waren die Narben zu erkennen. Als exzellenter Reiter und weil er sich in den Bergen gut auskannte, konnte er seinen Häschern entkommen. Seine jahrelange Flucht führte den Dachsenfranz, wie er später genannt wurde, über die Schweiz, Österreich, den Bayrischen Wald und das Fichtel- und Erzgebirge in die Wälder des Kraichgaus, des vorderen Odenwalds und an die Bergstraße. Er lebte im Wald in selbstgebauten Erdhöhlen, die er mit Fellen auslegte. Sein Bett bestand aus einer Schütte Laub. Zwei Hunde waren seine steten Begleiter.

Während seiner Flucht lernte der Dachsenfranz mehr und mehr die Schätze der Natur kennen und verstehen. Hier eignete er sich Fähigkeiten an, die ihn später ernähren und berühmt machen sollten. Er war ein Meister im Fallenstellen, doch fing er ausschließlich Raubwild wie Füchse, Marder, Dachse und Wildkatzen. Deshalb wurde er von den Jägern gern gesehen. Die Felle verkaufte er, das gewonnene Dachsenfett war Grundlage seiner Spezialsalbe, mit der er viele Zeitgenossen von ihren Gebrechen heilte.

Immer wieder wurde er in die Mühlen und Bauernhöfe gerufen, um die Häuser von Ratten und Mäusen zu befreien. Er hatte einen äußerst wirksamen Köder entwickelt, dessen Geheimnis er niemandem anvertraute. Die Naturverbundenheit des Dachsenfranz und seinen genügsamen Lebensstil würde man heute als Prinzip der Nachhaltigkeit loben. Seine Ökobilanz wäre ein Vorbild für uns gewesen.

Trotz Genügsamkeit war der Dachsenfranz auch ein Gourmet besonderer Art. Er verstand es vortrefflich, seine Beutestücke in wohlschmeckende Mahlzeiten zu verwandeln. Die Überlieferung erzählt sogar von einem legendären Rezept „Dachs à la Dachsenfranz", das einem Besucher als das beste Wildgericht in Erinnerung geblieben sein soll. Die Öffentlichkeit nahm stets reichlich Notiz von ihm, wenn er mal wie-

„Kellerbier"

Brauerei:	*Adlerbrauerei Herbert Werner*
Standort:	*Zuzenhausen, Württemberg*
Sorte:	*zwischen Pils und Export*
Farbe:	*gelb bis ocker*
Alkoholgehalt:	*5,2 Vol.-%*
Stammwürze:	*12,6 %*
Serviertemperatur:	*8 bis 10° C*
Geschmack:	*kernig im Geschmack und besonders lecker und erfrischendend*

der sein Quartier wechselte. Seine kauzige, fast angsteinflößende Gestalt mit dem wallenden weißen Rauschebart war auch für Kinder eine Riesenattraktion. Um so eine skurrile Gestalt wie den Dachsenfranz ranken sich natürlich viele, manchmal auch widersprüchliche Geschichten über seine Heldentaten als „berühmter Raubtierfänger“. Postkarten mit dieser Aufschrift und seinem Konterfei verkaufte er seinen damaligen Fans. Eines Tages aber, im hohen Alter von 75 Jahren, war der Dachsenfranz verschwunden. Was mit ihm geschah, bleibt für immer ein Geheimnis.

An den Dachsenfranz erinnert in Zuzenhausen das alle zwei Jahre stattfindende Dachsenfranzfest. Dabei wird der ganze Ort in die Zeit um 1900 zurückversetzt und die Geschichte um den „Trapper des Kraichgaus“ nachempfungen.

Die Brauerei bemüht sich fortwährend, den Energie- und Wasserverbrauch weiter zu verringern. Und neben der finanziellen Unterstützung von Naturschutzprojekten tut sie der Umwelt noch auf andere Art Gutes: So achtet sie darauf, dass sich die bei der Herstellung der Produkte verwendeten Stoffe so weit wie möglich wiederverwerten lassen. Wussten Sie zum Beispiel, dass Alpirsbacher Klosterbräu als eine der ersten Brauereien auf Stanniolkapseln an den Flaschenhälsen verzichtet hat?

Alpirsbacher Klosterbräu
Der Mensch lebt nicht vom Brot allein

Sanfte Hügel, grüne Wälder, klares Wasser – unberührte Natur: Das ist die Heimat des Alpirsbacher Klosterbräus. Seit Jahrhunderten wird hier mit dem berühmten Brauwasser aus dem Schwarzwald Bier gebraut. Mit Fug und Recht darf man sagen: Es ist eines der weichsten Wasser der Welt.

Aus den Quellen im nahe gelegenen Naturschutzgebiet Glaswiesen gelangt es wie schon zu Gründerzeiten unbehandelt direkt ins Sudhaus.

Weil in den Ursprungsgebieten der Quellen so gut wie keine äußeren Einflüsse das Brauwasser belasten, schmeckt Alpirsbacher Klosterbräu auch heute noch genauso ursprünglich wie in alten Zeiten. Und das soll so bleiben. Natur- und Umweltschutz liegen der Brauerei besonders am Herzen.

Alpirsbacher Anekdote

Die Lieblingsspeise des Mönchs

Als Kaiser Maximilian (1459–1519) einst das Kloster Alpirsbach besuchte, ließ er jeden Mönch nach seiner Lieblingsspeise befragen und ihm diese dann auch zubereiten. Einer der Mönche wünschte sich ein „Ochsenkres“, heute noch als „Kutteln“ bekannt. Der Kaiser amüsierte sich über diesen Wunsch, müsse doch „der münch ain hungeriger kerle“ sein, der von Kutteln eines üblicherweise verwendeten und viel kleineren Kalbes nicht satt geworden wäre.

„Kleiner Mönch“

Brauerei:	*Alpirsbacher Klosterbräu*
Standort:	*Alpirsbach, Württemberg*
Sorte:	*untergärig*
Farbe:	*gelbgold*
Alkoholgehalt:	*5,2 Vol.-%*
Stammwürze:	*12,5 %*
Serviertemperatur:	*11° C*
Geschmack:	*besonders rund und vollmundig, mit Karamell-Malzzutaten*

Andreasbräu
Vom Hafer gestochen

Braumeister Andi Philipp des Andreasbräus wurde vom Hafer gestochen und hat zum Sommer 2009 eine fast vergessene Rezeptur ausgegraben. Er serviert nicht nur im Biergarten ein obergäriges Bier aus den Extrakten dieser uralten Getreidesorte: mit eigenwilligem Charakter, fruchtigen Aromen, einer zarten Hopfennote und dunkelgoldenen Nuancen. Aufgeladen mit hochwertigen Proteinen, Vitaminen, Mineralstoffen und einer Extraportion zellstärkendem Lezithin. Ein kraftvoller Durstlöscher für alle Sportler.

Wie auch beim Weizenbier unternahm man den Versuch, aus billigem Hafer Bier zu brau-

„Haferbier“

Brauerei:	*Andreasbräu*
Standort:	*Eggenstein-Leopoldshafen, Württemberg*
Sorte:	*obergärig*
Farbe:	*dunkelgolden*
Alkoholgehalt:	*5,7 Vol.-%*
Stammwürze:	*13,5 %*
Serviertemperatur:	*8 bis 10° C*
Geschmack:	*mit eigenwilligem Charakter, fruchtigen Aromen und einer zarten Hopfennote*

en. Reines Hafermalz taugt dazu aber nicht, sodass es mit Gerstenmalz gemischt werden musste. Haferbier vermochte sich aus qualitativen Mängeln am Markt nicht durchzusetzen.

Bereits in den Georgica Curiosa (Nürnberg, 1687) vermerkte man:

„Das Bier, so aus Gersten- und Haber-Malz gebrauen wird, verstopft weniger macht auch nicht soviel Winde nähret aber weniger. Das rechte, gute braune Gerstenbier nähret den Menschen wol und machet ihn fett.“

Es handelt sich dabei um ein leicht säuerlich schmeckendes, sehr erfrischendes Getränk. Der Geschmack ist in etwa zwischen Berliner Weiße und Hefeweizen angesiedelt.

Brauerei Clemens Härle
Die Gründe des Erfolgs

Kaum ein Name verbindet sich in Oberschwaben so eng mit dem Bierbrauen wie der Name „Härle“. Auf einem Bauernhof in Kirchdorf an der Iller wurden Mitte des 19. Jahrhunderts 13 Kinder geboren und großgezogen. Keine Seltenheit für diese Zeit. Durchaus ungewöhnlich war jedoch, dass gleich vier Brüder aus diesem Kirchdorfer Bauerngeschlecht den Beruf des Brauers und Mälzers erlernten – und zwar in einer kleinen Brauerei in Oberdischingen bei Ulm. Heinrich – der älteste unter der vieren – übernahm bereits kurz nach seiner Ausbildung die Gräflich-Königsegg'sche Brauerei in Aulendorf. Mit großem unternehmerischem Geschick führte er dieses Brauhaus um die Jahrhundertwende zur Blüte – und kreierte unter anderem die Marke „Teutsch Pilsener“, die dann in den 30er-Jahren vom Grafen Königsegg an das Allgäuer Brauhaus verkauft wurde.

Sein jüngerer Bruder Fridolin erwarb eine kleine Brauerei in Königseggwald bei Ostrach. Dort werden heute noch hervorragende Biere gebraut – von seinem Urenkel Martin Härle, der die Brauerei allerdings vor wenigen Jahren in eine Aktiengesellschaft umwandelte.

Den Dritten im Bunde – Reinhart Härle – zog es an den Rhein nach Waldshut. Er betrieb dort bis Mitte der 20er-Jahre die renommierte Waldschloß-Brauerei. Ein altes Bild aus diesen Tagen – es hängt im Brauereigasthof zum Mohren in Leutkirch – zeigt das herrliche Anwesen dieser Brauerei hoch über dem Rheinufer.

Clemens Härle schließlich, der vierte der Kirchdorfer Brauer-Brüder, legte den Grundstein für die Härle-Brautradition in Leutkirch. Zunächst hatte er die kleine Schlossbrauerei in Bad Wurzach gepachtet. Als diese im Jahr 1895 abbrannte, kaufte er das Anwesen der Mohren-Brauerei in Leutkirch – und errichtete bereits ein Jahr später das stattliche Brauhaus in herrlicher Ziegelbauweise, in dem heute noch die Biere gebraut werden.

In dieser reichen Tradition gründet werden die tiefe Überzeugung und das ständige Bemühen: Werte zu bewahren, die man um kein Geld der Welt kaufen kann. Denn für die Familien Härle ist Bierbrauen

„LandZüngle“

Brauerei:	*Brauerei Clemens Härle*
Standort:	*Leutkirch, Allgäu, Württemberg*
Sorte:	*untergärig*
Farbe:	*bernsteinfarben*
Alkoholgehalt:	*5,5 Vol.-%*
Stammwürze:	*13,5 %*
Serviertemperatur:	*11 bis 12° C*
Geschmack:	*mit einem feinen Malzaroma und einem süffigen Charakter*

eine Leidenschaft und eine Kunst. Der Name Härle steht in Oberschwaben und im Allgäu für Genuss, Geschmack und Braukunst auf höchster Stufe. Und das bereits seit vielen Generationen.

Brauerei Max Leibinger
Beginn einer langen Tradition

1894 wurde von dem 30jährigen Max Leibinger I die alte „Benediktiner-Brauerei“ in Ravensburg gekauft. Damals ahnte er wohl nicht, was für eine lange Tradition er damit begann. Um die Mobilität seines Leibinger Biers zu steigern, brachte Leibinger im Jahr 1901 das erste Flaschenbier in der Region auf den Markt. Von 1918 bis 1922 gliederte er mehrere umliegende Brauereien in seine Firma ein, bis schließlich 1922 sein Sohn Robert Leibinger in das Unternehmen eintrat.

Als Robert Leibingers Sohn Max Leibinger II 1959 in das Unternehmen eintrat, wurde die komplette Brauerei aufgerüstet und auf den neuesten Stand gebracht. Michael Leibinger stieg 1996 ins Unternehmen ein und setzte bald mit dem „Max 5,2“ neue Akzente. Bereits im Jahr 2000 übernahm er die Geschäftsführung der Brauerei und setzt damit die lange Tradition fort.

2002 wurde das Biersortiment durch das inzwischen beliebte „Seeradler“ erweitert. Außerdem wurde in diesem Jahr das Erscheinungsbild sämtlicher Flaschenetiketten geändert. Die Leibinger Brauerei feierte im Jahr 2005 ihr 111. Betriebsjubiläum. Das Motto für die kommenden Jahre lautet: „Qualität ist unsere Leidenschaft“.

„MAX 5,2“

Brauerei:	*Brauerei Max Leibinger*
Standort:	*Ravensburg, Württemberg*
Sorte:	*obergäriges Trendbier*
Farbe:	*goldgelb*
Alkoholgehalt:	*5,2 Vol.-%*
Stammwürze:	*12,5 %*
Serviertemperatur:	*4 bis 6° C*
Geschmack:	*die besondere Kombination aus Hopfen, Gersten- und Weizenmalz, dezent und spitzig*

EV Ravensburg

Die Brauerei Max Leibinger ist Hauptsponsor des Eishockeyvereins Ravensburg.

Brauhaus Pforzheim
Brauen seit 1889

1889 entschlossen sich vier Pforzheimer Geschäftsleute unter Führung von Privatbankier August Kayser – er war auch der Gründer der bis heute existierenden gleichnamigen Stiftung –, eine Brauerei zu bauen. Sie kauften das Gelände des ehemaligen St. Georgen Klosters am Nordhang der Stadt. Dieses Grundstück besaß eine Quelle, die schon im 17. Jahrhundert als besonders gut und heilkräftig gerühmt wurde. Man erstellte einen wunderschönen Klinkerbau und eine hochmoderne Brauerei, die ganz auf die neue Kühltechnik „System Linde“ – bis heute sind die alten Anlagen noch zu bewundern – konzipiert war.

Zur damaligen Zeit war bayerisches Bier der Inbegriff für besonders gutes und bekömmliches Bier, und so suchte man einen

Mälzer vom Bayrischen Brauhaus in Pfortzheim.

„1889 Gründerbier“

Brauerei:	*Brauhaus Pforzheim*
Standort:	*Pforzheim, Württemberg*
Sorte:	*Lagerbier, naturtrüb*
Farbe:	*hell*
Alkoholgehalt:	*4,7 Vol.-%*
Stammwürze:	*11 %*
Serviertemperatur:	*8° C*
Geschmack:	*leicht und würzig*

bayerischen Braumeister und nannte die Brauerei „Bayerisches Brauhaus Pforzheim AG“. Der Betrieb entwickelte sich sehr schnell zur führenden Brauerei in der Region, man kaufte die Klosterbrauerei Maulbronn dazu und eröffnete im „schwäbischen“ Neuenbürg eine Niederlassung.

In den 20er-Jahren des letzten Jahrhunderts verkauften die Gründerfamilien ihre Aktien und die Anteile kamen in Streubesitz. Seit 1941 gehört die Brauerei der Konstanzer Brauerfamilie Ruppaner. In dieser Familie wird seit 1772 in ununterbrochener Linie Bier gebraut.

Der Bombennacht vom 23. Februar 1945 fiel nicht nur ein großer Teil der Brauerei zum Opfer, sondern auch die meisten der repräsentativen Gaststätten in der Stadt. Der Brauereiausschank mit dem großen Saal für 600 Personen und dem wunderschönem Kastaniengarten mit Blick über die Stadt wurde ebenfalls vollständig zerstört. Erst 1952 konnte das erste Bier nach dem Krieg gebraut werden. 1969 wurde ein neues Flaschenfüllereigebäude und 1972 das neue Sudhaus gebaut. Seit Ende der 70er-Jahre begann dann ein verstärktes Engagement in der Gastronomie. Das Bier wird seit vielen Jahren mit den höchsten DLG-Auszeichnungen prämiert und gehört zu den wenigen Brauereien in Deutschland, die schon zum siebten Mal in Folge den „Preis der Besten“ zuerkannt bekommen haben.

Crailsheimer Engel-Bräu
Prost mein „Engel“

„Einem geehrten Publikum in Stadt und Land erteile ich die Anzeige, dass ich nächsten Sonntag, den 29. Juli 1877, meine angekaufte und neu eingerichtete Gastwirtschaft

und Bierbrauerei „Zum Engel“ eröffnen werde. Ich lade zu deren Besuch höflich ein und werde bestrebt sein, mir auch auf meinem neuen Besitztum die Zufriedenheit meiner werten Gäste zu erhalten suchen durch pünktliche und billige Bedienung, gute Speisen und Getränke ... Indem ich nun meine Gastwirtschaft zu zahlreichem Besuch empfehle, zeichne hochachtungsvoll: Fach zum Engel.“

„Engel Gold“

Brauerei:	*Engel-Bräu*
Standort:	*Crailsheim, Württemberg*
Sorte:	*untergärig*
Farbe:	*leuchtend goldgelb, glanzfeines Aussehen*
Alkoholgehalt:	*5,4 Vol.-%*
Stammwürze:	*12,8 %*
Serviertemperatur:	*9° C*
Geschmack:	*kräftiger Malzkörper, angenehme bittere und leicht unterlegte Süßnote, mit deutlichem Malzcharakter ausklingend*

Die ersten Aufzeichnungen über die Existenz der Brauerei stammen aus dem Jahr 1738. „Größe der jährlichen Fabrikation 150 Eimer“ heißt es in den Aufzeichnungen. Als Georg Fach dann vor über 130 Jahren die Gasthausbrauerei übernahm und die oben stehende Anzeige ins Crailsheimer Amts- und Intelligenzblatt setzte, zählte Crailsheim ganze 4000 Einwohner. Dafür, dass diese 4000 keinen Durst zu leiden brauchten, sorgten viele Schankstätten und 13 Brauereien!

Der Urgroßvater Georg Fach konnte sich also über mangelnde Konkurrenz wahrlich nicht beklagen. Zunächst hatte die Brauerei nur den Eigenbedarf der Gaststätte zu decken. Aber schon in der zweiten Generation, als der älteste Sohn des Gründers, Wilhelm Fach, den Betrieb übernahm, lautete die Devise: investieren, modernisieren, rationalisieren. 1903 wurde in der Brauerei eine Dampfmaschine aufgestellt, 1907 trat auch Bruder Friedrich Fach in das Unternehmen ein, das im Lauf der Zeit einen immer größeren Kundenstamm betreuen konnte. 1920 gesellte sich zu den Pferdegespannen des Fuhrparks das erste Automobil, ein Militärfahrzeug aus dem Ersten Weltkrieg. Wie selten damals dieses Wunder der Technik im Straßenbild vertreten war, sieht man am besten daran, dass es gleichzeitig als Einsatzfahrzeug für die Feuerwehr diente.

Nach dem Zweiten Weltkrieg, der Crailsheim nahezu völlig zerstört hatte, standen die Fachs, wie alle Bürger der Stadt, vor dem Nichts. Aber unter großem Einsatz und nach Überwindung vieler Schwierigkeiten wurde die Brauerei in der Haller Straße völlig neu aufgebaut.

Über bescheidene Anfänge ging es bald wieder aufwärts. Denn das Engel-Bier fand nicht nur in Crailsheim regen Zuspruch, sondern auch bei den Bürgern der weiteren Umgebung. Ab 1967 wurde die Brauerei bis zum heutigen Tage ständig modernisiert und auf den technisch neuesten Stand einer Handwerksbrauerei gebracht. Heute ist die Engel-Brauerei unter Leitung der Familie Fach in der vierten und fünften Generation ein leistungsfähiges Unternehmen.

Brauerei Dinckelacker
Von ganzem Herzen

Im Jahr 1888 gründete Kommerzienrat Carl Dinkelacker die Brauerei seines Namens in der Tübinger Straße in Stuttgart. Noch im selben Jahr wurden ein neues Vorderhaus mit Hauswirtschaft, eine Mälzerei, ein Sudhaus und ein Maschinenhaus gebaut.

Schon im Frühjahr 1889 wurde das erste Glas Dinkelacker Bier ausgeschenkt. Wirtschaftlich gesehen waren die ersten Jahre der

„Dinckelacker Privat"

Brauerei:	*Brauerei Dinckelacker*
Standort:	*Stuttgart, Württemberg*
Sorte:	*Export, hell*
Farbe:	*goldgelb*
Alkoholgehalt:	*5,1 Vol.-%*
Stammwürze:	*11,7 %*
Serviertemperatur:	*7 bis 10° C*
Geschmack:	*feinwürziger, würzig weicher Biergenuss*

jungen Brauerei allerdings schwierig – denn die Konkurrenz am Platz war mit einer Reihe gut geführter Brauereien ausgesprochen stark. Dass sich der Erfolg dennoch rasch einstellte, war dem „ausgeprägten Qualitätsbewusstsein Carl Dinkelackers und dem engen Kontakt zu der treu dem Hause verbundenen Kundschaft" zu verdanken – so ein zeitgenössischer Chronist.

Bereits 1894 entstanden eine neue Mälzerei und ein neues Sudhaus. 1896/97 wurde der Flaschenbierverkauf eingeführt, um der steigenden Nachfrage gerecht zu werden.

Am 4. Februar 1899 schrieb das Stuttgarter Deutsche Volksblatt: „Die Brauerei Dinkelacker hat sich in kurzer Zeit zu einer der größten am Platze aufgeschwungen." Zu dieser Zeit waren schon über 30 Pferde sowie drei Eisenbahnwaggons nötig, um das Bier an die Kunden auszuliefern.

Zu jener Zeit war es auch, als Carl Dinkelacker begann, das erste Bier nach Pilsner Brauart in Stuttgart zu brauen – die berühmte Spezialität, die unter dem Namen „CD-Pils" bekannt und berühmt wurde, und die bis heute stolz die Initialen des Gründers trägt. Im Jahr 1901 beschäftigte die Brauerei 140 Angestellte und erreichte einen Ausstoß von 140.000 Hektolitern.

„CD-Pils"

Brauerei:	*Brauerei Dinckelacker*
Standort:	*Stuttgart, Württemberg*
Sorte:	*untergäriges Pils*
Farbe:	*dunkelgolden*
Alkoholgehalt:	*4,9 Vol.-%*
Stammwürze:	*11,4 %*
Serviertemperatur:	*5 bis 7° C*
Geschmack:	*überraschend würzig, hopfenherber Abgang*

Der Erste Weltkrieg schließlich stellte die Brauerei vor schwere Herausforderungen. Und auch in den Jahren danach war das Wirtschaften nicht einfach. Mit „Bescheidenheit in den Bedürfnissen, Einfachheit in der Lebensführung, vor allem aber mit unermüdlichem Arbeitseifer" – so eine Chronik aus den 30er Jahren – führte Kommerzienrat Carl Dinkelacker sein Unternehmen durch diese schwierigen Zeiten – ebenso wie durch die folgende Wirtschaftskrise.

1934 starb Carl Dinkelacker. Seine beiden Söhne Carl und Alfred übernahmen die Führung der Brauerei und bauten das Unternehmen weiter aus – mit Erfolg. Schließlich waren die Söhne in und mit der Brauerei des Vaters groß geworden. Zu

VfB Stuttgart

Als regionales Bier von hier und als langjähriger Partner ist Dinkelacker mit dem VfB und seinen Fans tief verbunden. Deshalb haben wir von echten Fans echte Stimmen und Stimmungen eingefangen. Wenn sich auch die Wege kurzzeitig trennen, gute Freunde bleiben in Kontakt. So war es auch mit der Beziehung zwischen der Brauerei Dinkelacker und dem VfB Stuttgart.

Als die Wasenkicker 1984 Deutscher Meister wurden, trugen sie die Dinkelacker-Welle auf der Brust. Diese ganz besondere „La Ola" schwappte damals durchs Stadion. Ab der Saison 1982/83 war Dinkelacker fünf Jahre lang Hauptsponsor des VfB. Dann zog sich die Brauerei zwar als Trikotsponsor zurück, die guten Verbindungen blieben jedoch erhalten. Denn: „Immer am Ball bleiben", lautet die Devise – nicht nur beim VfB Stuttgart, sondern auch bei Dinkelacker. Daher unterstützt die Brauerei ihren „alten Sportskameraden" heute als offizieller Premium-Partner.

Beginn des Zweiten Weltkrieges hatte der Ausstoß fast 300.000 hl erreicht.

Im Laufe des Kriegs ging die Produktion um zwei Drittel zurück. Erst in den 50er-Jahren erholte sich die Brauerei, und der Ausstoß begann wieder zu wachsen.

1959 starb Carl Dinkelacker jun., 1965 schließlich auch sein Bruder Alfred. Nach dessen Tod führte sein Sohn Peter, zusammen mit Dr. Heinz Ammon, die Brauerei weiter. Zu dieser Zeit wurden bereits über 700.000 hl Bier im Jahr gebraut.

Bei der Weltausstellung 1964 in New York war Dinkelacker mit einer eigenen Gaststätte vertreten. Auch die Lufthansa servierte ihren Passagieren frische Dinkelacker-Biere. 1967 trat Wolfgang Dinkelacker, der Enkel Carl Dinkelackers, in die Geschäftsleitung der Brauerei ein. 1971 wurde die Fusion mit der Stuttgarter Brauerei Wulle AG vollzogen – ein Schritt, der nicht nur die führende Position der Brauerei in Baden-Württemberg festigte, sondern den jährlichen Bier-Ausstoß nach Hektolitern zum ersten Mal über die Millionengrenze hob.

1984 feierte ganz Stuttgart den Gewinn der Deutschen Fußballmeisterschaft durch den VfB – allen voran der Hauptsponsor Dinkelacker. Die 90er-Jahre standen ganz im Zeichen der Konzentration und Innovation: Mit der Errichtung von neuen Gär- und Lagertanks im Jahr 1998 verfügt Dinkelacker über eine der modernsten und umweltfreundlichsten Brauanlagen der Welt.

Heute zeigt sich deutlicher denn je, was den Erfolg der Brauerei und ihrer Biere über die Jahrhunderte ausgemacht hat. Es sind der Geist und die Prinzipien Carl Dinkelackers, der einmal sagte: „Wirtschaften heißt, seine ganze Kraft zum Nutzen dessen einzusetzen, was man herstellt, sich mit seinem Wort für die Güte seiner Ware verbürgen und in guten wie in schlechten Zeiten zu seinem Wort zu stehen."

Distelhäuser Brauerei E. Bauer
Eine große Familie

Mitten im Grünen, am Ufer der Tauber und direkt an der „Romantischen Straße", liegt ein kleines Dorf: der Tauberbischofsheimer Stadtteil Distelhausen. Hier befindet sich – wie der Name schon vermuten lässt – die Distelhäuser Brauerei. Seit 1876 ist die Brauerei im Besitz der Familie Bauer.

Mit knapp 190.000 hl Jahresausstoß und 145 Mitarbeitern gehört die Distelhäuser Brauerei aus dem idyllischen Taubertal in Nordbaden zu den mittelständischen Brauereien in der deutschen Bierlandschaft.

Das Vertriebsgebiet umfasst einen geographischen Radius, der die Bundesländer Baden-Württemberg, Bayern (Franken) und Hessen tangiert. Derzeit werden in Distelhausen 16 verschiedene Biersorten nach alten Brauverfahren der Region hergestellt. Durch die langjährige und vertrauensvolle Zusammenarbeit mit den Partnern des heimischen Handels und der Gastronomie sowie der engen Verzahnung mit den regionalen Lieferanten aus Landwirtschaft, Industrie und Dienstleistung stärkt und fördert die Distelhäuser Brauerei explizit die nachhaltige Regionalwirtschaft in Tauberfranken.

„Distelhäuser Landbier"

Brauerei:	*Distelhäuser Brauerei Ernst Bauer*
Standort:	*TBB-Distelhausen, Württemberg*
Sorte:	*untergärig*
Farbe:	*bernsteinfarben*
Alkoholgehalt:	*5,1 Vol.-%*
Stammwürze:	*12,5 %*
Serviertemperatur:	*8 bis 10° C*
Geschmack:	*leichte Süße, sanft und rund im Nachtrunk*

Eichbaum-Brauereien
Traditionell stark

1679, vor über 300 Jahren also gründete ein Wallone, Jean du Chène (zu deutsch: Eichbaum), eine Brauerei mit Schankwirtschaft, die er nach seinem Namen „Eichbaum" benannte. 1689 wurde die aufblühende Stadt Mannheim während der pfälzisch-französischen Erbfolgekriege völlig zerstört und damit auch die Brauerei in Schutt und Asche gelegt. Nach dem Wiederaufbau der Quadratestadt stand das Eichbaum-Stammhaus in P 5, wo es bis zum heutigen Tage als ältestes Wirtshaus in den Quadraten zu finden ist. Um 1873 wurde das Anwesen für den enormen Ausstoßanstieg allerdings zu eng, die Braustätte wurde an die Käfertaler Straße im Stadtteil Wohlgelegen verlegt, wo sich die Eichbaum-Brauerei, eine

„Rotes Räuberbier“

Brauerei:	*Eichenbaum-Brauereien*
Standort:	*Mannheim, Württemberg*
Sorte:	*untergäriges Kellerbier*
Farbe:	*braunrot*
Alkoholgehalt:	*5,9 Vol.-%*
Stammwürze:	*11,5 %*
Serviertemperatur:	*7 bis 9° C*
Geschmack:	*stark röstmalziges Aroma, harmonisch würzige Note, fruchtig-obstiger Touch*

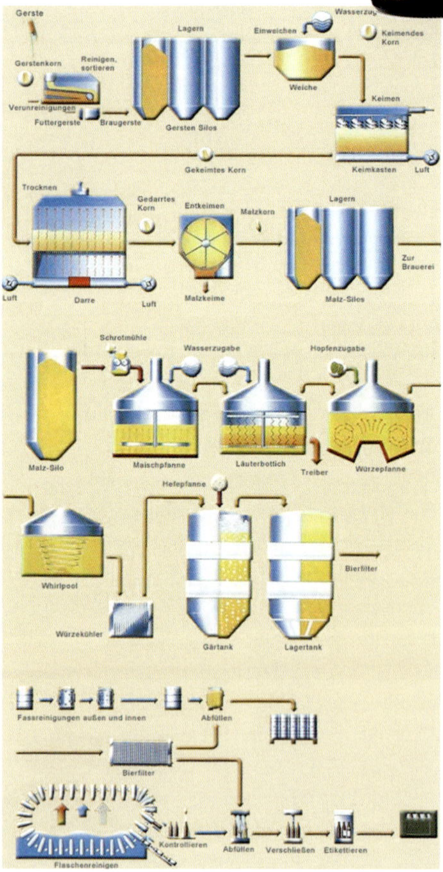

der führenden Brauereien Baden-Württembergs, noch heute befindet.

Noch immer tief verwurzelt in der Kurpfalz, zählt Eichbaum heute zu den größten und modernsten Brauereien in Baden-Württemberg und präsentiert sich in seinen Hauptabsatzgebieten Baden-Württemberg, Rheinland-Pfalz und Südhessen als Premiumbrauerei mit regionalem Schwerpunkt und großer Sortimentsvielfalt. In Mannheim wird die Biermarke Eichbaum auch liebevoll mit dem Spitznamen „Leichenwasser“ oder „Friedhofsbräu“ bezeichnet, weil sich die Brauerei direkt neben dem Hauptfriedhof Mannheim befindet und das Brauwasser aus drei Brunnen auf dem Betriebsgelände bezogen wird.

Brauerei Gold Ochsen
Ulms flüssiges Gold

Die Brauerei Gold Ochsen blickt auf eine über 410-jährige Brautradition zurück, und jede Generation hat sich für Qualität und Frische des Bieres und den Erhalt der herausragenden Bierkultur persönlich mit Leib und Seele eingesetzt. Und das wird auch so bleiben. Der Name „Gold Ochsen“ ist seit 1499 in Ulm bekannt. 1597 gründete Gabriel Mayer in der Ulmer Altstadt, nahe der Donau, die Herberge, Brauerei und Weinwirtschaft „Zum Goldenen Ochsen“. Im Laufe der Zeit wechselten die Besitzer häufig.

1812 erwarb Jakob Wieland die Brauerei. 1867 verkaufte er sie an die Familie Leibinger, welche sie seither im Familienbesitz hält. Mit dem Umzug an den damaligen Nordrand von Ulm,

„Gold Ochsen Original“

Brauerei:	*Brauerei Gold Ochsen*
Standort:	*Ulm, Württemberg*
Sorte:	*Export*
Farbe:	*goldfarben*
Alkoholgehalt:	*5,1 Vol.-%*
Stammwürze:	*11,8 %*
Serviertemperatur:	*7 bis 9° C*
Geschmack:	*Der Antrunk ist rezent. Ein feiner Körper gestaltet sich aus Hopfen und süßen Malztönen. Eine dezente Würze rundet das Bier ab.*

Mit dem Gold Ochsen Bierbähnle durch Ulm

Auf dem recht übersichtlichen Ulmer Straßenbahnschienennetz fährt schon seit Jahren eine ganz besondere Attraktion: das Gold Ochsen Bierbähnle. Ein echter Oldtimer: 1910 gebaut, überzeugte das Schienenfahrzeug jahrelang im Dienst, bis es 2002 von Gold Ochsen entdeckt und zum Bierbähnle umfunktioniert wurde. Heute dreht das Bähnle – als eines von nur noch acht funktionsfähigen Modellen weltweit – seine Runden durch Ulm. Die Route: Söflingen – Olgastraße – Stadion – Friedrichsau und zurück.

unterhalb des Michelsbergs, wurde eine neue Brauerei mit modernster Technik bezogen. Dank der Tatsache, dass die Zerstörungen während des Zweiten Weltkrieges kaum nennenswert waren, konnte dieser Standort bis heute erhalten werden.

Nach dem Krieg erwarb die Brauerei Konzessionen für Produkte der Firma Pepsi Co. und bietet seither auch alkoholfreie Getränke an. Zu diesem Zweck wurde 1960 eine eigene Vertriebsfirma, die Ulmer Getränke Vertrieb GmbH, UGV gegründet. Gold Ochsen und die UGV bilden heute den größten Getränkeverbund der Region Donau-Iller. Die Brauerei ist eine der modernsten, nachdem in den letzten Jahren rund 50 Millionen Euro investiert wurden.

1998 übernahm Ulrike Freund, die Tochter des vormaligen Geschäftsführers August Leibinger, die Führung des Familien unternehmens in der fünften Generation.

SEIT 1850
PRIVATBRAUEREI
LASSER

Privatbrauerei Lasser
Tradition und Fortschritt – eine erfrischende Kombination

Im Jahr 1858 übernahm der Oberbrauer Adam Lasser die seit 1850 bestehende Brauerei im Herzen Lörrachs. Nach seinem Tod 1880 führten zunächst seine Frau Karoline Lasser, dann sein Sohn Carl Adam den Betrieb weiter. Hatte Adam Lasser noch mit einem Sudkessel von 17 hl begonnen, so steigerte sich die Jahresproduktion zwischen 1896 und 1914 von 2500 hl auf 60.000 hl. Diplom-Braumeister Karl Lasser übernahm dann 1934 die unternehmerische Verantwortung für den Familienbetrieb. Nach Ende des Krieges meisterte er mit Fleiß und Umsicht den Wiederaufbau. Zukunftsweisend wurde seitdem bei Lasser gebaut und geplant: ein neues Sudhaus, Lagerkeller mit modernen Edelmetalltanks, eine große automatische Flaschenabfüllanlage, großzügige Lagerräume und ein umfangreicher Fuhrpark.

„Lasser Dunkel"

Brauerei:	*Brauerei Lasser*
Standort:	*Lörrach, Württemberg*
Sorte:	*Lager, Vollbier*
Farbe:	*braun*
Alkoholgehalt:	*5,2 Vol.-%*
Stammwürze:	*12,5 %*
Serviertemperatur:	*ca. 6° C*
Geschmack:	*das kräftige, malzaromatische Lagerbier mit wenig Süße*

Auch das äußere Erscheinungsbild wandelte sich. Entsprechend der Bedeutung des Unternehmens und dem modernen Brauereibetrieb entstand ein neues, einprägsames Markenbild. Der Vertriebsbereich verzeichnet seither permanente Wachstumsraten. Lasser-Biere findet man von Lörrach bis Baden-Baden, vom Bodensee bis Tuttlingen. Vier eigene Depots garantieren eine zuverlässige und flächendeckende Versorgung der Erzeugnisse.

Wer nahezu 150 Jahre Bier braut, weiß, dass Tradition verpflichtet. Geschmack und Reinheit der Lasser-Bierspezialitäten stehen und fallen mit der Auswahl der Rohstoffe und dem Wissen erfahrener Braumeister. Darauf wird bei Lasser immer großer Wert gelegt. Nicht nur Brautradition und edle Rohstoffe machen den Erfolg einer zukunftsorientierten Privatbrauerei aus.

Neben einer kundenorientierten Unternehmensphilosophie genießen bei Lasser auch technische Innovationen höchste Priorität. So wird heute der gesamte Betrieb durch zeitgemäße und umweltgerechte Produktions- und Fertigungsanlagen gesteuert und überwacht. Im Gär- und Lagerkeller reift das Bier unter computergesteuerter Temperaturregelung und ständiger Kontrolle zu seinem vollem Geschmack.

Die Abfüllung in Keg-Fässer und Flaschen erfolgt mittels modernster Abfüllanlagen, die ständig auf dem neuesten Stand der Technik gehalten werden. Die Gesamtproduktion steigerte sich so auf 80.000 hl pro Jahr.

„Roggodile“

Brauerei:	*Brauerei Rogg*
Standort:	*Lenzkirch, Württemberg*
Sorte:	*Biermischgetränk (35 % Pils)*
Farbe:	*goldfarben*
Alkoholgehalt:	*1,8 Vol.-%*
Stammwürze:	*3,6 %*
Serviertemperatur:	*7° C*
Geschmack:	*Biermischgetränk mit spritzigem Caipirinha-Geschmack*

Brauerei Rogg
Die Schwarzwälder Spezialitäten-Brauerei

Die Brauerei Rogg liegt in Lenzkirch im Hochschwarzwald auf 850 Metern ü.d.M. und ist die einzige Brauerei im Landkreis Breisgau-Hochschwarzwald.

Der Landwirt und Frachtfuhrmann Andreas Rogg gründet mit 51 Jahren im Jahr 1846 die heutige Familienbrauerei Rogg. Der Sohn von Andreas, „Franz-Josef“, legte 1847 die Prüfung als Braumeister ab und half seinem Vater im Brauereibetrieb. Nach Franz Josefs Tod übernahm Ernst Rogg I 1884 die Braustätte. Der Ausstoß hatte sich seit Gründung der Brauerei kontinuierlich gesteigert und erreichte jetzt schon 50.000 Liter.

1892 wurden die Aufgaben und die

Verantwortung neu verteilt und die Brauerei-Gaststätte wurde für 500 Goldmark unterverpachtet. Weitere Gasthäuser kamen hinzu. Nach dem Tod von Ernst I im Jahr 1912 übernahm Ernst II die Zügel des Betriebs. 1918 wurde der erste Lastwagen angeschafft, welcher dann 1939 zum Kriegseinsatz requiriert wurde. Während Ernst II im Krieg war, führte seine Frau Hilda die Brauerei durch die Rationierungs- und Dünnbierzeit. 1945 wurde die Brauerei von Franzosen besetzt, die auch noch die allerletzten Biervorräte wegsoffen. 1946 blieb die Brauerei dann zunächst geschlossen. Zum 100-jährigen Jubiläum war also kein Tropfen Bier im Keller.

1947 wurde dann wieder ganz von vorne begonnen. Die bis zum Krieg betriebene Mälzerei blieb geschlossen. Das Malz wurde ab sofort von umliegenden Mälzereien bezogen. In den Nachkriegsjahren konnte kaum etwas investiert werden. Bis die Währungsreform einen erneuten Aufschwung erlaubte. So wurde 1960 eine neue Füllerei eingerichtet. 1963 übernahm Ernst III nach dem Tod seines Vaters die Brauerei. 1980 wurde die 5000 hl Grenze geknackt.

Der Ausstoß beläuft sich derzeit auf jährlich ca. 6000 hl Bier und 5100 hl alkoholfreie Getränke.

Die Brauerei Rogg im Breisgau/Hochschwarzwald wird in der sechsten Generation als Familienbetrieb geführt.

Sophie's Brauhaus
Hier treffen sich Freunde

Das Brauhaus befindet sich im Zentrum der Stuttgarter Innenstadt nahe der Haltestelle Stadtmitte. Die verschiedenen Bereiche sind gemütlich und mit Liebe zum Detail eingerichtet und bieten eine urige Atmosphäre mit außergewöhnlichem Flair. Zusätzlich bietet Sophie's Brauhaus einen seperaten Raucherraum und lässt somit keine Wünsche offen.

An ca. 253 Tischplätzen und weiteren 30 Thekenplätzen werden Speis und Trank serviert. Außergewöhnlich ist die offene Sudanlage mitten im Lokal. Die Gäste können hier dem Braumeister bei seiner Arbeit über die Schulter schauen und den Brauprozeß verfolgen.

„Sophie's Schwarzbier"

Brauerei:	*Sophie's Brauhaus*
Standort:	*Stuttgart, Württemberg*
Sorte:	*untergäriges Vollbier*
Farbe:	*dunkel, hefetrüb*
Alkoholgehalt:	*5,0 Vol.-%*
Stammwürze:	*12,0 %*
Serviertemperatur:	*8° C*
Geschmack:	*Das Malzaroma dominiert vor einer reinen, klaren und ausgeglichenen Hopfenbittere.*

Stuttgarter Hofbräu
Vom Königlichen Hoflieferanten zur Nummer eins

1516 war Wilhelm IV., Herzog von Bayern, die Bierpanscherei satt. So ordnete er per Gesetz an, „dass forthin allenthalben in unseren Städten, Märkten, und auf dem Lande zu keinem Bier mehr Stücke als allein Gerste, Hopfen und Wasser verwendet und gebraucht werden sollen". Das Reinheitsgebot hat in seinem Inhalt inzwischen seit fast 500 Jahren Bestand und wird von allen deutschen Brauereien bis heute befolgt. Es ist die älteste bis heute gültige lebensmittelrechtliche Vorschrift der Welt.

Eitel Friedrich, Graf von Zollern, erteilte den Mönchen des Klosters St. Luzen 1591 die offizielle Erlaubnis, Bier zu brauen. Begründet wurde dies mit der Schwere des Gottesdienstes und damit, dass die Mönche „Fill singen und Leßen missen und im Eßen und Drinkhen

„Frühlingsfest-Bier“

Brauerei:	*Stuttgarter Hofbräu*
Standort:	*Stuttgart, Württemberg*
Sorte:	*obergärig*
Farbe:	*goldfarben*
Alkoholgehalt:	*5,4 Vol.-%*
Stammwürze:	*k. A.*
Serviertemperatur:	*7 bis 9° C*
Geschmack:	*erfrischend-vollmundig, das Bier zur Jahreszeit: frisch und beliebt wie der Frühling*

Das Sechser-Pferdegespann der Stuttgarter Hofbräu Brau AG ist bei vielen Festlichkeiten um Stuttgart ein gern gesehener Gast.

den Iberfluß nitt haben“. Als Gegenleistung belieferten die klösterlichen Brauer den fürstlichen Hof und die Adligen der Umgebung mit Bier. 1728 wurde dann offiziell die Braugerechtigkeit an die Mönche erteilt, die seit ca. 1600 regelmäßig Hopfen und Malz zugeteilt bekommen hatten.

Das nach dem Münchener Oktoberfest größte Volksfest in Deutschland, das Cannstatter Volksfest, das jährlich auf dem Cannstatter Wasen stattfindet, hat eine lange Geschichte: 1818 wurde das „Landwirtschaftliche Hauptfest“ von König Wilhelm I. und seiner Frau Katharina gestiftet. Nach schweren Hungerjahren sollte das Fest der Ermutigung der Landwirte, der Verbesserung von Landbau und Viehzucht und der Förderung des bäuerlichen Lebens dienen. Mit dem landwirtschaftlichen Hauptfest, das heute noch alle drei Jahre gefeiert wird, wurde um 1850 das Cannstatter Volksfest verbunden.

Im Jahr 1872 wurde die Württembergisch-Hohenzollersche Brauereigesellschaft Englischer Garten gegründet. Am 10. September 1883 verlieh König Karl von Württemberg den „Hoflieferantentitel“ an die Brauerei. 1925 schloss sich die Brauerei mit der Brauereigesellschaft Rettenmaier-Tivoli zusammen und 1935 wurde die Brauerei in Stuttgarter Gofbräu AG umbenannt.

Nach dem Zweiten Weltkrieg erfolgten umfangreiche Neu- und Umbauten am

Brauereistammsitz in der Böblinger Straße, darunter der Neubau des „Alten Sudhauses“, welches heute als Kulisse für Brauereiführungen und Pressekonferenzen genutzt wird.

Im Jahr 1966 wurden die letzten Pferdegespanne der Brauerei als Bierauslieferungsfahrzeuge abgeschafft. Fortan wurden Pferdefuhrwerke nur noch im Rahmen des alljährlichen Volksfestes eingesetzt. 1973 führte die Brauerei das erfolgreiche Hofbräu Dichterspiel ein, welches annähernd 20 Jahre betrieben wurde und noch heute einen beispiellosen Bekanntheitsgrad hat.

1981 betug der gesamte Bier-Ausstoß

„Bügel Premium“

Brauerei:	*Stuttgarter Hofbräu*
Standort:	*Stuttgart, Württemberg*
Sorte:	*obergärig*
Farbe:	*goldfarben*
Alkoholgehalt:	*5,3 Vol.-%*
Stammwürze:	*k. A.*
Serviertemperatur:	*7 bis 9° C*
Geschmack:	*schön würzig, leicht säuerlich, vollmundig*

der Stuttgarter Hofbräu AG erstmals über eine Million Hektoliter Bier. 1982 fand das erste Hofbräu-Sechs-Tage-Rennen statt, eine heute weit über die Landesgrenzen hinaus bekannte Spitzensport-Veranstaltung. Der erste Hofbräu-Zeppelin steigt 1983 in die Lüfte. Im Jahr 1996 begann eine Partnerschaft mit der Zeppelin-Luftschiff GmbH. Stuttgarter Hofbräu ist einer der ersten Werbepartner des neuen Zeppelin NT.

1991 gründete das Stuttgarter Hofbräu die Umweltstiftung mit einem Stiftungskapital von einer Million DM. Aus der Verzinsung dieses Kapitals wurden bis zum heutigen Tage schon zahlreiche Umweltprojekte des Landes gefördert und unterstützt.

Hofbräu bleibt seinem Faible für historisch verankerte werbewirksame Luftfahrzeuge treu und schaffte den ersten Stuttgarter Hofbräu Heißluftballon an. In den folgenden Jahren wurden darüber hinaus noch zwei Gasballons der Stuttgarter Ballonsportgruppe gefördert. Diese „Luftflotte" erfreut bis zum heutigen Tage Jung und Alt bei regelmäßigen Ausfahrten.

Nach Volksfest-Bier und Weihnachts-Bier folgte im Jahr 1996 Hofbräu Frühlings-Festbier als dritte saisonale Festbiersorte im Spezialitätensortiment. Der Neuling am Markt wurde von den Bierfreunden des Landes sofort begeistert empfangen und ist heute nicht mehr wegzudenken. Im Jahr 2000 wurde es, in Verbindung mit einer zeitgemäßen Reduzierung des Alkoholgehaltes auf 4,9 Prozent in Frühlings-Bier umgetauft. Die Marktführerschaft von Stuttgarter Hofbräu im Festbiersegment in Baden-Württemberg ist beispiellos und dominant. Mit Carl Eugen Original kam 1998 ein junges Lagerbier zum Hofbräu-Sortiment hinzu. Mit „B-Mix plus Hyper" lieferte Stuttgarter Hofbräu 2002 seinen Beitrag zum an Bedeutung gewinnenden Marktsegment der Biermischgetränke. Das „Comeback" des Jahres 2004 feierte das „Bügel-Premium", die helle Premium-Bierspezialität in der nostalgischen 0,5-Liter-Bügelflasche. Mit dem „Lemon Gold" führte Stuttgarter Hofbräu 2006 ein neues Bier ein. Das Mischgetränk besteht zu 50 Prozent aus Bier und zu 50 Prozent aus einem Erfrischungsgetränk. Nach dem großen Erfolg des 2004 eingeführten „Bügel Premium" erweiterte Stuttgarter Hofbräu sein Bügelsortiment um ein weiteres Bier: das „Bügel Spezial Märzen Hell". Mit dem „Export Premium" führte Stuttgarter Hofbräu 2007 ein weiteres neues Bier ein. Es ist das erste Exportbier von Hofbräu seit über 70 Jahren.

Zeppelin NT und Friedrichshafen

Zu Werbezwecken wurde ab 1983 zeitweilig ein Zeppelin und ab 1996 ein Zeppelin NT angemietet, die in der Region Stuttgart als fliegende Botschafter der Brauerei unterwegs waren. In Zusammenarbeit mit dem Stuttgarter Hofbräu werden Rundflüge über Stuttgart angeboten. Seit 1995 werben außerdem mehrere Heißluftballons für Stuttgarter Hofbräu. Mit dem 18. September 2002 jährte sich zum fünften Mal der Erstflug des Zeppelin NT „Friedrichshafen". Der Stuttgarter Hofbräu unterstützte mit 110 Zeppelinflugtickets die Veranstaltung.

Ulmer Münster Brauerei
In Ulm, um Ulm und um Ulm herum

In der Münster Brauerei an der Magirusstraße wurde Ende Januar 2002 die letzte Flasche Bier abgefüllt. Zur Blütezeit der Brauerei betrug der Jahresausstoß an Bier etwa 340.000 hl und die Zahl der Beschäftigten 228. Zuletzt lag der Jahresausstoß an Bier wohl bei 200.000 hl. Von der Brauerei blieb nach der Schließung im Jahr 2002 nur das denkmalgeschützte Sudhaus erhalten, welches für Wohnzwecke weiter genutzt wird. Der Rest des Areals der ehemaligen Münster-Brauerei wurde neu bebaut. Bereits im Jahr 2000 war die Ulmer Münster Brauerei von der Memminger Brauerei übernommen worden. Vieles aus dem Bestand ging natürlich auch an die Memminger Brauerei, die das „Münster"-Bier nach Ulmer Rezept weiterbraute. Mit einer Technologie auf dem Stand um die Mitte der 70er-Jahre hatten es die Mitarbeiter der UMB immer wieder geschafft, vorzügliche Produkte auf den Markt zu bringen. Mitte der 90er-Jahre gab es noch einmal einen kurzfristigen Aufschwung durch das „UBG Lager", das so ein Erfolg wurde, dass zeitweise kein Leergut mehr da war, um welches abzufüllen.

Die Dampfmaschine der Ulmer Münster Bier Brauerei im ehemaligen Sudhaus der Brauerei.

Die UMB hatte zu ihren Betriebszeiten die Brauerei Seybold Nersingen, die Kronenbrauerei Blaubeuren, die Schlossbrauerei Schwendi, die Schlossbrauerei Oberkirchberg und die Sonnenbrauerei Schmiechen gekauft, was alles aber leider nicht dazu geführt hat, dass sie ihr eigenes Ende abwenden konnte.

Die Altstadt und die Stadtmauer mit dem Ulmer Münster im Hintergrund vom Neu-Ulmer Ufer aus.

Bräuhaus Wallhall
Göttlich gebraut!

Vor vielen Tausend Jahren, als die Götter ihre Himmelsburg verließen, um den Menschen das Bier zu bringen, fiel auf die Erde ein strahlender Glanz. Frohsinn beherrschte die irdischen Wesen, bis sie das Geheimnis des göttlichen Bieres zu vergessen begannen … Der größte Kessel, den die Germanen kannten, stand im Wallhall, dem sagenhaften Sitz der Götter, Könige und Krieger. Und wie's im Himmel eben ist, wurde reichlich irdischen Genüssen gefrönt. So ließ sich Göttervater Odin sogar auf einen Brauwettstreit mit der göttlichen Frigga ein … Die liebe Frigga hatte eines Tages einen Streit mit ihrem Gatten Odin. Wie immer ging es darum, ob der weibliche oder männliche Hopfen besser sei. Als Odin behauptete, Frigga könne sowieso nicht brauen, lächelte sie bittersüß und sprach eine Woche lang nicht mehr mit ihm. Um Frigga zu versöhnen, ordnete Odin an, nur noch weiblichen Hopfen zum Brauen zu verwenden. Bis heute hält sich die Brauerei an diese Regel – denn der beste Germanenhopfen ist uns gerade gut genug. Wer von beiden gewonnen hat, ist leider nicht überliefert worden. Das Rezept für den Trunk allerdings ist erhalten geblieben und ist auch heute noch im Brauhaus Wallhall in Bruchsal dasselbe.

Oben: Der Wallhall-Steyr Lkw 586 wurde um 1960 gebaut.
Unten: Das Bierstüberl und die Hausbrauerei mit moderner Sudanlage.

„Wallhall Schwarzbier“

Brauerei:	*Bräuhaus Wallhall*
Standort:	*Bruchsal, Württemberg*
Sorte:	*Schwarzbier*
Farbe:	*schwarz*
Alkoholgehalt:	*5,0 Vol.-%*
Stammwürze:	*12 %*
Serviertemperatur:	*6 bis 8° C*
Geschmack:	*malzig, kräftiges Röstmalzaroma*

Weldebräu
Aus Lust und Laune

Am 1. Mai 1752 wurde in Schwetzingen das erste Fass bier angestochen. Das war die Geburtsstunde der Brauerei im Weldeland zwischen Mannheim, Heidelberg und Speyer, liebevoll auch „unsere Welde“ genannt. Knapp 100 Jahre nach den Anfängen wurde das Welde-Stammhaus von Braumeister Heinrich Seitz geführt. Das Geschäft blühte und wurde ständig erweitert.

Im Jahr 1934 begann Hans Hirsch mit dem völligen Umbau der Weldebrauerei. Neue Lagerkeller für eine Million Liter Bier, ein 39 Meter hohes Sudhaus im Bauhausstil und weitere Verwaltungsgebäude wurden bis 1935 gebaut. Dann begann die Zeit des Zweiten Weltkriegs. Nach den harten Jahren des Krieges ging es bald wieder aufwärts. Bis 1981 wurde ein zweiter Neubau errichtet. Inzwischen zählt das Weldebräu zu den modernsten Brauereien Europas. Die 250-jährige Geschichte feierte die Weltebräu GmbH & Co. KG im Jahr 2002 mit einem großen Fest vom Mai bis zum Oktober des Jahres.

„Welde No. 1“

Brauerei:	*Weldebräu*
Standort:	*Plankstadt, Württemberg*
Sorte:	*Pils*
Farbe:	*strohgelb*
Alkoholgehalt:	*4,8 Vol.-%*
Stammwürze:	*11,7 %*
Serviertemperatur:	*7° C*
Geschmack:	*frischer, würziger Duft, herber Geschmack*

Am Anfang des 19. Jahrhunderts existierten in Bayern fast 30.000 große und kleine Brauereien, darunter waren viele, die heute als Hausbrauereien eingeordnet werden. Eine große Anzahl arbeiteten auch als reine Dorfbrauereien, die die Gaststätten der Gemeinden im nahen Umkreis belieferten. Auch fast alle Klöster hatten eine eigene angeschlossene Brauerei für den eigenen Bierkonsum und zur Auffrischung der Klosterkasse.

2008 gab es im gesamten Bayernland nach Angaben des Statistischen Bundesamtes noch 627 Brauereien. Innerhalb Bayerns besitzt die Region Franken heute noch mit über 300 Brauereien die höchste Brauereidichte weltweit. Besonders der Landkreis und die Stadt Bamberg in Oberfranken sind hier hervorzuheben.

Erste Dampfbierbrauerei Zwiesel
Nach dem deutschen Reinheitsgebot

Im Jahr 1878 übernahm Wolfgang Pfeffer von seinem Vetter Franz Pfeffer aus Ottmannszell bei Lam die Brauerei in Zwiesel, Stadtplatz 60. W. Pfeiffer blieb noch vier Jahre als Braumeister in Mainz. Seine Brüder Josef und Michl leiteten inzwischen den Betrieb, der eine als Braumeister, der andere als Gastwirt. Sofort nach seiner Ankunft in Zwiesel begann W. Pfeiffer, beim „Sommerkeller" an der Regenerstraße die Brauerei aufwendig auszubauen. Dies führte bald zu finanziellen Schwierigkeiten, die nur mithilfe von Josefs Ersparnissen gemeistert werden konnten.

Die „Erste Dampfbierbrauerei" in Zwiesel wurde von W. Pfeffer im Jahr 1889 gegründet. Um die Jahrhundertwende waren im Bayerischen Wald Weizen und Hopfen ein rarer Rohstoff. W. Pfeffer braute trotzdem ein hervorragendes obergäriges Bier, das „Dampfbier". Er verwendete kein Weizenmalz, sondern nur Gerstenmalz von leicht bräunlicher Farbe. Mit dem teuren Hopfen musste gespart werden. Die Gärung mit obergäriger Hefe verlief rasch in hölzernen, offenen Bottichen bei Temperaturen von 18 bis 20 Grad Celsius. Dadurch kam es zu einer heftigen, schnellen Kohlensäureentwicklung, die an der „Decke" große Gasblasen entstehen ließ. Diese zerplatzten von Zeit zu Zeit, sodass der Eindruck entstand, „das Bier dampft". Der Name „Dampfbier" war geboren.

Doch dann begannen harte Zeiten für die Brauerei. Zuerst starb Wolfgang Pfeiffer im Jahr 1892, woraufhin die Brauerei Konkurs anmelden musste, dann brannte die Brauerei im Jahr 1898 total nieder.

Heute ist der Betrieb immer noch im Familienbesitz und wird von Mark Pfeffer in der fünften Generation geleitet. Ober- und untergärige Biere werden auch heute noch in der Tradition von Wolfgang und Josef Pfeffer eingebraut und im mittleren Bayrischen Wald vertrieben. Zur Spezialität der Brauerei hat sich aber das „Dampfbier" entwickelt. Es wurde im Jahr 1989 zur 100-Jahr-Feier nach den überlieferten Vorschriften aus der Gründungszeit wieder eingebraut. Seither ist das „Dampfbier" aus Zwiesel zu einem Begriff geworden. Urlauber haben es weit über den Bayerischen Wald hinaus bekannt gemacht.

„Dampfbier"

Brauerei:	*Erste Dampfbierbrauerei Zwiesel*
Standort:	*Zwiesel, Bayern*
Sorte:	*obergäriges Altbier*
Farbe:	*bernsteinfarben*
Alkoholgehalt:	*5,0 Vol.-%*
Stammwürze:	*11,5 %*
Serviertemperatur:	*7° C*
Geschmack:	*sehr süßes und mildes Bier im Antrunk und angenehm süffig*

Aktienbrauerei Kaufbeuren
Das Allgäu prägt

Aus dem Jahr 1308 stammt eine Urkunde, nach der Heinrich der Twinger, Bürger zu Buron (Kaufbeuren), dem städtischen Heilig-Geist-Spital all sein Gut samt Sedelhaus (Brauhaus) mit Hof und Stadel vermacht. Das Jahreszahlenkleeblatt 1308, 1312 und 1325 beweist, dass die heutige Aktienbrauerei aus den ältesten Kaufbeurer Braustätten entstanden ist und mit Recht zu den traditionsreichsten Brauereien Bayerns zählt. So gehört die Stammbrauerei „Zur Güldenen Traube“, deren Gründungsjahr weit vor 1618 liegen muss, schon 1799 zu den ältesten Brauereien der Stadt. Damals erwirbt sie der Bierbrauer Jonas Daniel Walch zum Preis von 4215 Gulden. Die glückliche Hand des Käufers bewirkt den Aufschwung der Brauerei, und durch den Bau eines Bierkellers im „Tänzelhölzchen“ wird 1807 der Standort für die heutigen Brauereigebäude festgelegt. Gustav Walch wandelt die „Goldene Traube“ am 17. März 1885 in eine „Actienbrauerei“ um.

Dass in der damaligen guten alten Zeit der edle Gerstensaft aus der jungen Aktienbrauerei bereits weit über die Grenzen Kaufbeurens hinaus beliebt ist, beweist der Besuch Seiner Königlichen Hoheit, des Prinzen Ludwig, im Jahre 1901. Darüber hinaus werden die Biere mehrfach mit Goldenen Medaillen ausge-

„Fendt Dieselross-Öl“

Brauerei:	*Aktienbrauerei Kaubeuren*
Standort:	*Kaufbeuren, Bayern*
Sorte:	*bayrisches Märzen*
Farbe:	*goldgelb*
Alkoholgehalt:	*5,0 Vol.-%*
Stammwürze:	*13,6 %*
Serviertemperatur:	*7° C*
Geschmack:	*mild und sehr vollmundig mit einem milden bitteren Geschmack*

Die Mitarbeiter der Aktienbrauerei Kaufbeuren um 1910.

zeichnet. Der hohe Geschmacks- und Qualitätsanspruch hat sich bis heute nicht verändert.

Als im Jahr 1907 die Löwen-Brauerei in den Besitz der Aktienbrauerei übergeht, ist deren Dominanz weit und breit nicht mehr abzustreiten.

Nach den Rückschlägen des Ersten und Zweiten Weltkrieges steigt nach Kriegsende die Absatzentwicklung kontinuerlich an. Mit der Übernahme der Rosen-Brauerei im Jahr 1997 findet eine Entwicklung ihren Abschluss. Die Aktienbrauerei ist nun die einzig verbleibende Kaufbeurer Brauerei.

Gebraut wird seit jeher nach dem Reinheitsgebot, das Herzog Wilhelm IV. im Jahr 1516 festgeschrieben hat. Noch heute ist es für sämtliche deutschen Biere Gesetz. Danach dürfen nur die naturreinen Rohstoffe Gerste, Hopfen, Hefe und Wasser zur Bierherstellung verwendet werden.

Auerbräu Rosenheim
Der Weckruf der Natur

Johann Auer erwarb 1887 für 50.000 Mark ein 29.000 Quadratmeter großes Grundstück in der Nähe des neuen Rosenheimer Bahnhofs. Als zeitloses Markensymbol wählte er den balzenden Auerhahn.

1888 kaufte Johann Auer kaufte den „Saubräu" (heute „Ludwigshof" am Ludwigplatz) mit Roßacker. Für die technische Ausstattung seines Unternehmens investierte Auer für damalige Begriffe die enorm hohe Summe von 620.000 DM.

Ab dem 17. September 1889 wurde das Auerbräu-Bier im neuen Betrieb an der Münchener Straße gebraut. Der jährliche Bierausstoß stieg bis 1914 auf 36.000 hl.

„Weizenbock"

Brauerei:	*Auerbräu*
Standort:	*Rosenheim, Bayern*
Sorte:	*obergäriger Weizenbock*
Farbe:	*maronenfarben, naturtrüb*
Alkoholgehalt:	*7,0 Vol.-%*
Stammwürze:	*16,9 %*
Serviertemperatur:	*10 bis 12° C*
Geschmack:	*vollmundig, mit röstigen Kakaonoten, feiner Bittere, malz-aromatisch*

J. Auer kaufte 1913 einige Brauereien in Rosenheim und Umgebung, doch verstarb er am 3. September 1913 im Alter von 72 Jahren. Das Unternehmen wurde von der Witwe, Therese Auer weitergeführt. Therese Auer starb im September 1923, im Alter von 78 Jahren.

1920 wurde die offene Handelsgesellschaft als Gesellschaft mit beschränkter Haftung eingetragen. Es folgte durch den Zusammenschluss einiger Brauereien die heutige Aktiengesellschaft. Von 1923 bis 1929 stieg der Bierausstoß auf 70.000 hl an. In den Jahren von 1929 bis 1933 ging durch die Wirtschaftskrise sowie durch die Reichs- und Gemeindesteuer der Jahresausstoß um 43 Prozent auf 40.000 hl zurück.

Eine historische Aufnahme des Brauereigebäudes der Auerbrauerei in Rosenheim.

AuerBräu – Forschungsförderung Auerhuhn

Ende der 80er-Jahre hörten wir bei AuerBräu von einer jungen Doktorandin, die im Chiemgau Grundlagen zum Schutz des Auerhuhns erforschte. Der Kontakt mit Frau Dr. Ilse Storch kam bald zustande und AuerBräu hat ihre Arbeiten immer wieder finanziell unterstützt. Sie sind zu einem Langzeitprojekt geworden, dem wichtige Einsichten in die Ansprüche von Auerhahn und Auerhenne an ihren Lebensraum zu verdanken sind. Entscheidend sind aber die Impulse, die Frau Dr. Ilse Storch dem Auerhuhn-Schutz verschaffen konnte. Erst durch ihre Arbeit ist bekannt, wie viel Raum Auerhühner tatsächlich benötigen. Damit eine Population überleben kann, muss der Kontakt zwischen den Vögeln von Berg zu Berg genauso erhalten werden wie die lichten Wälder, die das Auerhuhn bevorzugt.

Therese Auer starb im September 1923, im Alter von 78 Jahren. 1940 wurde ein Großteil der Mitarbeiter zum Kriegsdienst eingezogen. Die Wehrmacht beschlagnahmte die Fahrzeuge von Auerbräu, dennoch konnte der Jahresumsatz trotz Dünnbier oder „Erntebier“ auf 82.000 hl gesteigert werden. Nach Kriegsende wurde die Brauerei mithilfe der Mitarbeiter wieder aufgebaut. Die Paulaner-Salvator-Thomasbräu AG übernahm 1984 weitere Aktienpakete und wurde so der Mehrheitsbesitzer der Brauerei Auerbräu AG. Ab 1991 wurde weiter kräftig in die Brauerei investiert und mit vielen neuen Biersorten wie dem „Rosenheimer Hefe Weißbier“, dem „111 Zwickl“, der „111 Hefe Flaschl Weißen“, der „Johann Auer“ Rosenheimer Dunklen Weißen, dem „Dunklen Russ'n“ und dem „Rosenheimer Radler“ wurden viele neue Produkte kreiert.

Augusta Bräu
Augsburger Brautradition

Die Geschichte der „Augusta-Brauerei“ ist so wechselhaft wie die Brauereigeschichte der Reichsstadt Augsburg selbst. Das Anwesen „Litera H 140-142“ am Lauterlech ist neben 1488 auch für das Jahr 1501 als Braustätte belegt. Aus diesem Jahr stammt ein Kaufbrief, den die Witwe des Kaufmanns Christoph Pfeiffelmann 1644 dem Hohen Rat der Stadt vorlegte. Darin heißt es, dass „ein Bierpräu Effinger eine Präu und Hofsach am Lauterlech unterhalb St. Jacob“ verkauft hat. Nachdem der Kaufbrief anerkannt worden war, richtete Sara Pfeiffelmann in dem Anwesen die Bierschenke „Zum Osterlamm“ ein. Damals war es durchaus üblich, dass eine Gastwirtschaft ihr eigenes Bier herstellte, Brauerei und Ausschank somit unmittelbar verbunden waren. Dennoch war es nicht gerade die beste Zeit für die Brauer.

Seit über 20 Jahren wütete der Dreißigjährige Krieg, Plünderungen und Verwüstungen zerstörten regelmäßig die Getreideernten und ließen auf lange Jahre hin die Felder brach liegen. Die Verarmung und die Verelendung der ländlichen und städtischen Bevölkerung taten ihr Übriges.

Dennoch erholte sich die Reichsstadt Augsburg ab 1648 langsam von den verheerenden Folgen des Krieges. 1818 bestanden in Augsburg sage und schreibe 98 Braubetriebe und damit wieder fast so viele wie 1670. Auch die Augsburger „Augusta-Brauerei“ verschloss sich nicht der Notwendigkeit zur Modernisierung. Unter ihrem Besitzer Johann Michael Büchsenstein erfolgte

Hanomag-Kurier-Lieferwagen der Augusta-Brauerei in den 60er-Jahren.

Der Braukessel der Augusta-Brauerei. Das Bild stammt ebenfalls aus den 60er-Jahren.

„Jakober Edelquell"

Brauerei:	*Augusta Bräu*
Standort:	*Augsburg, Bayern*
Sorte:	*Märzen*
Farbe:	*bernsteinfarben*
Alkoholgehalt:	*5,6 Vol.-%*
Stammwürze:	*13,5 %*
Serviertemperatur:	*7 bis 9° C*
Geschmack:	*vollmundig, würzig*

1851 ein Neubau der Brauerei. Die Brauerei am Lauterlech profitierte schon damals von der ungewöhnlich guten Qualität des Brauwassers, das aus einem eigenen Brunnen auf dem Gelände gewonnen wurde.

Doch dann begannen schwere Zeiten für viele Brauereien, einige fusionierten, einige schlossen ihre Pforten ganz. Durch die kriegsbedingte Produktion zur Versorgung der bayerischen Feldtruppen im Ersten Weltkrieg mittels Bierwaggons konnte der Ausstoß noch einmal kurzfristig erhöht werden. Doch mit dem Zusammenbruch des Reiches und den wirtschaftlichen Folgen sah es bald wieder schlecht aus für Augsburgs Brauereien. Kostete 1915 der Liter Bier noch 22 Pfennige, so waren es nach dem Krieg bereits 1,45 Mark und in der schlimmsten Zeit der Inflation bis zu 190 Milliarden Mark.

Nach ihrer Zerstörung 1944 war die Produktion bis 1947 nahezu völlig unterbrochen. Doch unter der Leitung von Josef Engelsmann ging es ab den 50er-Jahren wieder stetig bergauf. Heute reicht die Palette der Brauereierzeugnisse, die von der Deutschen Landwirtschaftsgesellschaft bereits mehrmals ausgezeichnet wurden, vom „Urhell", „Kellerbier" und Pils über „Schwarzbier" und Hefeweizen bis hin zum „Jakober Edelquell" und zum „Hunnenbock", einem hellen Starkbier.

Augustiner-Bräu Wagner
Die älteste Brauerei Münchens

Die Geschichte von Augustiner-Bräu, mit über 670 Jahren Tradition die älteste Brauerei Münchens, beginnt wohl im Jahr 1294, als der Grundstein des Augustiner-Klosters auf dem Haberfeld an der „Neuhauser Gasse" gelegt wurde. Urkundlich anerkannt

Der Fuhrpark der Augustiner-Brauerei um 1890.

Die Maschinenhalle der Augustiner-Brauerei um 1890.

„Edelstoff"

Brauerei:	*Augustiner Brauerei Wagner*
Standort:	*München, Bayern*
Sorte:	*Export, untergärig*
Farbe:	*hellgolden bis bernsteinfarben*
Alkoholgehalt:	*5,6 Vol.-%*
Stammwürze:	*12,7 %*
Serviertemperatur:	*7 bis 9° C*
Geschmack:	*sehr süffig, Abgang getreidig und leicht bitter*

ist, dass bereits 1328 im Klostergebäude ein Brauhaus bestand und dort auch vorzügliches Bier gebraut wurde. Dies änderte sich auch nicht durch den Großbrand in diesem Jahr.

1328 gilt so als Gründungsjahr der Augustiner-Brauerei, die damit die älteste aller bestehenden Münchener Brauereien ist. Vom ersten Tag an bis zur Säkularisierung im Jahr 1803 wurde fortwährend das sehr bekannte Bier gebraut. Dieses wurde in der hauseigenen Schenke verkauft, da das Kloster Brau- wie auch Schankrechte besaß. Auch war die Brauerei von allen Steuern befreit, als Bonus vom Fürsten für die außerordentliche Qualität des produzierten Bieres. Nach der Übernahme des Klosters durch den Staat und den Auszug der Ordensbrüder wurde das Brauhaus privatisiert und 1817 in die Neuhauser Straße verlegt. Die Brauräume wurden bis 1885 im zweiten Stammhaus beherbergt und später fand dort die beliebte Gaststätte, die auch heute noch existiert, ihren Platz. Sie wurde um die Jahrhundertwende von dem bekannten Architekten Emanuel von Seidl komplett neu gestaltet. Weitere Räume der Brauerei wurden das Kellerareal an der Landsberger Straße, das heute als „Bäustüberl" geblieben ist.

Der letze Umzug der Brauerei ist der Familie Anton und Therese Wagner zu verdanken. Sie kauften den Betrieb im Jahr 1829 und führten diesen als Privatbrauerei weiter. Deren Nachfolger führten die Brauerei bis in die heutige Zeit. Die Qualität des Biers hat Augustiner-Bräu zu einem Stück Münchner Kultur gemacht.

Das Festzelt der Augustiner-Brauerei auf dem Oktoberfest in München in einer historischen Aufnahme.

Bayrische Staatsbrauerei Weihenstephan
Eine lange Geschichte kurz erzählt

Der Grundstein für die Geschichte der Bayerischen Staatsbrauerei Weihenstephan wurde im Jahr 725 gelegt. Der heute als „Heiliger Korbinian" bekannte Mönch gründete mit zwölf Gefährten auf dem Nährberg ein Benediktinerkloster und begründete so die Braukunst in Weihenstephan. Eine erste Erwähnung von Hopfen geht auf das Jahr 768 zurück. Zu dieser Zeit gab es bereits in der Nähe des Klosters Weihenstephan einen Hopfengarten, dessen Besitzer dem Kloster zehntpflichtig waren.

Im Jahr 955 wurde das Kloster Weihenstephan von den einfallenden Ungarn geplündert und zerstört. Dieses Ereignis legte den Grundstein für das Gelübde der Benediktinermönche, das zerstörte Kloster immer wieder aufzubauen. diese Tradition gilt bis in die heutige Zeit. Offiziell ging es im Jahr 1040 in Weihenstephan mit dem Bierbrauen los, als es dem Abt Arnold gelang, Brau- und Schankrechte von der Stadt Freising zu bekommen. Das war die Geburtsstunde der Klosterbrauerei Weihenstephan. Zwischen 1085 und 1463 brannte das Kloster viermal vollständig ab, wurde durch drei Pestepidemien, einige Hungersnöte und ein großes Erdbeben heimgesucht. In diese Zeit fiel auch der 30-jährige Krieg. Aber die Benediktiner gaben nicht so leicht auf. Mit bayrischer Hartnäckigkeit bauten sie Kloster und Braustätte immer wieder auf.

Das bayerische Reinheitsgebot, das Herzog Wilhelm IV. von Bayern im Jahr 1516 erließ, war ein Meilenstein in der Geschichte der Braukunst und begründete den Weltruf bayerischen Biers.

„Korbinian"

Brauerei:	*Bayrische Staatsbrauerei Weihenstephan*
Standort:	*Freising, Bayern*
Sorte:	*Doppelbock*
Farbe:	*dunkelbraun*
Alkoholgehalt:	*7,4 Vol.-%*
Stammwürze:	*18,3 %*
Serviertemperatur:	*8° C*
Geschmack:	*malzaromatisch und süffig, nach schwarzem Kaffee*

„Hefeweißbier“

Brauerei:	*Bayrische Staatsbrauerei Weihenstephan*
Standort:	*Freising, Bayern*
Sorte:	*naturtrübes Weißbier*
Farbe:	*helles Rotbraun*
Alkoholgehalt:	*5,4 Vol.-%*
Stammwürze:	*12,7 %*
Serviertemperatur:	*7° C*
Geschmack:	*erfrischend, viel Kohlensäure, die Blume verschwindet nach kurzer Zeit*

Im Jahr 1803 gingen alle Besitztümer und Rechte des Klosters an den Bayerischen Staat über. Doch das konnte die Brauerei nicht erschüttern. Es wurde gern weitergetrunken – nun unter weltlicher Leitung des Königlichen Staatsguts Schleißheim. 1852 zog die landwirtschaftliche Zentralschule von Schleißheim nach Weihenstephan um, 1895 wurde die Schule zur Akademie und 1919 schließlich zur Hochschule für Landwirtschaft und Brauerei. Weihenstephan entwickelte sich so zum Zentrum der Brauereitechnologie weltweit.

Brauerei Aying
Fortschritt zur Wahrung der Tradition

Im Jahr 1876 übernahm der Gründervater der Brauerei Aying, Johann Liebhard, von seinen Eltern das land- und forstwirtschaftliche Anwesen „Zum Pfleger“ mit Tafernwirtschaft und Metzgerei. In der wirtschaftlichen Hochstimmung in den 70er-Jahren des 19. Jahrhunderts nach dem Sieg Deutschlands über Frankreich reifte in ihm der Entschluss, eine eigene Brauerei zu gründen. 1877 begann Liebhard mit dem Bau seiner Brauerei. Räume für ein Sudhaus, Gär- und Lagerkeller und eine Mälzerei mussten errichtet und sämtliche Einrichtungsgegenstände per Bahn antransportiert und dann mit Pferd und Wagen von Sauerlach angefahren werden. Bier brauen konnte man damals übrigens nur im Winter, von Michaeli (29. September) bis Georgi (23. April), wegen der Lagermöglichkeit bei natürlicher Kälte. Am 2. Februar 1878 war es so weit. J. Liebhard schrieb in sein Tagebuch: „Von uns das erste Bier ausgeschenkt, sehr gut und alles voll Leut. Michl und Müller von Höhenkirchen solche Räusch, dass sie beim Heimfahren zehnmal umgeworfen.“

Es war die Zeit des technischen Fortschritts. Der damalige Ayinger Bürgermeister Michael Kometer und Johann Liebhard waren es, die das Projekt einer Lokalbahn vorantrieben. Am 28. Mai 1904 wurde die erste Probefahrt der neuen Bahn durchgeführt. 1904 heiratete seine älteste Tochter und Erbin Maria den Landwirts- und Ziegeleibesitzerssohn August Zehentmair aus Perlach. Bald nach der Eheschließung übergab Johann Liebhard den Besitz in Aying an seine Tochter, die den Betrieb engagiert weiterführte. Schon 1910 verstarb der Gründer der Brauerei.

Mit dem Ausbruch des Ersten Weltkrieges begannen schwere Zeiten für die Familie. August Zehentmair musste in den Krieg ziehen. Seine Frau war mit den kleinen Töchtern Maria, Kreszenz und Annie ganz auf sich gestellt und führte dabei umsichtig den Betrieb durch diese Zeit. Nach Ende des Kriegs 1918 kehrte A. Zehentmair wieder heim. Die folgenden Jahre der Wirtschaftskrise waren hart. Überdies brannte 1921 auch noch

Oben: Als erster Bierverleger fuhr Herr Seeliger mit dem Lkw das Bier aus.
Unten: Die Flaschenabfüllerei um 1938. Braumeister Xaver Döbl bei der Füllmengenkontrolle.

das Jacklhaus, das zum Hof der Liebhards gehörte, bis auf die Grundmauern nieder. August und Maria Zehentmair errichteten an diesem Platz den 1923 fertiggestellten Brauerei-Gasthof Aying, für den sie tief in die Kasse greifen mussten. Nach all den vielen Rückschlägen ging es dann aber wieder bergauf. Der technische Fortschritt wurde konsequent auch für die Brauerei genutzt. Seitdem Aying 1911 an den elektrischen Strom angeschlossen worden war, war die Grundvoraussetzung für die Technisierung der Brauerei geschaffen worden.

Bis Mitte der 20er-Jahre war nur Fassbier zum Ausschank gekommen. Danach jedoch wurde zunehmend Flaschenbier verlangt, sodass 1926 eine Flaschenwasch- und Füllanlage angeschafft wurde. 1927 wurde der erste Lastwagen (Fabrikat Hansa-Lloyd) gekauft. Damit war es endlich möglich, das Bier auch über weite Strecken zu befördern, ohne dass es an Qualität verlor. Nun konnte die Bierlieferung auch in die Landeshauptstadt München beginnen. Der erste „Ayinger“ Wirt in München war der Bayrische Hiasl der Familie Tröber, die auch heute noch gute Kunden der Brauerei Aying sind.

Ganz unverhofft verstarb August Zehentmair am 5. März 1936 im 56. Lebensjahr, ebenfalls ohne männlichen Erben. Die älteste Tochter Maria Kreszenz und ihr Mann Franz Inselkammer aus Siegertsbrunn traten die Nachfolge an. Tatkräftig ging Franz Inselkammer ans Werk. Unterstützt wurde er dabei von seiner Schwägerin Annie Zehentmair, die in seiner 50-jährigen Unternehmertätigkeit seine engste und vertrauensvolle Mitarbeiterin war. In den schwierigen Kriegs- und Nachkriegszeiten sank der Ausstoß bis 1951 auf 13.000 hl. Doch mit dem allgemeinen wirtschaftlichen Aufschwung und dem Einsatz von Franz Inselkammer ging es schnell wieder aufwärts. So stiegen die Ausstoßzahlen fünf Jahre später bereits auf 27.000 hl und 1963 lag man schon bei 76.000 hl. 1953 kaufte Franz Inselkammer senior das Platzl-Hotel in München gegenüber dem Hofbräuhaus. Natürlich wird seitdem dort das Ayinger Bier ausgeschenkt. Aber viel wichtiger ist es, dass damit Ayinger als Markenbegriff in München eingeführt war – an prominentester Stelle! Inselkammer erreichte damit eine Sonderstellung unter den Landbrauereien.

Besonders stolz waren Franz und Maria Kreszenz auf ihre drei Söhne Franz, August und Peter. 1963 trat der Älteste, Franz, nach einer fundierten Ausbildung als Diplom-Braumeister in Weihenstephan und Diplom-Kaufmann in das elterliche Unternehmen ein. Traditionsgemäß kümmert er sich seither um die Brauerei. Gustl leitet die Firma Isartaler Holzhaus und Peter Inselkammer ist Herr über das Münchner Platzl mit dem zugehörigen Hotel.

„Altbairisch Dunkel“

Brauerei:	*Brauerei Aying*
Standort:	*Aying, Bayern*
Sorte:	*dunkles Lager*
Farbe:	*dunkel, mit goldbraunem Schimmer*
Alkoholgehalt:	*5,0 Vol.-%*
Stammwürze:	*12,8 %*
Serviertemperatur:	*9° C*
Geschmack:	*warmes Aroma, mit malzigem Geschmack und an Kaffee erinnerndem Abgang*

Die Brauerei Aying und das Kabarett

Ayinger fördert den Nachwuchs in unserer Region auf dem Gebiet des Kabaretts. Seit 2000 findet in Ottobrunn jedes Jahr ein Wettbewerb statt, bei dem neben einer Jury auch das Publikum Einfluss auf die Platzierungen der Teilnehmer nimmt. Schon mehrere Kandidaten haben in Ottobrunn die ersten Karrierestufen erklommen. Hier der Künstler Wolfgang Ramadan bei einem Auftritt bei der ebenfalls von Ayinger unterstützten Kulturreihe „BrotZeit & Spiele“.

Die Brauerei wuchs ständig weiter. 1970 wurden verschiedene Anlagen zu klein und man beschloss, eine neue moderne Abfüllanlage mit Filtration und Versand am Ortsrand zu bauen. 1972 wurde sie mit einer Stundenleistung von 30.000 Flaschen in Betrieb genommen.
Mit einem Ausstoß von 160.000 hl erlebte die Brauerei 1978 einen Rekord in der Firmengeschichte und stieg auf Rang 50 unter den knapp 1000 Brauereien Bayerns auf.

Privatbrauerei Schimpfle Seit 140 Jahren erstklassige Brauqualität

Am 23. Mai 1864 kaufte Mathias Schimpfle ein Gasthaus mit Braurecht und Landwirtschaft in Gessertshausen. Sein Sohn Josef Schimpfle übernahm das Gasthaus 1919 mit eigener Bierherstellung. Nachdem bis 1923 nur für den eigenen Ausschank gebraut wurde, konnte man im selben Jahr die erste Gastwirtschaft im Nachbarort Deubach als Kunden gewinnen. Mit hauseigenem Pferdefuhrwerk wurde das Bier in gepichten Holzfässern geliefert. Josef Schimpfle heiratete 1925 Luise Zott, die sich fortan um das Bräu-Stüberl kümmerte. Schon bald war das Bräu-Stüberl im weiten Umkreis für seine gutbürgerliche Küche bekannt. Josef Schimpfle kaufte 1927 das erste Lieferfahrzeug der Marke MAN. Beim Kauf dieses Lkw wurde eine Bierlieferung an die Firma MAN eingehandelt. MAN ist im Anschluss über sechs Jahrzehnte Dauerkunde der Brauerei.
Zu Beginn des Zweiten Weltkrieges 1939 hatte man einen für eine Kleinbrauerei respektablen Jahresausstoß von 6500 hl erreicht, der durch Kriegseinwirkung im Jahr 1948 auf 3300 hl/Jahr geschrumpft war. Doch schnell wurde neuer Mut gefasst und wurden neue Pläne geschmiedet. 1955 verstarb Josef Schimpfle. Seine beiden Söhne

„Gold-Zwickl“

Brauerei:	*Brauerei Schimpfle*
Standort:	*Gessertshausen, Bayern*
Sorte:	*untergärig, Zwickl*
Farbe:	*hellgolden, naturtrüb*
Alkoholgehalt:	*5,0 Vol.-%*
Stammwürze:	*11,5 %*
Serviertemperatur:	*7 bis 9° C*
Geschmack:	*zitronenartige Frische und apfelmusartige Süße mit Beinoten von heller Melone und Grünmalz; im Abgang leicht bitter und scharf*

Freiherr von Zech

In und um Deubach war der Freiherr von Zech eine ebenso bekannte wie beliebte Persönlichkeit. Obwohl vom Stande her ein edler Herr (1679 wurde er in den Adelsstand erhoben), hatte er Verständnis und ein Herz für die einfachen Leute. Dafür wurde er von den Frauen bewundert und von den Männern geachtet. Wohl die größte Leidenschaft des Freiherrn von Zech war die Jagd. Die Westlichen Wälder waren sein bevorzugtes Revier. Und auch sonst war der edle Herr ein Freigeist und Lebemann. Er schätzte gutes Essen und Trinken und liebte gesellige Abende in seiner Schlosswirtschaft. Nicht selten unterhielt er beim Biergenuss und Kartenspiel die anderen Gäste mit manch abenteuerlicher Geschichte aus seinem Leben.
Das legendäre Bier verdanken wir jedoch einer anderen Leidenschaft des Freiherrn – dem Wetten. Den Erzählungen nach ließ er keine Gelegenheit aus, um mit allen und jedem eine wagemutige Wette abzuschließen. Und so kam es schließlich auch, dass er eines Tages behauptete, er könne ein noch besseres und würzigeres Bier brauen als das, welches der Wirt ihm feilbot. Frisch und würzig sollte es sein und von unübertroffenem Geschmack. Gesagt, getan. Und nach eifrigem Studieren und Probieren war schließlich die beste Rezeptur gefunden. Das Bier des Freiherrn überzeugte nicht nur die Gäste, sondern auch den Wirt. So war die Wette gewonnen und ein neues Bier geboren: „Freiherr von Zech“. In den Zech-Stuben zu Deubach, gleich neben dem Schloss, bekam das Bier seine ursprüngliche Heimat. Nach der gleichen Rezeptur wird „Freiherr von Zech“ heute gebraut: feinste Bierspezialitäten, die den Mythos des Freiherrn auch heute noch bewahren.

Das Sortiment des legendären Biers des Freiherrn von Zech.

Josef und Alfons traten in seine Fußstapfen. Fortan wurde eifrig investiert. So zum Beispiel in eine erste Kältemaschine für die Lagerkeller-Kühlung, die bisher durch Umluft über einen Natureiskeller erfolgte. Der Eiskeller selbst wurde zum Gär- und Lagerkeller umgebaut. Mittlerweile war der Bierausstoß auf 23.000 hl gestiegen. Das damalige Sudhaus war Tag und Nacht in Betrieb – mit nur zwei Tagen Pause im Jahr. Deshalb war ein Sudhaus-Neubau dringend notwendig. Es sollte bald die fünffache Leistung erbringen. Um die Produktion auf hohem Niveau zu gewährleisten, wurde 1964 eine neue Flaschenfüllerei angeschafft. Im Jahr 1970 erfolgte die Umstellung von der (damals überholten) Bügelverschluss-Flasche auf die sogenannte Euro-Flasche mit Kronenkorken. Die Brauerei Schimpfle investierte 1991 in eine neue, hochmoderne Flaschen-Abfüllanlage. Nunmehr können bis zu 32.000 Flaschen stündlich abgefüllt werden. Als eine der ersten Brauereien Bayerns erhielt die Brauerei Schimpfle 1998 vom bayerischen Staatsminister Dr. Werner Schnappauf das „EG-Öko-Audit" und ist fortan Mitglied des „Umweltpaktes Bayern".
Die Wiederentdeckung der Bierspezialität „Freiherr von Zech" erfolgte 2003. Nach überlieferter Rezeptur braut die Brauerei Schimpfle dieses historische Bier. „Zwickl" nannten die Brauer früher ein ganz besonderes Bier. Es wurde nach der kalten Vergärung direkt vom sogenannten Zwickl-Hahn des Lagertanks in die Flasche gefüllt.

Brauerei Kühbach
Qualität aus dem Wittelsbacher Land

Schon im 16. Jahrhundert wurde bei den Benediktinerinnen des Klosters Kühbach Bier gebraut. Die „Taferngerechtigkeit", also das Recht, Bier zu brauen und auszuschenken, wurde beim Verkauf des Klosters im Jahr 1804 – nach der Säkularisation – eigens erwähnt.

Stich des Kloster Kühbach aus dem Jahr 1701.

Zeitweise war der Eigentümer des Klosterguts, Herzog Max in Bayern, der Vater der legendären „Sisi". Er war es, der im Jahr 1841 den Grundstein zum Bau eines neuen Brauhauses legte. Im Jahr 1862 erwarb Joseph Anton Freiherr von Beck-Peccoz von ihm das Gut zu Kühbach. Seitdem steht es im Besitz der Familie Beck-Peccoz.

„Josefi Bier"

Brauerei:	*Brauerei Kühbach*
Standort:	*Kühbach, Bayern*
Sorte:	*untergärig, Export dunkel*
Farbe:	*tiefdunkel*
Alkoholgehalt:	*5,5 Vol.-%*
Stammwürze:	*18 %*
Serviertemperatur:	*7 bis 9° C*
Geschmack:	*tief malzig und ungemein süffig*

Brauerei Maisach
Über 450 Jahre Brautradition

Seit dem Jahr 2006 kann die Brauerei Maisach auf eine 450-jährige Geschichte zurückblicken. Seit 1906 befindet sie sich in der vierten Generation im Besitz der Familie Sedlmayr. Der Erwerb durch den Urgroßvater von Martina Wieser-Sedlmayr, der jetzigen Besitzerin, zeugt, laut der Legende, von der vererbten unternehmerischen Tüchtigkeit und Spontanität der Eigentümer. Als Josef Sedlmayr anno 1906 während einer Zugfahrt Ohrenzeuge eines Verkaufsgesprächs über die Brauerei Maisach wurde, zog er kurzerhand die Handbremse, sprang aus dem Zug und eilte zum damaligen Besitzer der Brauerei. Bevor die Interessenten eintrafen, war der Kauf abgeschlossen und begossen.

„Räuber Kneißl"

Brauerei:	*Brauerei Maisach*
Standort:	*Maisach, Bayern*
Sorte:	*untergäriges Dunkles*
Farbe:	*dunkel, fast schwarz*
Alkoholgehalt:	*5,0 Vol.-%*
Stammwürze:	*12 %*
Serviertemperatur:	*7 bis 9° C*
Geschmack:	*der schokoladige, malzige, frische Geruch weckt Erwartungen*

Der Räuber Kneißl

„D' Woch' fangt scho guat o...", das waren seine letzten Worte, bevor er, der Räuber Mathias Kneißl, am 21. Februar 1902 auf der Guillotine hingerichtet wurde. Auch heute wird Mathias Kneißl von der Bevölkerung zwischen Dachau und Maisach als „bayerischer Robin Hood" verehrt, weil sein ärmliches Leben immer Zielscheibe der damaligen Obrigkeit war. Nachdem er wegen einer früheren, abgesessenen Zuchthausstrafe nicht mehr als Schreiner in Nußdorf arbeiten durfte, blieb ihm nichts anderes übrig, als sich mit Wilderei und Räuberei durchs Leben zu schlagen. Durch seinen Rückhalt in der Bevölkerung gelang es ihm, jahrelang eine ganze Kompanie von Gendarmen – von denen bei der Hatz auf Mathias Kneißl zwei getötet wurden – an der Nase herumzuführen. Das trug natürlich nicht gerade zum Ansehen der Obrigkeit bei. Deshalb wurde eine ungewöhnlich hohe Belohnung auf seinen Kopf ausgesetzt: 1000 Mark (Eine Maß Bier kostete damals zum Beispiel nur 13 Pfennige!). Wo so viel Geld im Spiel ist, ist der Verrat nicht weit. So wurde Mathias Kneißl in Geisenhofen gestellt und angeschossen. Nachdem man ihn in München wieder „zusammengeflickt" hatte, wurde er in Augsburg, nach einem abgelehnten Gnadengesuch, enthauptet. Daher der Spruch: „In Geisenhofen ham's ihn zuagricht, in München hergricht und in Augsburg hingricht." Zur Erinnerung an den berühmtberüchtigten „Räuber Mathias Kneißl" brauen wir unser Räuber Kneißl Dunkel genau nach damaliger Rezeptur.

Brauerei Rapp
Ein Bier, wie's schmecken soll!

Alles begann damit, dass Georg Johann Rapp 1893 im beschaulichen Kutzenhausen eine kleine Gasthausbrauerei erwarb. Das Bier, in einem Naturkeller gelagert, schmeckte den Kutzenhausenern so gut, dass Georg J. Rapp bald dazu überging, die Eigenbedarfsbrauerei auszubauen. Schon damals war klar, irgendwie musste das Bier zu den Interessenten kommen. Da es vor 100 Jahren noch relativ gemächlich zuging und Georg J. Rapp eigentlich nur die Bierfreunde in den anliegenden Dörfern erfreuen wollte, genügten

„Rappen Märzen“

Brauerei:	*Brauerei Rapp*
Standort:	*Kutzenhausen, Bayern*
Sorte:	*vollmundiges Spezialbier*
Farbe:	*hellgolden*
Alkoholgehalt:	*5,5 Vol.-%*
Stammwürze:	*13,8 %*
Serviertemperatur:	*6 bis 8° C*
Geschmack:	*malzwürzig*

Pferdefuhrwerke. Heute ist die Brauerei Rapp ein Unternehmen mit über 500 Mitarbeitern und beliefert in Süddeutschland 250.000 Haushalte mit einem breiten Sortiment. Bis heute garantieren der Einsatz bester Rohstoffe und eine traditionelle Brauart eine hohe Qualität der Biere. Selbstverständlich werden diese nach dem jahrhundertealten bayerischen Reinheitsgebot für Biere hergestellt.

Weißbierbrauerei Kuchlbauer

Der Weißbier-Spezialist

Die Weißbierbrauerei Kuchlbauer zählt zu den ältesten Brauereien der Welt. Ihre Brautradition geht zurück auf die Zeit um 1300. Eine Urkunde aus dem Jahr 1499 belegt, dass auf dem Abensberger Anwesen zwischen Kirchturm und Rathaus gelegen, Biergerechtsame bestanden. Der Name Kuchlbauer kommt aus Regensburg. Im Mittelalter bezeichnete man so den Bauernhof, der die Küche des Hofstifts und des Bischofs zu versorgen hatte. Ein Kuchlbauer aus Regensburg kaufte im Jahr 1751 das Stammhaus am Stadtplatz in Abensberg. Seit acht Generationen ist die Familie des heutigen Brauereibesitzers, Leonhard Salleck, im Brauerhandwerk tätig. Heute ist der Weißbierbrauer Kuchlbauer eine mittelständische Brauerei, in der bayerische Bierkultur und Kunst zueinanderfinden.

Der Kuchlbauer Turm

Der Kuchlbauer Turm, ein Architekturprojekt des weltbekannten Künstlers Friedensreich Hundertwasser, ist das Wahrzeichen von „Kuchlbauer's Bierwelt“, einer Erlebniswelt rund um die Themen bayerisches Bier, Biertradition und Kunst. Als eine Hommage an das bayerische Bier und somit als ein ganz besonderer Bierort in Bayern soll der Kuchlbauer Turm durch seine architektonische Einzigartigkeit zukünftig als touristische Attraktion die Menschen begeistern. Der Turm präsentiert sich in herrlicher, für Hundertwasser typischer Farben- und Formenvielfalt und beherbergt unter anderem die weltweit größte Weißbiergläsersammlung einer Brauerei. Von der Aussichtsplattform des 35 Meter hohen Turmes aus genießt man einen herrlichen Blick auf das Städtchen Abensberg und schaut weit in das Hopfenland Hallertau, das größte zusammenhängende Hopfen-anbaugebiet der Welt, sowie in Richtung anderer bedeutender Bierorte. Nähere Informationen findet man unter: www. kuchlbauers-bierwelt.de.

„Kuchlbauer Weiße“

Brauerei:	*Weißbierbrauerei Kuchlbauer*
Standort:	*Abensberg, Bayern*
Sorte:	*Hefeweizenbier hell*
Farbe:	*relativ dunkel, naturtrüb*
Alkoholgehalt:	*5,2 Vol.-%*
Stammwürze:	*13,0 %*
Serviertemperatur:	*7 bis 9° C*
Geschmack:	*startet mild, verhalten hefig, fruchtig-bananig, ein wenig zimtig, harmonisch im Abgang*

Brauhaus Schweinfurt

Das Bier aus Franken

Den Grundstock des heutigen Unternehmens bildete eine im Jahr 1858 von Herrn Heinrich Schönmann erworbene Braustätte am Markt 30 in Schweinfurt. Es war dies eine jener zahlreichen kleinen Braubetriebe, deren Ausstoß sich in mäßigen Grenzen bewegte. Neben dem Sudhaus und den Gär- und Lagerkelleranlagen zählte auch eine Wirtschaft zum Brauereibesitz.

Im Jahr 1866 erwuchs der Brauerei, nachdem der Gründer bereits im Jahr 1862 durch Tod ausgeschieden war, in Herrn Kaspar Belschner ein neuer Brauherr, der das Unternehmen bis zum Jahr 1874 leitete, von welchem Zeitpunkt an die Braustätte von seinen Söhnen Karl, Jakob und später Heinrich Belschner unter der Firma Gebr. Belschner weitergeführt wurde.

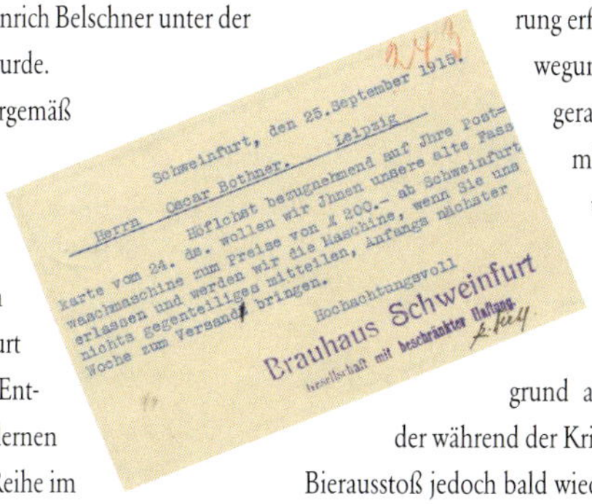
243
Schweinfurt, den 25. September 1915.
Herrn Oscar Bothner. Leipzig
Höflichst bezugnehmend auf Jhre Postkarte vom 24. ds. wollen wir Jhnen unsere alte Fasswaschmaschine zum Preise von ℳ 200.- ab Schweinfurt erlassen und werden wir die Maschine, wenn Sie uns nichts gegenteiliges mitteilen, Anfangs nächster Woche zum Versand bringen.
Hochachtungsvoll
Brauhaus Schweinfurt
Gesellschaft mit beschränkter Haftung.

Steigende Absatzziffern hatten naturgemäß mancherlei Maßnahmen baulicher und technischer Natur im Gefolge und aus dem erfolgreich emporstrebenden Unternehmen ging dann am 1. Juli 1903 die Brauhaus Schweinfurt GmbH hervor, dessen Gründung und Entwicklung zur leistungsfähigen und modernen Großbrauerei unter Mitwirkung einer Reihe im geschäftlichen Leben erprobter Männer und tüchtiger Beamter, insbesondere der Initiative und Umsicht des Kommerzienrates Herrn W. Georg, zu danken ist.

Die zunehmende Steigerung des Bierkonsums der Brauhaus Schweinfurt GmbH, die vor allem der hervorragenden Beschaffenheit ihres Gebräus zuzuschreiben war, wie auch die fortlaufenden Neuerungen im Brauwesen ließen die Gesellschaft im Jahr 1912 bestimmen, den Braubetrieb in der Stadt stillzulegen und neben den vorerwähnten Kellereien einen vollkommen neuen und modernen Brauerei-Neubau aufzubauen, mit dem den wachsenden Anforderungen in der Bierproduktion die richtige Basis gegeben wurde. Nach Inbetriebnahme der neuen Brauerei wurde 1913 die in weiten Kreisen Schweinfurts angesehene und bedeutende Vereinsbrauerei durch Fusion mit dem Brauhaus Schweinfurt vereinigt. Mit der durch diese Fusion herbeigeführten Erhöhung des Braurechtsfußes hatte natürlich auch der Kundenkreis eine wesentliche Erweiterung erfahren. Die erfolgreiche Aufwärtsbewegung fand infolge der durch den Krieg gerade für die Brauereien geschaffenen misslichen Wirtschaftslage eine vorübergehende Unterbrechung. Dank der unermüdlichen Bestrebungen seitens der leitenden Persönlichkeiten der Gesellschaft und aufgrund ausgezeichneter Bierqualitäten war der während der Kriegsjahre zurückgegangene jährliche Bierausstoß jedoch bald wieder in normale Bahnen gelenkt. Natürlich ist bis heute nicht versäumt worden, die im Jahr 1912 erbaute Brauereianlage fortlaufend den Neuerungen auf dem Gebiet von Brautechnik und Brauwissenschaft anzupassen.

„Frankengold“

Brauerei:	*Brauhaus Schweinfurt*
Standort:	*Schweinfurt, Bayern*
Sorte:	*Export*
Farbe:	*blank, goldgelb*
Alkoholgehalt:	*5,4 Vol.-%*
Stammwürze:	*12,3 %*
Serviertemperatur:	*6 bis 8° C*
Geschmack:	*vollmundig und leicht*

Hacker-Pschorr-Bräu Der Himmel der Bayern

Eine der großen Münchner Traditionsbrauereien ist die Hacker-Pschorr-Brauerei. Schon seit dem 15. Jahrhundert steht der Name „Hacker“ für reinen Biergenuss, für das Ursprüngliche, das Lebens- und Liebenswerte an Bayern. 1417 wird bereits eine „Preustatt an der Hagkagasse“ in München erwähnt, genau dort, wo man immer noch im „Alten Hackerhaus“ Hacker-Pschorr-Biere ausschenkt. Knapp 100 Jahre später,

„Anno 1417“

Brauerei:	*Hacker-Pschorr-Brauerei*
Standort:	*München, Bayern*
Sorte:	*Kellerbier*
Farbe:	*hell, naturtrüb*
Alkoholgehalt:	*5,5 Vol.-%*
Stammwürze:	*12,5 %*
Serviertemperatur:	*7 bis 9° C*
Geschmack:	*lässt sich leicht und angenehm trinken*

TSV 1860 München

Seit Beginn der Saison 2004/05 ist Hacker-Pschorr Premium Partner des TSV München von 1860 und unterstützt die Fußballmannschaft bei ihrem Vorhaben, den Sprung in die Erste Fußballbundesliga zu schaffen. Der Vertrag mit den „Sechzigern" hat eine Laufzeit von fünf Jahren. Hacker-Pschorr war vor Jahren bereits Sponsorpartner des TSV 1860 München und nun hat die Traditionsbrauerei die Zusammenarbeit mit dem Traditionsverein erneuert.

„Oktoberfest Märzen"

Brauerei:	*Hacker-Pschorr-Brauerei*
Standort:	*München, Bayern*
Sorte:	*untergäriges Märzenbier*
Farbe:	*goldfarben*
Alkoholgehalt:	*5,8 Vol.-%*
Stammwürze:	*13,7 %*
Serviertemperatur:	*7 bis 9° C*
Geschmack:	*runder malzaromatischer Geschmack und feinherb bitter*

nämlich am 23. April 1516 erlässt Herzog Wilhelm IV. das bayerische Reinheitsgebot und bis heute werden die Hacker-Pschorr-Biere streng nach diesem Gebot gebraut. Jahrhundertealte Brautradition, ein großer Familienname – Josef Pschorr ist der einzige Brauer dessen Büste in der Ruhmeshalle steht –, Bodenständigkeit und Verlässlichkeit, dafür steht Hacker-Pschorr. „Der Himmel der Bayern" verspricht die Schleife über dem Logo. Was ist denn für einen echten Bayern der Himmel? Die unvergleichliche Landschaft, liebgewonnene Traditionen, die auch in der modernen Zeit Bestand haben, der Glaube an das Echte, Lebenslust und natürlich auch ein ehrlich gebrautes, frisch gezapftes Bier. Das Bier steht bei einer Brauerei natürlich im Vordergrund, aber Bewusstsein für die Heimat bedeutet auch Engagement. Als regionale Marke in Südbayern präsentiert sich Hacker-Pschorr in München und im bayerischen Oberland, als Partner der örtlichen Vereine – ob sportlich oder kulturell. Hier ist auch die Heimat typischer und unverfälschter Gasthöfe, in denen man zu einer deftigen Brotzeit Hacker-Pschorr-Biere genießt.

Das Oktoberfest-Zelt „Bräurosl"

Der Name des Oktoberfest-Zelts Bräurosl stammt von der Tochter des früheren Brauerei-Besitzers Pschorr und es wird in der dritten Generation von der Familie Heide betrieben. Unterhaltung wird in diesem urigen Zelt großgeschrieben: Eine zelteigene Jodlerin, die während der Wiesnzeit zu Ehren von Rosi Pschorr auf den Namen „Bräurosl" hört, sorgt mit bayrischem Urgesang für Bombenstimmung. Doch damit nicht genug: Wenn die Bräurosl Pause hat, heizen die Ludwig-Thoma-Musikanten kräftig ein. Täglich zur Mittagszeit und von 18.00 bis 19.00 Uhr treten die Südtiroler Spitzbuam in Aktion. Und die Wirtsfamilie weiß, was ihr Zelt so besonders macht: „Unser Zelt ist ein Traditionszelt, das sehr beliebt bei den Münchnern ist. Viele Münchener Firmen reservieren bei uns zur Wiesnzeit. Auf die Stammgäste können wir uns verlassen, die kommen garantiert jedes Jahr. Seit 66 Jahren ist die Bräurosl in den Händen derselben Wirtsfamilie, den Heides. Das ist ein gutes Zeichen!"

Hasen-Bräu Augsburg
Herkunft, die verpflichtet

Was nur wenige wissen: Augsburg darf für sich in Anspruch nehmen, dass es den ältesten Nachweis über ein bürgerliches Brauwesen in unserem Kulturkreis erbringen kann. Im Stadtrecht der Freien Reichsstadt ist seit 1156 verankert, dass kein minderwertiges Bier gebraut werden darf. Und schon 1143 hat Augsburg ein eigenes Reinheitsgebot erlassen: Es durfte nur aus Wasser, Malz und Hopfen gebraut werden. Mit Fug und Recht kann man es denn auch Qualitätsbier nennen, was der „Bierpreu" Ulrich Alpershofer um 1464 in seiner Schänke „Zu den drey Glass" in großen Bottichen am offenen Feuer sott.

Was damals keiner ahnte: Diese kleine Braustätte sollte zur größten Brauerei Augsburgs heranwachsen und über mehr als fünf Jahrhunderte zum traditionsreichen Hasen-Bräu werden. Doch noch ist es nicht so weit. Die Brauer bildeten in Augsburg eine stolze, angesehene und mächtige Zunft. Ihr Selbstbewusstsein und ihre Finanzkraft spiegelten sich in ihren prächtigen Zunftkrügen wider. Den strengen Zunftregeln musste sich jeder unterwerfen, der sich in Augsburg als Bierpreu und Litgeb (Schankwirt) niederlassen wollte. Einer von ihnen war im 18. Jahrhundert der damalige Besitzer der Schänke „Zu den drey Glass", Martin Eberle.

Ihm ist auch der Name Hasen-Bräu zu verdanken: Ein Hase hatte sich nämlich eines Tages aus dem benachbarten Krautgarten in die belebte Schankstube verirrt. Schankwirt Martin Eberle, der einen saftigen Braten witterte, fiel bei der Verfolgung des verschreckten Tieres auf die Nase, sein Opfer entkam unversehrt, und dem Wirt blieb der Spottname „Hasen-Preu". Die Biere des „Hasen-Preus" erfreuten sich in den kommenden Jahrzehnten großer Beliebtheit. Die kleine Schankstube wuchs zu einer bedeutenden Augsburger Braustätte heran.

Am 1. September 1890 firmierte sie erstmals unter dem Namen „Aktienbrauerei zum Hasen vormals J.M. Rösch". 1920 schließlich schlossen sich die „Brauerei Lorenz Stötter AG", 1921 die „Aktiengesellschaft Kronenbrauerei" und 1923 die „Aktien-

„Oster-Festbier"

Brauerei:	*Hasen-Bräu*
Standort:	*Augsburg, Bayern*
Sorte:	*Saisonbier, Märzen*
Farbe:	*goldfarben*
Alkoholgehalt:	*6,0 Vol.-%*
Stammwürze:	*13,4 %*
Serviertemperatur:	*8° C*
Geschmack:	*würzigfrisch*

„Urhell"

Brauerei:	*Hasen-Bräu*
Standort:	*Augsburg, Bayern*
Sorte:	*untergärig, helles Lager*
Farbe:	*hell*
Alkoholgehalt:	*5,0 Vol.-%*
Stammwürze:	*11,4 %*
Serviertemperatur:	*8° C*
Geschmack:	*hellgolden, reichlich trüb, naturbelassene Aromawelt, minimal säuerlich*

brauerei Augsburg" mit der „Aktienbrauerei zum Hasen" zum Hasen-Bräu zusammen. Den Brauherren war es dabei stets wichtig, nicht nur ein besonders gutes und wohlschmeckendes Bier zu brauen. Den edlen Gerstensaft frisch und pünktlich dorthin zu bringen, wo er verkauft und getrunken wurde, war ihnen ein besonderes Anliegen. Bei Hasen-Bräu hatte man in den nostalgischen Zeiten drei Eisen im Feuer, wenn es um den Transport ging: das Pferdefuhrwerk, die Eisenbahn und die Autos. Erst durch die Wirren des Ersten und Zweiten Weltkrieges wurde dieses Wachstum gestoppt. Mit Kriegsende 1945 waren alle Betriebsstätten des Hasen-Bräu schwer beschädigt. Über 30 Anwesen sanken in Schutt und Asche. Nur mit dem Mut, der Tatkaft und dem unermüdlichen Einsatz der Betriebsleitung und Belegschaft konnte der Wiederaufbau realisiert werden.

Erst mit Millioneninvestitionen in moderne, leistungsfähige Anlagen, mit weiteren Übernahmen in den 70er-Jahren, mit neuen Sorten, mit Innovationen und mit Flexibilität konnte der Fortbestand des Augsburger Hasen-Bräu auch unter neuen marktwirtschaftlichen Rahmenbedingungen gesichert werden.

Irseer Klosterbräu

Ursprüngliches Brauen in der Klosterbrauerei

Bereits im frühen Mittelalter wurde in Klöstern Bier gebraut. So kümmerten sich auch die Mönche in Irsee um die Braukunst. Ihre Freude am Genuss und Wohlbefinden prägten den Geschmack. Die natürlichen örtlichen Gegebenheiten, das Zusammenspiel von Hopfen und Malz, verbunden mit der Klosterbrauregel „lang und kühl" beachteten sie genau. Im kalten Gewölbekeller erhielten die Kräfte der Natur Zeit zur Reifung und zum Ausbau des mild würzigen Biergenusses. Erst dann wurde urbelassen (unfiltriert) abgefüllt. In acht bis zehn Stunden entsteht auch heute noch in kupfernen Sudkesseln aus würzigem Malz, Wasser wie es die Natur gibt, und mildem Hopfen die Bierwürze. Acht bis zehn Tage dauert die kühle Hauptgärung in traditionellen Gärbottichen. Sorgfältig entfernt hier der Brauer bitteren „Hopfentrieb" aus der Schaumdecke. 80 bis 180 Tage reift Irseer Klosterbier im Gewölbekeller bei Temperaturen um den Gefrierpunkt bis zu seiner natürlichen Klarheit.

Im Brauereimuseum der Irseer Klosterbrauerei verschwimmen die Grenzen zwischen einst und heute. Vom Museum aus hat der Besucher einen direkten Blick in das Sudhaus, läuft an den Gärbottichen vorbei und steigt hinab in das kühle Kellergewölbe, in dem der Kloster-Urtrunk wie in alten Tagen langsam und stetig reift.

„Irseer Kloster-Urtrunk"

Brauerei:	*Irseer Klosterbräu*
Standort:	*Irsee, Bayern*
Sorte:	*Pils, naturtrüb*
Farbe:	*mittelbraun*
Alkoholgehalt:	*5,6 Vol.-%*
Stammwürze:	*12 %*
Serviertemperatur:	*8° C*
Geschmack:	*im Antrunk schön malzig, fruchtig, vollmundig mit leichter Süße*

Klosterbrauerei Andechs

Genuss für Leib und Seele

Bier wurde schon im Mittelalter in Andechs gebraut, nachweislich nachdem der Wittelsbacher Herzog Albrecht III. 1455 die Benediktinerabtei auf dem Andechser Berg gegründet hatte. Die Benediktinermönche haben die Brautradition über die Jahrhun-

Luftaufnahme des Klosters Andechs am Ammersee aus den 50er-Jahren.

derte fortgesetzt und die Kunst des Brauens sowie die Rezepturen ständig gepflegt und verfeinert.

1906 wurde ein siebenstöckiges Mälzereigebäude aus Stahlbeton errichtet, dem 1950 die erste Flaschenabfüllanlage folgte. 1972 entschied sich der Konvent für den Bau einer völlig neuen Brauerei, um das Braugeschäft mit moderner Technik fortführen zu können. Die Gebäude wurden vom Ursprungsort an den Fuß des Heiligen Berges verlegt. Ein moderner Fass- und Flaschenkeller wurde 1974 fertiggestellt. Das neue Sudhaus, mit Gär- und

„Andechser Weißbier"

Brauerei:	*Klosterbrauerei Andechs*
Standort:	*Andechs, Bayern*
Sorte:	*obergäriges Charakterbier*
Farbe:	*helle Honigfarbe, hefetrüb*
Alkoholgehalt:	*5,5 Vol.-%*
Stammwürze:	*12,5 %*
Serviertemperatur:	*8 bis 9° C*
Geschmack:	*belebend aromatisch*

Genuß für Leib & Seele
KLOSTER
Andechs
SEIT 1455

Kloster Andechs

Kloster Andechs, von weither sichtbar auf dem Heiligen Berg über dem Ostufer des Ammersees inmitten des Fünf-Seen-Landes, ist seit über einem halben Jahrtausend ein beliebtes Ziel für Pilger. Als Ort der Begegnung und Orientierung ist Kloster Andechs mit Brauerei, Bräustüberl, Klostergasthof und nicht zuletzt wegen seines reichhaltigen kulturellen Angebotes in den repräsentativen Räumlichkeiten des Fürstentraktes und im „Florian-Stadl" ein begehrter Tagungsort und Anziehungspunkt für Besucher aus der ganzen Welt.

Blick auf den erweiterten Gär- und Lagerkeller der Klosterbrauerei Andechs.

„Hopfazupfabier"

Brauerei:	*Kloster-Brauerei Scheyern*
Standort:	*Scheyern, Bayern*
Sorte:	*Fest-Märzen*
Farbe:	*goldgelb*
Alkoholgehalt:	*5,6 Vol.-%*
Stammwürze:	*13,2 %*
Serviertemperatur:	*6° C*
Geschmack:	*feinwürziger Geschmack*

Lagerkeller, war 1983 der letzte Abschnitt der Bauarbeiten. Das alte Sudhaus war jedoch noch bis 1984 in Betrieb. Seit dieser Zeit wurden alle technischen Brauanlagen konsequent erneuert und den Erkenntnissen der modernen Brauwissenschaft angepasst. Diese langfristige Investitionspolitik des Klosters garantiert aber nicht nur ein gutes Arbeitsumfeld und eine hohe Bierqualität, sondern wirkt sich auch auf unsere Umwelt positiv aus: So erfolgte im Dezember 2000 die Validierung der Klosterbrauerei Andechs gemäß EG-Öko-Audit.

Klosterbrauerei Scheyern

Im Herzen Bayerns

Im Herzen Bayerns, eingebettet in die malerische hügelige und waldreiche Landschaft der Hallertau (oder „Holledau"), liegt fünf Kilometer südwestlich der Kreisstadt Pfaffenhofen an der Ilm die Benediktinerabtei Scheyern, die mit ihrem mächtigen Gebäudekomplex von der einstigen geistigen und politischen Größe Scheyerns zeugt.

Die Gebäude der ehemaligen Burganlage (Stammsitz der Wittelsbacher) in Scheyern wurden 1119 den Benediktinern überlassen, die damals schon mit der Bierproduktion begannen. Das dem Heiligen Kreuz und Maria Himmelfahrt geweihte Kloster Scheyern ist eine der ältesten bayerischen Benediktinerabteien. Die Klostergebäude von

Die Benediktiner des Klosters Scheyern verstehen was vom Feiern und vom Geschäft drumherum. Das „Hopfazupfa"-Fest im August 2009.

1119 zogen die Benediktinermönche das letzte Mal in das heutige Kloster Scheyern um.

Scheyern sind gewachsene Bausubstanz aus über 800 Jahren. Besucher können selbstständig durch die Klosteranlagen gehen und dabei den Kreuzgang, die Kapitelkirche mit der Familiengrabstätte der Wittelsbacher und die Basilika besichtigen. Eine organisierte Führung gibt es jeden Sonntag und Feiertag um 15 Uhr beziehungsweise für Gruppen nach Vereinbarung. Nach einer Wanderung rund um die Klosterweiher und im Scheyrer Forst empfiehlt sich eine „Einkehr" im Klosterbiergarten.

Regel zur Fastenzeit

„Der Mönch soll zwar immer ein Leben führen wie in der Fastenzeit. Dazu aber haben nur wenige die Kraft. Deshalb raten wir, dass wir wenigstens in diesen Tagen der Fastenzeit in aller Lauterkeit auf unser Leben achten und gemeinsam in diesen heiligen Tagen die früheren Nachlässigkeiten tilgen. Das geschieht dann in rechter Weise, wenn wir uns vor allen Fehlern hüten und uns um das Gebet unter Tränen, um die Lesung, die Reue des Herzens und um Verzicht mühen. Gehen wir also in diesen Tagen über die gewohnte Pflicht unseres Dienstes hinaus durch besonderes Gebet und durch Verzicht beim Essen und Trinken. So möge jeder über das ihm zugewiesene Maß hinaus aus eigenem Willen in der Freude des Heiligen Geistes Gott etwas darbringen; er entziehe seinem Leib etwas an Speise, Trank und Schlaf und verzichte auf Geschwätz und Albernheiten. Mit geistlicher Sehnsucht und Freude erwarte er das heilige Osterfest. Was aber der einzelne als Opfer bringen will, unterbreite er seinem Abt. Es geschehe mit seinem Gebet und seiner Einwilligung; denn was ohne Erlaubnis des geistlichen Vaters geschieht, wird einmal als Anmaßung und eitle Ehrsucht gelten und nicht belohnt. Also werde alles mit Einwilligung des Abtes getan."

Kulmbacher Brauerei
Die heimliche Hauptstadt des Bieres

Der Name Kulmbach hat seit jeher einen guten Klang bei Bierkennern, und das ist kein Wunder: Schon im Altertum haben sich die Bewohner der Braukunst verschrieben, wie der Fund einer 3000 Jahre alten Bieramphore belegt, die heute als ältestes Indiz für das Bierbrauen in Deutschland gilt.

Seit jeher bestimmen die Darrhauben der Mälzereien, die Brauereigebäude und die Gastronomie das Stadtbild, prägt Bier das Leben der Menschen in der Region. 1846 schlossen sich die

„prauenden Bürger" Johann Wolfgang Reichel, Johann Konrad Scheiding und Johann Martin Hübner zu einer Brauergemeinschaft zusammen. Dies war die Geburtsstunde des Kulmbacher Reichelbräu.

Mit dem Export des legendären Kulmbacher

„Festbier"

Brauerei:	*Kulmbacher Brauerei*
Standort:	*Kulmbach, Bayern*
Sorte:	*Festbier*
Farbe:	*hellgolden*
Alkoholgehalt:	*5,6 Vol.-%*
Stammwürze:	*13,2 %*
Serviertemperatur:	*9 bis 13° C*
Geschmack:	*malziger Antrunk, Abgang unentschieden zwischen leicht malzbitter und verhaltener Hopfenherbe*

„EKU 28“

Brauerei:	*Kulmbacher Brauerei*
Standort:	*Kulmbach, Bayern*
Sorte:	*Doppelbock*
Farbe:	*bernsteinfarben*
Alkoholgehalt:	*11,0 Vol.-%*
Stammwürze:	*25,0 %*
Serviertemperatur:	*7 bis 18° C*
Geschmack:	*feuriger Doppelbock mit vollmundigem Malzaroma*

Bieres nach Mittel-, Ost- und Norddeutschland begann der Aufstieg des „Reichelbräu“. Dieser wurde auch durch den Verlust der Absatzgebiete in Mittel- und Ostdeutschland nach 1949 nicht gebremst. Nach der Wende gelang es, die Traditionsbrauereien „Sternquell“ und „Braustolz“ in Sachsen sowie die Bad Brambacher Mineralquellen zu übernehmen. 2003 erfolgte die Übernahme der Brauerei „Scherdel“ in Hof.

1996 wurden die ehemals eigenständigen Brauereien Reichelbräu, Sandlerbräu, Mönchshof und EKU unter dem Dach der Kulmbacher Brauerei AG vereint. Heute führt die Brauerei die Premium-Marke Kulmbacher, die Traditionsmarke EKU, die Spezialitätenmarke Mönchshof sowie die Weißbiermarke Kapuziner als eigenständige Marken mit eigenständigen Rezepturen weiter. Diese Biervielfalt begründet den Ruf Kulmbachs als heimliche Hauptstadt des Bieres.

Schlossbrauerei Kaltenberg
Bei den Rittern zu Hause

Seine Königliche Hoheit Luitpold Prinz von Bayern ist der berühmte Urenkel des letzten Königs von Bayern, Ludwig III. Doch er ist bei Weitem nicht der Erste in seiner Familie, der sich der Braukunst widmet. Wie er sagte: „Die Geschichte der Wittelsbacher und die des bayerischen Bieres gehen Hand in Hand, und beides sollte in der Tat als Ganzes gesehen werden.“ Kurz gesagt, das Bier hat im bayerischen Leben und in der bayerischen Kultur schon immer eine so große Rolle gespielt, dass die Angehörigen der königlichen Familie zwangsläufig Brauexperten sein mussten. Dadurch hinterließen sie der Welt des Bieres und des Brauens ein großes Erbe. Die erste Brauerei der Königsfamilie wurde 1260 von Herzog Ludwig dem Strengen in München gegründet. Seitdem entstanden im Laufe der Jahrhunderte insgesamt 70 Brauereien der Wittelsbacher.

Man ist weltweit der Meinung, dass der wichtigste Beitrag, den Herzog Wilhelm IV. leistete, der Erlass des berühmten bayerischen Reinheitsgebotes im Jahre 1516 war, auf das sich der allgemein gute Ruf des bayerischen Bieres stützt.

Das Interesse der Königsfamilie richtete sich auf traditionelle und manchmal auch auf besondere Biersorten. So erließ gut 100 Jahre später Kurfürst Maximilian I. das Weißbiermonopol. Damit sicherte er der königlichen Familie das Privileg, Weißbier zu brauen. Infolgedessen gründete Maximilian I. viele neue „Weiße Brauhäuser“. Mit den Einnahmen wurde ein großer Teil des Staatshaushalts saniert. Dies war somit die größte staatliche Einnahmequelle. Das Weißbiermonopol bestand etwa 200 Jahre lang, bis 1798.

Auf Schloss Kaltenberg befindet sich die traditionelle Braustätte der Schlossbrauerei mit einer Kapazität von über 100.000 Hektolitern pro Jahr.

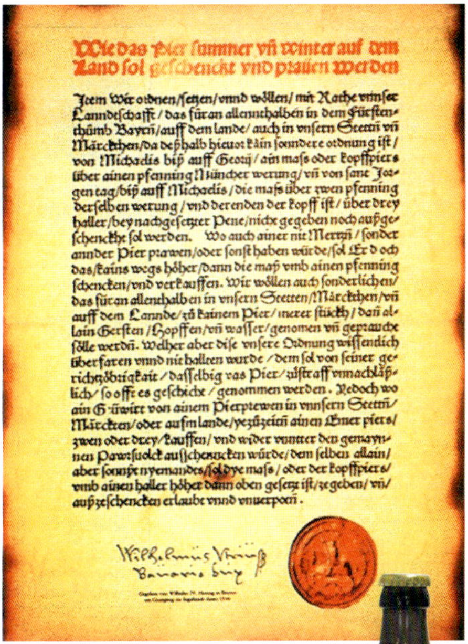

Wie das Pier summer vñ winter auf dem Land sol geschenckt vnd prauen werden

Item Wir ordnen / setzen / vnnd wöllen / mit Rathe vnnser Lanndtschafft / das füran allenthalben in dem Fürstenthumb Bayrñ / auff dem lande / auch in vnsern Stettñ vñ Märckthen / da deßhalb hieuor kain sonndere ordnung ist / von Michaelis biß auff Georij / ain maß oder kopffpiers über ainen pfenning Müncher werung / vñ von sant Jorgen tag / biß auff Michaelis / die maß über zwen pfenning derselben werung / vnd derenden der kopff ist / über drey haller / bey nachgesetzter Pene / nicht gegeben noch außgeschenckht sol werden. Wo auch ainer nit Mertzñ / sonder annder Pier prawen / oder sonst haben würde / sol Er doch das / kains wegs höher / dann die maß vmb ainen pfenning schencken / vnd verkauffen. Wir wöllen auch sonderlichen / das füran allenthalben in vnsern Stetten / Märckthen / vñ auff dem Lannde / zu kainem Pier / merer stückh / dañ allain Gersten / Hopffen / vñ wasser / genomen vñ gepraucht sölle werdñ. Welher aber dise vnsere Ordnung wissentlich überfaren vnnd nit hallten wurde / dem sol von seiner gerichtzöbrigkait / dasselbig vas Pier / zustraff vnnachläßlich / so offt es geschicht / genommen werden. Yedoch wo ain Gäuwirt von ainem Pierprewen in vnnsern Stettñ / Märckten / oder aufm lande / yezuzeitñ ainen Ember piers / zwen oder drey / kauffen / vnd wider vnnter den gemaynen Pawrsuolck ausschencken würde / dem selben allain / aber sonnst nyemandts / soldye maß / oder der kopffpiers / vmb ainen haller höher dann oben gesetzt ist / zegeben / vñ / außzeschencken erlaubt vnnd vnuerpoteñ.

Das bayerische Reinheitsgebot von 1516. Auf dieses berühmte Dokument stützt sich der weltweit gute Ruf der bayerischen und deutschen Biere.

Erstaunlicherweise verdankt die Welt dem königlich-bayerischen Haus auch das Oktoberfest. Es begann als öffentliche Feier anlässlich der Hochzeit des jungen Kronprinzen, des späteren Königs Ludwig I., mit Prinzessin Therese von Sachsen-Hildburghausen auf der Theresienwiese am 12. Oktober 1810. Dieses mehrere Tage dauernde Fest, bei dem die ganze Stadt mitfeierte, war ein so großer Erfolg, dass es seitdem jedes Jahr wiederholt wird.

Im Sommer war das Bierbrauen verboten, weil Brandgefahr durch das Sieden bestand. Deshalb musste für die Sommerzeit ein Biervorrat angelegt werden. So entstanden spezielle Bierkeller, im Allgemeinen direkt neben dem Brauhaus. Durch den hohen Grundwasserspiegel in München konnten diese Keller allerdings nicht tief genug angelegt werden. Im Winter sägten die Brauer deshalb zur Kühlung Eis in Stangen aus den umliegenden Weihern. Gegen die hartnäckige Sommersonne pflanzten sie schattenspendende Bäume. Die Kastanie, der einheimische Baum mit den größten Blättern, entwickelte sich zum Dach für die unterirdischen Bierkeller und somit zum traditionellen Biergartenbaum.

Weil die Brauer ihr Bier direkt an die Bevölkerung verkaufen wollten, stellten sie unter die Kastanienbäume Tische und Bänke und boten ihr kühles Bier feil. Münchens Wirte liefen Sturm dagegen. Die Brauer, so ihr Argument, sollten die Wirte beliefern und nicht an jedermann ihr Bier verkaufen. Um einer Rebellion vorzugreifen, schloss König Ludwig I. einen Kompromiss:

„König Ludwig Dunkel“

Brauerei:	*Schloßbrauerei Kaltenberg*
Standort:	*Kaltenberg, Bayern*
Sorte:	*Dunkles*
Farbe:	*typisch dunkel*
Alkoholgehalt:	*5,1 Vol.-%*
Stammwürze:	*12,0 %*
Serviertemperatur:	*7° C*
Geschmack:	*malzig fruchtiger Geruch, malzig kräftiger Antrunk, der Nachgeschmack ist etwas herber*

Ritterturnier

Die Arena auf Schloss Kaltenberg in einer Herbstansicht, in der jedes Jahr aufs neue der Kampf zwischen Gut oder Böse statt-findet. Musikanten, Narren, Gaukler und Jongleure verwandeln Kaltenberg in ein stimmungsvolles Märchenland. „Der Schwarze Ritter mit seinen schrecklichen Vasallen reißt die Macht an sich und knechtet das Volk, das sich in den Wäldern um Kaltenberg sammelt, um zu trainieren und sich kampffähig gegen die Mächte des Bösen zu machen. Unter der Führung von Graf Rudolph zu Kaltenberg sammeln sich die tapferen Bauern und stellen sich dem übermächtigen Gegner ...“

Er genehmigte den Bierausschank über den Kellern, verfügte aber, dass die Brauer kein Essen verkaufen durften. Wer also seine Maß Bier im Schatten der Kastanienbäume genießen wollte, musste seine Brotzeit selbst mitbringen.
Auch König Ludwig II. pflegte die Biertradition der Wittelsbacher. Im Jahr 1868 gründete er die „Polytechnische Schule München“ mit Hochschulstatus. Wenige Jahre später kam die landwirtschaftliche Abteilung hinzu. Es entstand die „Königliche Bayerische Akademie für Landwirtschaft und Brauereien“. Seitdem dort zum ersten Mal 1865 ein „Brauer-Cursus“ stattfand, werden dort Brauer akademisch ausgebildet.

„Urtyp“

Brauerei:	*Löwenbräu*
Standort:	*München, Bayern*
Sorte:	*untergärig*
Farbe:	*goldgelb, blank*
Alkoholgehalt:	*5,4 Vol.-%*
Stammwürze:	*12,4 %*
Serviertemperatur:	*7 bis 9° C*
Geschmack:	*würzig, mild hopfig mit einem feinen Malzaroma*

Löwenbräu AG
Löwenfütterung

Die Brauerei wurde wahrscheinlich bereits 1383 gegründet. Im Jahr 1524 wurde ein Jörg Schnaitter, „Pierprew“ auf dem Anwesen in der Löwengrube 17 genannt. Löwenbräu wurde 1746 erstmals im Biersudverzeichnis von München erwähnt. Der Löwe im Namen stammt von dem Fresko „Daniel in der Löwengrube“ im genannten Brauhaus aus dem 17. Jahrhundert. 1818 kaufte der aus bäuerlichen Verhältnissen stammende Brauer Georg Brey die Löwenbrauerei. Es begann der wirtschaftliche Aufstieg, unter seiner Leitung. 1826 wurde der Braubetrieb am neu erworbenen Gelände an der Nymphenburger Straße aufgenommen. 1848 erhielt die Brauerei die Erlaubnis, Bock-Bier zu brauen. 1851 war die Verlegung des Braubetriebs auf das Gelände an der Nymphenburger Straße abgeschlossen. 1863 ist die Löwenbrauerei erstmals größte Brauerei Münchens mit einem Viertel des gesamten Bierausstoßes der Stadt. 1872 wurde Löwenbräu von der Familie Brey verkauft; die Brauerei wurde in eine Aktiengesellschaft umgewandelt und nannte sich fortan „Aktienbrauerei zum Löwenbräu“. Ludwig Brey erwarb als Brauer und Eigentümer der Aktienbrauerei zum Löwenbräu die Nachbarsanwesen vom „Bierwirt“ Nikolaus Naßl und baute 1882/83 den Löwenbräukeller nach den Plänen von Professor Albert Schmidt. Die feierliche Eröffnung des Löwenbräukellers war am 14. Juni 1883. 1886 wurde der Löwe als Markenzeichen registriert. Um die Jahrhundertwende war Löwenbräu die größte Brauerei in Deutschland, allerdings stark exportabhängig. 1921 fusionierte die Brauerei mit der Unionsbrauerei Schülein & Cie. Joseph Schülein wurde Mitglied des Aufsichtsrates der Brauerei. Am 28. Dezember 1921 fusionierte rückwirkend zum 1. September 1920 die Münchner Bürgerbräu AG mit der Löwenbräu AG. Zahlreiche weitere Immobilien gelangten in den Besitz der Brauerei, unter anderem der Bürgerbräukeller. Auch der Aufsichtsrat der AG wurde erweitert, Wilhelm von Finck wurde Mitglied. 1927 wurde erstmals Weißbier gebraut. Ein Jahr später konnte erstmals eine Produktion von mehr als einer Million Hektoliter Bier p.a. erreicht werden. Die jüdische Familie Schülein, der ein Großteil der Brauerei gehörte, musste vor der Verfolgung durch die Nationalsozialisten 1936 in die USA flüchten. 1942 erfolgte die Umbenennung in „Löwenbräu“.

Der Löwenbräukeller am Stiglmaierplatz als Stich aus dem Jahr 1888.

In den Jahren nach dem Krieg konnte mit den Erben der Familie Schülein in den USA eine Einigung erzielt werden, die den Fortbestand der Brauerei sicherte. Im Jahr 1948 begann die Brauerei wieder, Bier zu exportieren – zuerst in die Schweiz. Auf-

1950 brüllt der mechanische Löwe zum ersten Mal auf dem Oktoberfest.

grund ihrer guten Marktposition in München und Oberbayern und des großen Immobilenbestandes zur Finanzierung gelang es, das Unternehmen wieder weltweit bekannt zu machen. Löwenbräu wurde vor allem in Nordamerika wieder zum Inbegriff für Münchner Bier. Beispiele hierfür waren das Engagement auf der Hannover Messe und der EXPO in Montréal 1967.

Nach und nach sicherte sich August von Finck die Mehrheitsanteile der Brauerei und zerschlug aber schließlich das Unternehmen. Es wurden dabei auch die Immobilien aus dem Unternehmen herausgelöst.

Die Brauerei selbst gehörte ab 1997, nach der Aufspaltung des Unternehmens, zusammen mit dem Spaten-Franziskaner-Bräu zur Spaten-Löwenbräu-Gruppe. Jobst Kayser Eichberg hielt bis 2003 die Mehrheit an der Spaten-Löwenbräu Gruppe. Die Spaten-Löwenbräu-Gruppe ist wiederum 2003 von der belgischen Interbrew-Gruppe übernommen worden. Bei der Übernahme wurden alle noch verbliebenen Spaten-Immobilien aus der Gruppe herausgelöst und unter anderem in die SGI Sedelmayr Grund und Immobilien überführt. 2004 schlossen sich AmBev und Interbrew zur InBev zusammen. Sämtliches Marketing und der Vertrieb der Spaten-Löwenbräu-Gruppe wird seit 2005 von der Deutschlandzentrale der InBev-Gruppe (Beck's) Bremen gesteuert.

Seit 2008 verhandelt die Oetker-Gruppe mit dem Eigentümer InBev über den Kauf der Brauerei.

„Triumphator"

Brauerei:	*Löwenbräu*
Standort:	*München, Bayern*
Sorte:	*Starkbier, untergärig*
Farbe:	*dunkel*
Alkoholgehalt:	*7,6 Vol.-%*
Stammwürze:	*18,2 %*
Serviertemperatur:	*5 bis 7° C*
Geschmack:	*ausgeprägt malzig, kräftig, leicht süßlich, karamellartig*

Paulaner Brauerei
Feinste Münchner Braukunst

Herzog Wilhelm IV. erlässt 1516 das bayrische Reinheitsgebot. Die älteste Urkunde der Paulaner Brauerei München, stammt aus dem Jahr 1634. Die Mönche im Münchner Kloster Neudeck ob der Au hatten es zu dieser Zeit nicht leicht. Karge Zeiten und harte Arbeit bestimmen ihren Alltag. Um die schwere Fastenzeit leichter zu überbrücken, brauen sie sich ein kräftiges Bier. So entsteht das Salvator. Was sie nicht selbst trinken, verschenken sie an die Armen oder verkaufen sie in den Klosterschänken. Nachdem immer mehr Münchner das Bier trinken, beschweren sich die Münchner Privatbrauer beim Rat der Stadt über die Konkurrenz aus dem Kloster. Dieses Schreiben gilt als die erste Urkunde der Paulaner Brauerei.

Die Paulaner Mönche dürfen seit 1780 offiziell uneingeschränkt Bier ausschenken. Die Paulaner Jahresproduktion beträgt bereits Ende des 18. Jahrhunderts im Vergleich zu anderen bayrischen Brauereien mehr als das Vierfache. Nach Auflösung des Klosters Neudeck ob der Au im Jahr 1799 wird die Brauerei kurzzeitig staatlich verpachtet. Im Jahr 1806 übernimmt der bürgerliche Bierbrauer Franz Xaver Zacherl die Paulaner Brauerei, modernisiert und erweitert sie. Der Volksmund spricht von nun an auch vom „Zacherlbräu". Auf der Wies'n stehen im Jahr 1815 die ersten Bierhütten. Fünf Jahre vorher wurde hier ein großes Pferderennen veranstaltet, als der Thronfolger Ludwig I. die Prinzessin Therese von Sachsen-Hildburghausen heiratete. Das war der Anfang des größten Volksfestes der Welt. Zwischen 1844 und 1848 geht es rund in München! Die erste Münchner Bierrevolution! Über 2000 Bürger rebellieren gegen die Bierpreiserhöhung von einem Pfennig pro Maß. Sie werfen Fensterscheiben ein und zerstören das Mobiliar der umliegenden Brauereien. Paulaner bleibt verschont. Die Paulaner Brauerei geht mit der Zeit und nutzt ab 1881 neue Techniken wie Eismaschinen von Linde. In den kommenden Jahren fusioniert Paulaner mit mehreren Brauereien.

Nach dem Krieg schließen sich die Hacker-Pschorr Bräu GmbH München und die Auerbräu AG Rosenheim zu 100 Prozent der Paulaner Gruppe an. 1989 baut Paulaner mit 22 Metern den tiefsten Lagerkeller der Welt für Bier. Der Paulanerkeller am Nockherberg, der 1999 abbrannte, erstrahlte im März 2003 zur Salva-

„Salvator"

Brauerei:	*Paulaner Brauerei*
Standort:	*München, Bayern*
Sorte:	*Starkbier, Doppelbock*
Farbe:	*dunkel*
Alkoholgehalt:	*7,9 Vol.-%*
Stammwürze:	*18,3 %*
Serviertemperatur:	*6 bis 9° C*
Geschmack:	*gehaltvoll, kräftig und herrlich malzaromatisch im Geschmack*

Früher machte die Tram noch einen extra Halt am Nockherberg, um den Besuchern den Heimweg zu erleichtern.

torprobe in ganzer Pracht. Inzwischen wird von Budapest bis Kapstadt Paulanerbier gebraut und 2009 feiert Paulaner sein 750-jähriges bestehen.

Paulaner am Nockerberg

Der Nockherberg ist eine kleine Geländeterrasse an einer Hangkante des östlichen Isarhochufers zwischen den Münchner Stadtteilen Giesing und Au. In der dort gelegenen Paulaner-Brauerei findet jährlich der Salvator-Ausschank auf dem Nockherberg statt, ein traditionsreiches Starkbierfest. Der Begriff Nockherberg wird oft synonym für dieses Fest verwendet oder für dessen Auftakt, die Starkbierprobe (auch: Starkbieranstich). In der oberen Abbildung ist eine historische Bierprobe zu sehen. Das Fastenbier galt früher als stark genug, wenn eine Bank, über der das Bier verschüttet worden war, beim Aufstehen an der Lederhose kleben blieb.

Privatbrauerei Ustersbach
Schwungvoll ins neue Jahrzehnt

Der Beginn der Schmid'schen Besitzreihe ist urkundlich einwandfrei auf das Jahr 1605 festzulegen.

„Dunkle Weiße“

Brauerei:	*Privatbrauerei Ustersbach*
Standort:	*Ustersbach, Bayern*
Sorte:	*dunkles Weizenbier*
Farbe:	*kräftig dunkle Farbe*
Alkoholgehalt:	*5,5 Vol.-%*
Stammwürze:	*12 %*
Serviertemperatur:	*8° C*
Geschmack:	*milder, malzaromatischer Geschmack*

In der Mitte des 15. Jahrhunderts findet zum ersten Mal die Wirtschaft zu Ustersbach Erwähnung. Am 20. Juli 1599 heißt es: „... ein ziemlich neu erbautes Wirtshaus, darinnen eine Bräustatt, Backhütten, Badstuben, ferner zwei Städel, Stallung, Tanzhaus und Garten, alles mitten im Dorf an der Landstraße gelegen ...“ Wirt ist damals Wolf Schmid, der den „Zapfen zu Ustersbach“ besteht. „Hanns Schmidten zu Ustersbach, des Wolfen sel. Sohn“ übernimmt 1627 die Wirtschaft und übergibt sie 1692 seinem Sohn Franz Schmid.

Franz Xaver Schmid führt 1835 große Renovierungen am Wohnhaus aus, 1843 erstellt er einen Keller und kauft „eine neue Bräupfann“. Am 6. Mai 1844 beginnt er mit dem Neubau des Bräuhauses.

Adolf Schmid wird am 12. Februar 1903 als ältestes Kind der Eheleute Kaspar und Sophie Schmid geboren. Seine ältesten Kindheitserinnerungen sind 1907 die Goldene Hochzeit seiner Großeltern, Josef und Maria Schmid, sowie 1908 der Halley'sche

Bahnpark Augsburg

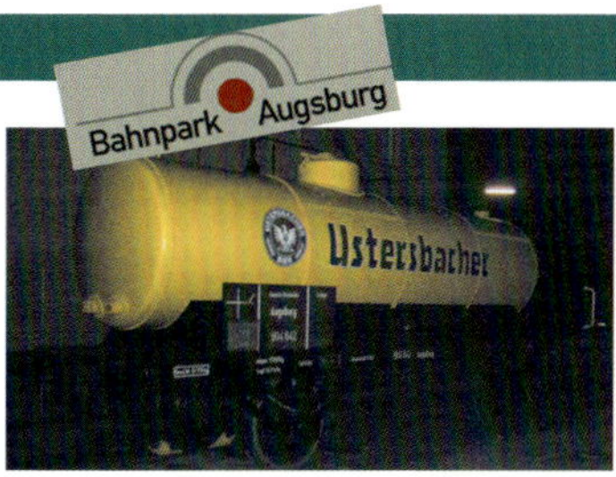

Im Bahnpark Augsburg können Eisenbahnfans historische Loks und Wagen bewundern. Mitarbeiter der Dampflok-Gesellschaft München e.V. erklären die Geschichte und die Funktion der Dampflok. Auf einer Modellbahnanlage drehen Minizüge ihre Runden. Für Kinder stehen Kakao und Muffins bereit, Erwachsene genießen in der Museumsatmosphäre Kaffee und Kuchen oder eine Brotzeit und das original Dampfbier der Privatbrauerei Ustersbacher.

Komet und das Parsival-Luftschiff. 1920 tritt Adolf Schmid in die elterliche Brauerei als Lehrling ein. Am 1. Oktober 1924 kommt Adolf Schmid in die Klosterbrauerei nach Andechs. Dort erwarten ihn karge Kost und harte Arbeit. „Besonders das Haufengamsen (Umschaufeln der keimenden Gerste in der Mälzerei) werktags und sonntags brachte uns in Schweiß."

Adolf Schmid übernimmt 1925 die elterliche Brauerei und beginnt, die Brauerei zu modernisieren und auszubauen. Bald entwickelt sich die Ustersbacher Brauerei zu einem modernen Betrieb. 1939 wird mit dem Neubau der Mälzerei begonnen. Im April 1945 wird Ustersbach von den Amerikanern besetzt. Die Gastwirtschaft und das Brauereibüro werden beschlagnahmt. Erst 1948 darf wieder stärkeres Bier gebraut werden.

1950 kauft Adolf Schmid die erste Flaschenetikettiermaschine mit einer Leistung von 1500 Flaschen in einer Stunde. Ebenso werden elf Bierlagertanks gekauft und mit dem Brauereilastwagen von Freising nach Ustersbach geholt. 1958 wird ein neues Füllereigebäude errichtet. Eine neue Flaschenabfüllanlage wird gekauft mit einer Stundenleistung von 8000 Flaschen. 1964 wird eine zweite Füllerei beschafft mit einer Stundenleistung von 18.000 Flaschen. 1971 wird eine neue Flaschenabfüllanlage installiert mit einer Leistung von 50.000 Flaschen pro Stunde. 1988 erfolgt die Inbetriebnahme eines computergesteuerten Vier-Geräte-Sudhauses mit integrierter Wärmerückgewinnung.

Thorbräu Augsburg Max Kuhnle
Thorbräu: mein Augsburg!

Tradition und Innovation – die Thorbräu-Brauerei zeigt, dass diese gegensätzlichen Attribute vereinbar sind. Unter der Leitung von Max Kuhnle jun. werden am Wertachbruckertor Bierrezepturen aus der Taufe gehoben, die der Thorbräu-Brauerei in kürzester Zeit Kultstatus verliehen.

Mit einem außergewöhnlichen Sortiment, das die klassischen Bierspezialitäten nicht vernachlässigt, hat sich Thorbräu am heimischen Markt fest etabliert und erfreut sich gerade bei der Jugend größter Beliebtheit. Mit den Bierspezialitäten Celtic und Mac Mallow sowie dem unkonventionellen Kellerbier bricht Thorbräu zu neuen Ufern auf und erschließt eine immer größere Fangemeinde.

Die mehr als 400-jährige Brauerei liegt am Rande der Augsburger Altstadt am Wertachbrucker Tor und bietet den direkten Straßenverkauf an. Das unmittelbar an die Brauerei grenzende, urige und stilvoll eingerichtete Bräustüberl sorgt mit täglich wechselnden Angeboten für regen Zulauf. Als Beschicker des regelmäßig stattfindenden Wertachbruckerthorfestes bekennt sich Thorbräu klar zu einer Augsburger Tradition – nämlich dem Feiern – und zeigt auf dem mittelalterlichen Spektakel mit speziellen Bierspezialitäten, wie man vor hunderten von Jahren Bier zu genießen wusste, und erschließt so auch überregionale Käuferschichten.

Diplom-Braumeister Max Kuhnle hat die Zügel fest im Griff und zeigt mit pfiffigen Ideen, wie man sich für die Zukunft rüstet. Mit neuen Rezepten gewinnt Thorbräu eine ständig wachsende Anhängerschaft und wird so seinem Ruf als Spezialitäten-Brauerei mehr als gerecht. Prost!

„Celtic"

Brauerei:	*Thorbräu*
Standort:	*Augsburg, Bayern*
Sorte:	*Bio-Bier*
Farbe:	*hell*
Alkoholgehalt:	*5,0 Vol.-%*
Stammwürze:	*12,0 %*
Serviertemperatur:	*8° C*
Geschmack:	*würzig, herb*

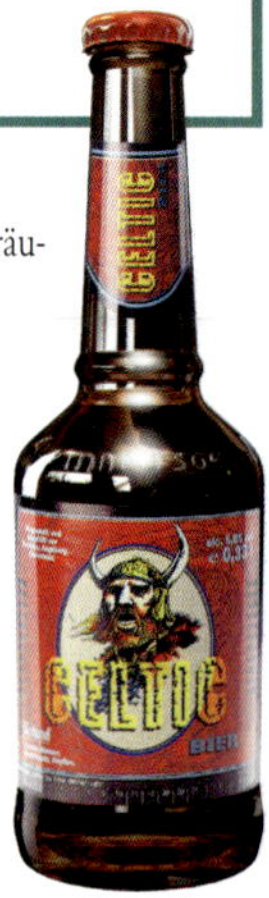

Als historische Spezialitäten-Brauerei bietet Thorbräu neben dem klassischen Biersortiment auch außergewöhnliche Bierspezialitäten an.

Tucher Bräu
Die Seele der Stadt

„Tucher Helles Hefe Weizen“

Brauerei:	*Traditionsbrauerei Tucher*
Standort:	*Nürnberg, Bayern*
Sorte:	*Weißbier*
Farbe:	*hellorange, naturtrüb*
Alkoholgehalt:	*5,2 Vol.-%*
Stammwürze:	*k. A.*
Serviertemperatur:	*5 bis 7° C*
Geschmack:	*weich und cremig, Bananencharakter, harmloser Abgang*

Tucher ist seit jeher eine urfränkische Brauerei mit einer der längsten Traditionen in ganz Nordbayern. Im Jahr 1672 entstand das „Städtische Weizenbrauhaus“ zu Nürnberg, in dem das erste Weizenbier gebraut wurde. Als die Freie Reichsstadt 1806 an das Königreich Bayern fiel, wurde die Brauerei zum „Königlichen Weizenbrauhaus“. 50 Jahre später erwarb die Familie von Tucher die nunmehr „Freiherrlich von Tucher'sche Brauerei“ und nahm als Zeichen guter Handelsbeziehungen zum „Mohrenland“ den Mohren in ihr Familienwappen auf. Bis heute ist der Tucher Mohr das Markenzeichen der Brauerei. Mit der Umstellung der Brauerei auf Dampfbetrieb im Jahr 1855 begann ein rascher Aufschwung, der sich bald auch durch den Export in Gebiete außerhalb Bayerns zeigte. Aufgrund des rasch steigenden Absatzes und der damit verbundenen Investitionen wurde die Tucher-Brauerei 1898 in eine Aktiengesellschaft umgewandelt. Mit dem Zukauf der „Nürnberger Aktienbrauerei vormals Heinrich Henninger“ kam 1906 ein drittes Brauhaus hinzu. Die Tucher-Brauerei wurde zu einer der bedeutenden Exportbrauereien.

Auch die Zerstörungen während des Krieges konnten diese Erfolgsgeschichte nicht aufhalten. Nach verschiedenen Eigentümerwechseln ist die Tucher-Brauerei heute eine eigenständige Tochter der größten Privatbrauereigruppe Deutschlands, der Radeberger Gruppe.

Würzburger Hofbräu
Unter einem guten Stern

Die Brauerei wurde im Jahr 1643 von dem mainfränkischen Fürstbischof Johann Philipp von Schönborn gegründet und ist somit heute das älteste noch bestehende Unternehmen Würzburgs.

Die Idee, ein fürstliches Hofbrauhaus zu gründen, um die Männer mit gar köstlichem Bier zu versorgen und zu besänftigen, reifte in der Zeit des Dreißigjährigen Krieges, als die durstigen Soldaten nahezu alle Weinvorräte weggetrunken hatten. In Erinnerung an den Gründer des Brauhauses ziert die Krone des Fürstbischofs auch heute noch den Brauerstern im Firmenzeichen.

„Julius Echter Hefe-Weißbier“

Brauerei:	*Würzburger Hofbräu*
Standort:	*Würzburg, Bayern*
Sorte:	*Weißbier*
Farbe:	*gelborange, naturtrüb*
Alkoholgehalt:	*4,9 Vol.-%*
Stammwürze:	*12 %*
Serviertemperatur:	*5 bis 7° C*
Geschmack:	*malziger Antrunk, gut abgerundetes Weizenmalzaroma, zurückhaltend*

Mit dem Aufblühen der Städte entwickelte sich neben den Klosterbrauereien auch auf weltlicher Ebene das Braugewerbe zu einem angesehenen Wirtschaftszweig. Dieser neue Wirtschaftszweig wurde durch die Zünfte geregelt. Erster und ältester Brauhandelsplatz großen Stils war Bremen, das bereits um 1300 große Mengen Exportbier nach Holland, Flandern, England und Skandinavien lieferte.

Brauerei Beck
Immer eiskalt, immer frisch!

Am 27. Juni 1873 gründeten der Kaufmann Franz Gustav Thomas May, der Unternehmer Lüder Rutenberg und der Braumeister Heinrich Beck die Kaiserbrauerei Beck & May o.H.G. Ab 1888 macht eine Eismaschine von Linde die Brauerei unabhängig von Natureislieferungen. Um die Wichtigkeit der grünen Flasche, die für die Produktqualität der Marke steht, zu unterstreichen, steigt die Kaiserbrauerei 1909 bei der Nienburger Glashütte Himly, Holscher & Co ein. Das Bier wird nun in den heute bekannten grünen Flaschen abgefüllt.

1928 sind die hölzernen Lagerfässer, die noch mit Pech abgedichtet wurden, Vergangenheit. Beck & Co. haben für ihre Zwecke Stahlfässer entwickelt. Nach dem Zweiten Weltkrieg werden dem Trend aus Amerika folgend die ersten Bierdosen mit Beck's Pils angeboten. Eine der erfolgreichsten Werbekampagnen startet im Jahr 1984, als die „Alexander von Humboldt" für Beck's in See sticht. Bis heute werden das Segelschiff und der Song „Sail Away" mit Beck's in Verbindung gebracht. Ab dem neuen Jahrtausend sind Biermischgetränke voll im Trend. Auch Beck's mischt auf diesem neuen Markt mit einem großen Sorti-

„Beck's Pils"

Brauerei:	*P.H.G.Beck GmbH & Co. KG*
Standort:	*Bremen*
Sorte:	*Pilsener*
Farbe:	*hellgelb*
Alkoholgehalt:	*4,9 Vol.-%*
Stammwürze:	*11,2 %*
Serviertemperatur:	*5 bis 7° C*
Geschmack:	*schlanker Antrunk, komplexes und sehr gelungenes Hopfenaroma, Abgang betont hopfenherb*

Die „Alexander von Humboldt"

Die STAG kaufte 1986 das Feuerschiff vom Bundesminister für Verkehr über die Wasser- und Schifffahrtsdirektion Nordwest in Aurich – mit dem Ziel, es als Sail-Training-Schiff für die Jugend zu nutzen. Dafür sollte das Schiff zu einer Bark umgebaut werden. Als Referenz an die berühmten Segelschiffe der Rickmers Reederei wurde der Rumpf dauerhaft grün gestrichen. Die grünen Segel des Schiffes führen diesen Gedanken weiter, sie sind außerdem eine Idee der Brauerei Beck & Co. Die Brauerei setzt die Bark als optisches Erkennungszeichen ihres internationalen Werbeauftrittes für die Marke Beck's ein. Dies hat vorrangig dazu beigetragen, die Alexander von Humboldt zu einem der weltweit bekanntesten Segelschulschiffe Deutschlands zu machen.

Die moderne Brauerei Beck mit ihren umfangreichen Kaianlagen liegt direkt an der Weser.

ment mit. Bei der neuesten Kreation, dem Beck's Ice, werden mit einem neuartigen Filtrationsverfahren alle Farbstoffe des Bieres herausgefiltert, während der fruchtig erfrischende Geschmack aus Limette, Minze und dem typischen Beck's erhalten bleibt.

Haake-Beck Brauerei
Der „Kuss" des Nordens

Cord Hinrich Haake wird am 4. Juli 1801 in Bremen geboren. Sein Vater Heinrich Wilhelm, Sohn eines Landwirts aus Möhlenhoff im Amt Freudenberg bei Bassum, besaß dort bereits einen Bierausschank und eine eigene „Braugerechtigkeit". 1805 wird Heinrich Wilhelm Haakein in die Brauer-Societät Bremens aufgenommen und gewinnt die „Gerechtsame" – die Erlaubnis, im eigenen Haus brauen zu dürfen.

Weil die Weser zu versanden droht, ist Bremen über Nacht nicht mehr konkurrenzfähig. Das nach den Napoleonischen Kriegen gerade wieder zur Blüte gekommene Wirtschaftsleben, vor allem der Handel mit Nordamerika, ist bedroht. C.H. Haake beginnt als Erster im Jahr 1832 mit der Herstellung von untergärigem Bier. Das ist gleichzeitig der Beginn einer neuen Vertriebsform – der Belieferung anderer Gasthäuser und „Zapfen" mit dem sogenannten Lagerbier.

C.H. Haake verstirbt 1845 als 44-Jähriger und hinterlässt seiner Witwe eine der führenden Braustätten der Hansestadt, die „nahezu 20 Prozent aller in Bremen getätigten Braue zu versteuern hat, während sich den Rest 30 andere Betriebe teilen".

Die Brauerei wird 1887 in die C.H. Haake Brauerei Aktiengesellschaft umgewandelt. Das Anfangskapital beträgt eine Million Mark. 1889 wird der Betrieb in die Neustadt verlegt. Gebraut werden Lagerbier, Böhmisches Bier, Doppelbier und Bockbier. 1905 erreicht die C.H. Haake Brauerei erstmals eine Produktion von

„Haake Beck 12"

Brauerei:	*Haake-Beck Brauerei*
Standort:	*Bremen*
Sorte:	*Pilsener*
Farbe:	*blank, hellgelb*
Alkoholgehalt:	*5,0 Vol.-%*
Stammwürze:	*11,2 %*
Serviertemperatur:	*5 bis 7° C*
Geschmack:	*Fanbier mit einem besonders süffigen Geschmack*

80.000 Hektolitern. 1924 wird eine neue Biersorte mit dem Namen „Export" vorgestellt. Der Zweite Weltkrieg bleibt nicht ohne Auswirkungen auf das Brauwesen. Die Produktionsanlagen der Haake-Beck-Brauerei werden durch Luftangriffe zerstört. 1951 wird das dunkle Starkbier durch einen hellen Bock, den Maibock, ersetzt.

Zur Jahrtausendwende wird das Spezial-Bockbier von Haake-Beck eingebraut.

SV Werder Bremen

Werder Bremen und Haake-Beck verbindet eine langjährige Partnerschaft. Die Marke ist, wie der Verein, im Norden zu Hause. Beide stehen für Emotionen, Glaubwürdigkeit, Tradition und Erfolg. Das umfangreiche Engagement erstreckt sich aktuell vom Haake-Beck-Ausschank über die Werbepräsenz im Stadion bis hin zu gemeinsamen Aktionen. Mit der Einführung von Haake-Beck 12 – das neue Bier von den Fans für die Fans von Werder Bremen – erreicht die sehr gute Partnerschaft mit dem Sympathieträger Werder Bremen mit Haake-Beck 12 eine neue Dimension.

In Hessen wird Toleranz großgeschrieben, denn hier leben Bier, Wein und Apfelwein in friedlicher Koexistenz. Jedes Getränk hat seine Freunde und seinen Platz in der hessischen Küche.

Hessen wird als Bierland oft unterschätzt. Im Jahr 2008 waren in dem Bundesland 69 Brauereien heimisch. Damit lag Hessen bei der Anzahl der Braustätten im Bundesvergleich auf dem vierten Rang. Zwar liegt Hessen beim Bierabsatz und Bierausstoß mit über drei Millionen Hektolitern nicht im vorderen Feld, jedoch schafften es die hessischen Brauereien, sich durch ihren regionalen Bezug zu behaupten.

Ein traditioneller Sechserzug der Binding-Brauerei aus den 60er-Jahren.

Binding-Brauerei
Meine Stadt. Mein Bier. Binding

Mehr als 130 Jahre ist es her, als Conrad Binding im Herzen der Frankfurter Altstadt anno 1870 am Garküchenplatz sein Brauhaus eröffnete. Innerhalb von elf Jahren entwickelte sich die kleine Gasthausbrauerei, dank der Liebe zum Brauhandwerk sowie unternehmerischen Geschicks, zur größten Brauerei Frankfurts, die 1881 auf den Sachesenhäuser Berg umzog. Nach dem nicht unerwarteten Rückschlag des Jahres 1949 besserte sich der Absatz im Geschäftsjahr 1949/50 zunächst nur langsam, aber stetig. Bereits im folgenden Jahr brachte dann die Senkung der Biersteuer eine stärkere Umsatzsteigerung. Damals wie heute ist die Unternehmensphilosophie gleich geblieben. Im Mittelpunkt steht ein exzellentes Bier. Gelebt wird dies durch die Verknüpfung von traditioneller Braukunst mit modernster Brauereitechnik.

So gilt das Lebensmotto Conrad Bindings auch noch in heutiger Zeit:

„Rastlos vorwärts musst Du streben,
Nie ermüdet stille stehn,
Willst du die Vollendung sehn."

„Binding Lager"

Brauerei:	*Binding Brauerei AG*
Standort:	*Frankfurt, Hessen*
Sorte:	*untergäriges Lager*
Farbe:	*goldhell*
Alkoholgehalt:	*4,5 Vol.-%*
Stammwürze:	*10,3 %*
Serviertemperatur:	*7 bis 9° C*
Geschmack:	*mildgehopft, mit feiner Würze, nicht zu bitter im Geschmack*

Brauerei Alsfeld
Lieber heut als morgen

In den grünen Ausläufern des Vogelsberges liegt die Kleinstadt Alsfeld mit ihrem malerischen mittelalterlichen Stadtkern. Hier werden seit 1858 feine Bierspezialitäten gebraut. Streng nach dem Reinheitsgebot von 1516, das so alt ist wie das Alsfelder Rathaus, das seine Etiketten schmückt.

Auf die altüberlieferten Brautraditionen, die auch heute noch gepflegt werden, ist die Brauerei Alsfeld besonders stolz. Ihre

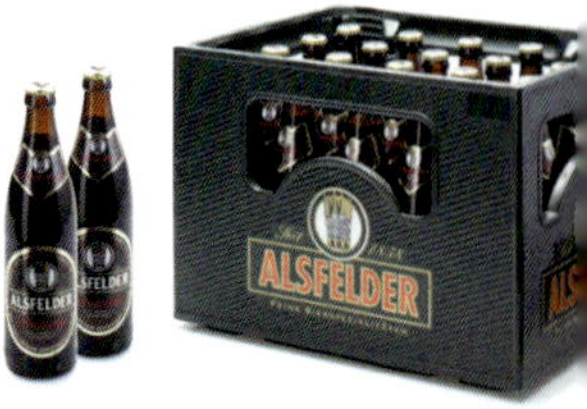

„Schwarzbier"

Brauerei:	*Brauerei Alsfeld*
Standort:	*Alsfeld, Hessen*
Sorte:	*untergäriges Schwarzbier*
Farbe:	*braun, klar*
Alkoholgehalt:	*4,9 Vol.-%*
Stammwürze:	*11 %*
Serviertemperatur:	*7 bis 9° C*
Geschmack:	*ein malzig aromatischer Biertyp, dezent malzig*

Spezialitäten, die sie in edler Ausstattung präsentiert, werden dem anspruchsvollen Bierkenner und Genießer von heute gerecht und sind in der Region sehr begehrt.

Brauerei Grohe
Hart, aber gerecht

Ab 1838 wurde auf dem Brauereigelände, genauer in der Karlstraße 10, Bier gebraut. Um 1867 übernahm Georg Breidenbach die Brauerei unter dem früheren Namen „Zum Erbacher Hof". Zu dieser Zeit gab es in Darmstadt viele kleine Hausbrauereien,

„Grohe Weizen"

Brauerei:	*Brauerei Grohe*
Standort:	*Darmstadt, Hessen*
Sorte:	*obergäriges Hefeweizen*
Farbe:	*kupferorange, hefetrüb*
Alkoholgehalt:	*5,2 Vol.-%*
Stammwürze:	*13,3 %*
Serviertemperatur:	*4 bis 7° C*
Geschmack:	*süße Vanille mit säuerlichen Hefeelementen, weizig bananenfruchtige Textur*

jeder Stadtteil hatte quasi sein eigenes Bier. Der Name „Grohe" tauchte erstmals 1899 auf, als Gabriel Grohe zum Besitzer der Brauerei „Zum Erbacher Hof" wurde. Gabriel Grohe brauchte sich um die Zukunft seines Betriebes nicht zu sorgen. Gesegnet mit sechs Kindern (drei Töchter und drei Söhne) war die Existenz der Brauerei gesichert. Gegen Ende des Zweiten Weltkriegs 1944 blieb von Darmstadt nur ein Trümmerhaufen übrig und auch mit der Brauerei „Zum Erbacher Hof" war es damit vorbei. Erst 1948 wurde im „Grohe" erstmals wieder selbst gebraut.

Zu dieser Zeit übernahm dann Maria Grohe, die Enkeltochter von Gabriel Grohe, das Geschäft und führte dieses mit Geschick und

Der „Erbacher Hof", Sitz der Grohe Brauerei im Jahr 1928.

eiserner Hand bis Ende der 80er-Jahre – getreu nach dem Motto „hart, aber gerecht". Noch heute erzählen sich alteingesessene Stammgäste, wie es damals war, „als die Maria noch lebte …" 1989 übernahm dann Wolfgang Koehler die Brauerei und verpachtet den Brauereiausschank bis heute noch an Reinhard Langer, der seit 2002 zusätzlich noch die neu eröffnete Schenke nach bestem Wissen und in alter Tradition leitet.

Darmstädter Privatbrauerei
Privatbrauerei aus Leib und Seele

1847 wird an der Ecke Neckar-/Elisabethenstraße die Brauerei und Gaststätte „Zur Eisenbahn" gegründet. 1886 verlegt Brauereibesitzer Wilhelm Rummel die Brauerei an ihren heutigen Standort Goebelstraße gegenüber dem 1912 eingeweihten Hauptbahnhof.

„Weißbier kristallklar"

Brauerei:	*Darmstädter Privatbrauerei*
Standort:	*Darmstadt, Hessen*
Sorte:	*obergäriges Hefeweizen*
Farbe:	*golden, naturtrüb*
Alkoholgehalt:	*4,8 Vol.-%*
Stammwürze:	*11,5 %*
Serviertemperatur:	*8° C*
Geschmack:	*herrlich perlig erfrischend, ein typisches Weißbieraroma*

„Henninger Kaiser Pils"

Brauerei:	*Henninger-Bräu*
Standort:	*Frankfurt, Hessen*
Sorte:	*untergäriges Pils*
Farbe:	*hell*
Alkoholgehalt:	*4,8 Vol.-%*
Stammwürze:	*11,4 %*
Serviertemperatur:	*8 bis 10° C*
Geschmack:	*feinherb frisch*

1982 wird der Name „Rummelbier" in „Darmstädter" geändert. 1997 feiert die Brauerei das 150-jährige Jubiläum. Die Brauerei wird mit Wolfgang Koehler in der sechsten Generation von der Gründerfamilie geleitet. 2000 wird die nostalgische Bügelverschlussflasche wiedereingeführt und 2003 wird das komplette Produktprogramm mit allen Darmstädter Bierspezialitäten auf die stilvolle Bügelverschlussflasche umgestellt.

Henninger Bräu
Ein Bier geht in die Welt

In Frankfurt am Main gründet Eberhard Stein 1655 sein Brauhaus, das heute als Keimzelle der Marke „Henninger" gilt. Die Frankfurter Braubranche wird zu dieser Zeit von über 30 meist kleinen Gasthofbrauereien bestimmt. 1881 wird die Umwandlung der Firma in eine Aktiengesellschaft beschlossen. Die neue AG firmiert als „Frankfurter Bierbrauer-Gesellschaft – vormals Henninger und Söhne". 1935 erfolgt die Umfirmierung in „Henninger-Bräu AG".

Nach dem Zweiten Weltkrieg wird viel in neue, moderne Reinigungs- und Abfülltechnik investiert. Auch verlässt das erste Bier in Dosen die Brauerei. Das Exportgeschäft mit der Leitmarke „Henninger Kaiser Pilsner" erobert zunächst die Schweiz, später dann Griechenland und Spanien und bald schon die ganze Welt. 1961 wird der 160 Meter hohe Henninger-Turm als Silo für die Lagerung von 16.000 Tonnen Braugerste eingeweiht. Erstmals geht „Henninger" über den „großen Teich" nach Amerika. 1977 sind die Henninger Biere erstmalig in Japan erhältlich.

Aus dem stadtbekannten Brauhaus ging zwei Jahrhunderte später Henninger Bräu hervor.

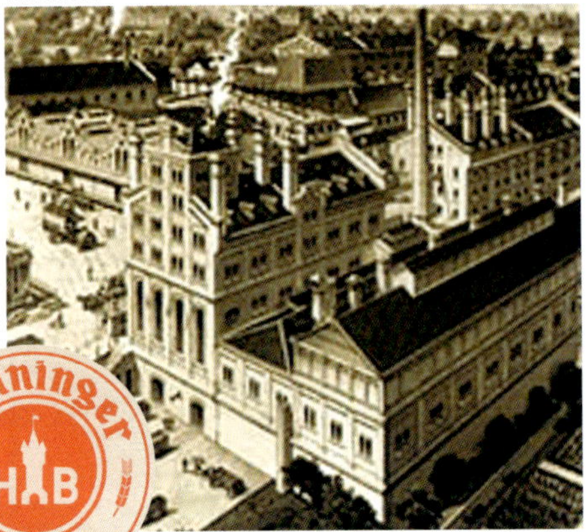

Rund um den Henninger-Turm

Das Radrennen „Rund um den Henninger-Turm" gehörte neben den „Cyclassics" in Hamburg und „Rund um Köln" zu den wichtigsten deutschen Eintagesrennen und war Teil der neuen Deutschen Meisterschaft. Das Rennen wurde von der Henninger-Brauerei und der Gesellschaft zur Förderung des Radsports (1961 von den Brüdern Hermann und Erwin Moos gegründet) ausgerichtet und fand erstmals 1962 statt. Nach dem Tod der beiden Brüder führte der Sohn von Hermann Moos, Bernd Moos-Achenbach, die Geschäfte der Gesellschaft zur Förderung des Radsports im Sinne seine Vaters und Onkels weiter.

Hochstädter Landbier
Bier wird nicht!

Aus der ersten Brauerei Hochstadts, in Maintal in der Nähe von Frankfurt, kommt diese Spezialität – das Hochstädter Landbier. Ein Muss für Bierkenner. Die feine Rarität wird in der kleinen Brauerei in der „Alten Metzgerei Eibelshäuser" mit Liebe und Sorgfalt in Handarbeit selbst hergestellt und abgefüllt. Als unfiltriertes Naturprodukt, reich an Vitaminen und Nährstoffen, ist es ein wahres Genussmittel für alle, die sich bewusst vom Massengeschmack abwenden und von gutem Bier einen ganz individuellen Charakter erwarten. Dennoch ist man sich sicher, dass viele Anhänger des unverfälschten Geschmacks zu echten Liebhabern dieses naturtrüben und äußerst leckeren Hochstädter Landbiers werden.

„Wiskey Bier"

Brauerei:	*Hochstädter Landbier*
Standort:	*Maintal, Hessen*
Sorte:	*untergärig, ungefiltert*
Farbe:	*hell*
Alkoholgehalt:	*5,3 Vol.-%*
Stammwürze:	*12,0 %*
Serviertemperatur:	*6 bis 8° C*
Geschmack:	*kräftig, vollmundig, rauchiger und torfiger Abgang*

Lauterbacher Burgbrauerei
... eine köstliche Tradition!

Auf den verschiedenen Schlössern der „Riedesel" und in deren Gutsbetrieben gehörte das Bierbrauen seit Jahrhunderten zur Selbstverständlichkeit. Jede Schlossherrin braute nach eigenem Rezept und die erste Urkunde von einer Riedeselschen Hausbrauerei stammt aus dem Jahr 1498.

Auch auf Schloss Eisenbach wurde Bier hergestellt. Hier wird in einem Vertrag aus dem Jahr 1515 das „Bräuhaus mit dem Schweinekoben" erwähnt. Zwei Brüder, Hermann und Theodor Riedesel, waren die Besitzer und beschlossen 1525, an dieser Stelle eine neue Braustätte zu bauen. Aufgrund des guten Bieres reifte die Brauerei zu einem gewerblichen Betrieb heran. Bereits 1586 erwies sich das Brauhaus als zu klein, man errichtete gegenüber der Kapelle das „Alte Brauhaus".

Auch das in der Lauterbacher Burg befindliche Brauhaus erfreute sich zunehmender Nachfrage. Deshalb baute die resolute Witwe Sidonie Riedesel 1640 ein richtiges Brauhaus. Ende des 17. Jahrhunderts jedoch wurden die Brauhäuser in der Burg, in Eisenbach, Stockhausen und Altenburg verpachtet. Die Pächter suchten den größtmöglichen Gewinn und vernachlässigten dabei die Qualität. In dieser Lage fassten die Riedesel den Beschluss, die noch bestehenden zwei Brauereibetriebe in Eisenbach und in der Burg zu vereinigen und gemeinschaftlich zu betreiben. So wurde 1842 im Burghof die „Sammtbrauerei" errichtet. Die 1842 in der Burg zu Lauterbach errichtete Brauerei wurde jedoch bald wieder zu klein. Da eine Erweiterung innerhalb der Burg nicht möglich war, wurde 1894 der Neubau an der Cent errichtet. 1898 wurde eine Dampfmaschine angeschafft, was die Kellerkühlung zur Streckung des Natureises ermöglichte. Außerdem besaß die Dampfmaschine einen Dynamo für 110 Volt zur Stromgewinnung. Der Erste Weltkrieg brachte der Lauterbacher Burgbrauerei

Die Lauterbacher Burgbrauerei zwischen den Kriegen.

„Bier-Strolch“

Brauerei:	*Lauterbacher Burgbrauerei*
Standort:	*Lauterbach, Hessen*
Sorte:	*Export*
Farbe:	*goldgelb*
Alkoholgehalt:	*5,2 Vol.-%*
Stammwürze:	*11,9 %*
Serviertemperatur:	*9° C*
Geschmack:	*getreidiger Antrunk, getreidig-malziger, sehr heller Abgang*

entscheidende Beschränkungen. Das Bier wurde dünner und dementsprechend schlechter. Zudem mussten im Krieg wertvolle Produktionsgeräte wie etwa die kupferne Braupfanne geopfert und durch Eisen ersetzt werden. Die Nachkriegszeit mit der eintretenden Inflation machte es der Brauerei zunächst unmöglich, mit den Verkaufserlösen die Instandsetzung und Ergänzung der Betriebseinrichtung vorzunehmen. Mit Beginn des Jahres 1924 trat dann aufgrund der allgemeinen wirtschaftlichen Lage endlich ein erleichternder Umschwung ein. Anfang 1930 wurden dann auch die ersten hölzernen Gärbottiche durch stahlemaillierte Eisenbottiche ersetzt. Der Zweite Weltkrieg setzte der Erweiterung und Modernisierung wieder ein Ende. Das Bier wurde ein zweites Mal immer schlechter und dünner. Wegen der Knappheit der Rohstoffe erfanden die Brauer hilfsweise ein Molkegetränk, zu dem man außer Molke noch Hopfen, Süßstoff und Färbungsmittel gab. Zum Schluss wurde dieses Getränk mit künstlicher Kohlensäure versetzt. Im Sommer 1949 kam dann endlich wieder ein „Friedensbier“ mit einem normalen Stammwürzegehalt auf den Markt. Die endgültige Umstellung von Natureiskühlung auf ausschließlich künstliche Kühlung wurde 1950 durch den Erwerb einer weiteren Ammoniakkältemaschine abgeschlossen.

Licher Privatbrauerei
Die schäumende Vielfalt

Die Tradition der Licher Privatbrauerei lässt sich bis in das Jahr 1854 zurückverfolgen. Damals gründete Johann Heinrich Jhring im hessischen Lich seine Brauerei. Im nur 15 Kilometer entfernten Butzbach nahm Christoph Jakob Melchior 1858 den Braubetrieb auf. Die Biere beider Brauereien waren von Anfang an beliebt. Im Jahr 1922 entstand die Jhring Melchior KG durch Zusammenschluss der beiden Brauerfamilien Jhring und Melchior. Nach dem Ersten Weltkrieg wurden weitere Zusammenschlüsse getätigt und mit gebündelter Kraft das Handwerk des Bierbrauens fortgesetzt.

1940 wird in Lich die 100.000-hl-Marke das erste Mal überschritten und nach dem Krieg entdecken die amerikanischen GIs den Geschmack für Licher Biere. Die Brauerei wird zur „Army Brewery“ für die amerikanischen Besatzungstruppen. Erst im Jahr 1950 gibt es das Bier auch wieder für die hessische Bevölkerung. Ab 1960 wird aus Jhring-Melchior das „Licher-Bier“. Das jährliche Brauvolumen erreicht 1971 erstmals 500.000 hl. Zehn Jahre später sind es bereits eine Million Hektoliter und Licher Bier ist zum Inbegriff für bestes Bier nach Pilsner Brauart geworden. 1995 erhält Licher seine eigene Kläranlage und der erste TV-Auftritt ist mit dem „Eisvogel“ zu sehen, der die Markenwerte Reinheit, Frische und Natürlichkeit symbolisiert.

„Premium Pilsener“

Brauerei:	*Licher Privatbrauerei*
Standort:	*Lich, Hessen*
Sorte:	*Pilsener*
Farbe:	*helles Pilsgelb*
Alkoholgehalt:	*4,9 Vol.-%*
Stammwürze:	*11,5 %*
Serviertemperatur:	*8 bis 10° C*
Geschmack:	*leicht malziger Antrunk, süffiges Pils, hopfenherber Abgang*

Klöckner-Humboldt-Deutz

Baujahr:	*1927*
Motor:	*Vierzylinder-Benzinmotor*
Hubraum:	*7638 Kubikzentimeter*
Leistung:	*65 PS bei 1100 U/min*
Bremsen:	*Bremstrommeln hinten*
Bereifung:	*Vollgummi*
Geschwindigkeit:	*ca. 50 km/h, heute 20 km/h*
Leergewicht:	*4640 Kilogramm*

Zur Erkennungsmelodie wurde „Soveigs Lied“ aus „Peer Gynt“ von Edvard Grieg. Der jährliche Ausstoß ist inzwischen auf 1,5 Millionen Hektoliter angewachsen.

Pfungstädter Brauerei Hildebrand
Jetzt pfungt's

Als Justus Hildebrand 1831 in seinen Heimatort Hahn bei Pfungstadt zurückkehrte, eröffnete der gelernte Braumeister eine Gaststätte und begann, sein eigenes Bier zu brauen. Schon bald wurde bekannt, dass man im „Hirschen“ zu Hahn ein ganz vorzügliches Bier bekam. Doch Hildebrand erkannte schnell, dass er zur Herstellung des von ihm bevorzugten untergärigen Bieres tiefe, kühle Keller benötigte, die er in Hahn wegen des hohen Grundwasserspiegels nicht bauen konnte. 1846 zog er deshalb mit seiner Brauerei nach Pfungstadt um.

1855 bekam Justus Hildebrand wertvolle Unterstützung. Ein junger Mann namens Justus Ulrich kam zu ihm und fragte nach Arbeit. Schnell wurde Hildebrand klar, dass dieser Junge mit seinem unternehmerischen Weitsinn und Wagemut genau der richtige Partner für ihn sein würde. Er bildete ihn aus, förderte ihn und machte ihn innerhalb weniger Jahre zum Geschäftsführer seiner Brauerei. Gemeinsam erweiterten die beiden Männer das Unternehmen und machten es zu einem Musterbeispiel der gerade beginnenden Industrialisierung. Wegen des großen Bedarfs an Malz bauten sie auf dem Gelände 1868 eine eigene Mälzerei. Im folgenden Jahr kauften sie eine der ersten in Deutschland erhältlichen Eismaschinen, angetrieben von einer gewaltigen Dampfmaschine, die noch heute im historischen Maschinenhaus der Brauerei zu bewundern ist. International gewann das „Pfungstädter Bier nach Pilsener Art“ zahlreiche Auszeichnungen und wurde in viele Länder exportiert.

In den folgenden Jahren wurde der Bierausstoß der Brauerei immer größer, das Unternehmen wuchs und wuchs. 1884 wurde für die mittlerweile 99 Beschäftigten eine eigene Betriebskrankenkasse gegründet. Bald darauf bekam die Fabrik einen eigenen Bahnanschluss, um das Bier für den Export schneller abtransportieren zu können. In der Region wurde das Bier mit Pferdefuhrwerken

„1831 Schwarzbier“

Brauerei:	*Pfungstädter Brauerei*
Standort:	*Pfungstadt, Hessen*
Sorte:	*Schwarzbier*
Farbe:	*dunkelbraun bis schwarz*
Alkoholgehalt:	*5,3 Vol.-%*
Stammwürze:	*12,5 %*
Serviertemperatur:	*7 bis 9° C*
Geschmack:	*mildes Malz, zart röstmalzig, Abgang zart malzbitter, wenig gehopft*

Bereits zu Anfang des 20. Jahrhunderts hatte die Pfungstädter Privatbrauerei einen Anschluss an das Streckennetz der Deutschen Reichsbahn.

ausgeliefert – zeitweise hielt man dafür in der Brauerei bis zu 50 Kaltblüter. Vieles wurde im Laufe der über 175-jährigen Geschichte der Pfungstädter Brauerei neu erfunden – dazu zählen zahlreiche leckere Bierspezialitäten und Biermischgetränke, die die unterschiedlichsten Geschmäcker der Bierliebhaber begeistern. Eines aber ist immer gleich geblieben, das Ur-Rezept für das herbfrische Pfungstädter Bier, das mit jeder Generation von Braumeister zu Braumeister weitergegeben wird.

Privatbrauerei Michelsbräu
190 Jahre Braukultur

Die von J. Ph. Michel im Jahr 1815 gegründete Brauerei, die seit 1925 von der Familie Schubert betrieben wird, liegt inmitten der hübschen und historisch so interessanten Stadt Babenhausen und ist mit deren Aufstreben und Gedeihen fest verwurzelt.

„Hexe“

Brauerei:	*Privatbrauerei Michelsbräu*
Standort:	*Babenhausen, Hessen*
Sorte:	*Export*
Farbe:	*goldgelb*
Alkoholgehalt:	*5,2 Vol.-%*
Stammwürze:	*12,5 %*
Serviertemperatur:	*7 bis 9° C*
Geschmack:	*ausdrucksvoller, leicht malzbetonter Charakter*

Das großzügige Gelände, auf dem die Brauerei ausgebaut wurde, beweist, dass sich die Inhaberfamilien mit Weitblick der technischen Entwicklung gestellt haben.
Hierbei wurde stets darauf Wert gelegt, die handwerkliche Tradition des Bierbrauens zu pflegen und zu erhalten. Dies gibt den Michelsbräu-Bieren die besondere Note.
Auch werden vom Braumeister nur die erwähltesten Rohstoffe verwendet, das Brauwasser wird gewonnen aus dem brauereieigenen Brunnen und weist alle Qualitätsmerkmale auf natürliche Weise auf, die sich ein strebsamer Bierbrauer nur wünscht.

Das Personal der Privatbrauerei Michelsbräu auf einer zeitgenössischen Aufnahme.

Wäldches Druidenbräu
Eine der ersten Gasthausbrauereien

Der Nebel der Geschichte der Kelten lichtet sich nur sehr langsam. Unser Wissen über sie beruht überwiegend aus römischen Quellen. Plinius der Ältere und Julius Cäsar haben das keltische Leben beschrieben. Ihnen flößte das heroische Ethos, das keine

Furcht vor dem Tod kannte, großen Respekt ein. Druiden spielten in der keltischen Gesellschaft eine sehr wichtige Rolle. Man kann sie als Universalgelehrte bezeichnen, die ihr Wissen ausschließlich mündlich weitergaben, da Schreibverbot galt. Sie waren Philosophen, Astrologen, Priester, Rechtsgelehrte, Richter, Mediziner und Magier. Überragend war auch ihre Rolle als politische Ratgeber für die Herrschenden. In ihren Zirkeln wurde das intellektuelle Wissen ihrer Zeit gepflegt und entwickelt. Mirakulix hat unser Bild der Kelten etwas einseitig geprägt! Die Kelten beherrschten schon das Bierbrauen. Das lateinische Wort für Bier (Cervisia) wurde aus dem Keltischen entlehnt. In der Kelten-Höhlensiedlung Dünsberg bei Gie?en wurden vierzeilige Gerstenkörner gefunden. Sogar angekeimte Gerste – Voraussetzung für die Bierherstellung – wurden in Hochdorf nachgewiesen. Über keltisches Bier und ausgedehnte Biergelage, die sich über mehrere Tage erstreckten, berichten etliche Quellen. Rezepturen für dieses Gebräu sind nicht überliefert. Man kann aber annehmen, dass neben Gerste auch Früchte und Kräuter eingesetzt wurden. Detailliertes Wissen gab es auch von der medizinischen Wirkung der in der Natur gesammelten Heilpflanzen.

„Wäldches Naturtrüb Hell“

Brauerei:	*Wäldches Bräu*
Standort:	*Offenbach, Hessen*
Sorte:	*Kellerbier*
Farbe:	*hell, unfiltriert*
Alkoholgehalt:	*4,8 Vol.-%*
Stammwürze:	*11,5 %*
Serviertemperatur:	*10° C*
Geschmack:	*ausdrucksvoller, leicht malzbetonter Charakter*

Die Mistel

Für die Druiden – Hohepriester in Gallien und in Britannien- sozusagen unsere eisenzeitlich-keltischen Vorfahren – war die Mistel die heiligste aller Pflanzen. Sie sahen sie als ein Zeichen der Götter an, welches den Menschen mitteilte, dass sie selbst im Baum anwesend seien. Die Druiden schnitten sie deshalb nur im Rahmen eines Gottesdienstes und nur mit einer goldenen Sichel ab, wobei darauf geachtet wurde, dass sie nicht zur Erde fiel, sondern in einem weißen Tuch aufgefangen werden konnte. Sie erklärten die nach ihrer Ansicht für alle erdenklichen gesundheitlichen Bedürfnisse der Menschen nützliche Mistel zur unverzichtbaren Zutat ihres kräftestärkenden „Zaubertranks“. (Wer die Gallier „Asterix und Obelix“ kennt, der weiß auch, worauf das für die Römer dann hinauslief!) Schließlich verteilten Druiden die Mistelzweige über der Haustür als Schutz gegen böse Geister.

Für kultische Zwecke wurden auch psychogen wirkende Pflanzen eingesetzt. Als heilige Pflanze galt die Mistel. Vermutlich wurde ihr „Immergrün“ als Synonym für langes, ja ewiges Leben gedeutet. Die Germanen haben diese Rezepte übernommen. Noch heute werden in Nordfrankreich, Belgien und England Kräuter und Gewürze dem Biersud zugesetzt.

Gegründet wurde die Wirtshausbrauerei „Wäldches“ 1988 von dem Diplom-Braumeister Helmuth Weinert als eine der ersten Gasthausbrauereien in Deutschland. Sie entwickelte sich vom Start weg zu einem beliebten gastronomischen Treffpunkt in Frankfurt. Weite Bevölkerungskreise fühlten sich in dem heimeligen Wirtshaus und dem großen Biergarten pudelwohl. Für zahlreiche ausländischen Besucher war sie ein Synonym für deutsche Gemütlichkeit und Gastfreundschaft. Das naturbelassenene Bier und der experimentierfreudige Braumeister lockten viele Biergenießer an.

Durch den Brand Hamburgs im Jahr 1842 wurden die meisten Dokumente über den Handel zur Hansezeit zerstört. Daher gehen die ersten Unterlagen über das Bierbrauen auf das Jahr 1861 zurück. Dort gibt die Hamburger Bierbrauerei J. M. Lappenberg erste grundlegende Informationen über das Brauwesen in Hamburg.

Bier war als Nahrungsmittel für den Menschen während der Hansezeit von fundamentaler Bedeutung. Das Bier stellte zu dieser Zeit ein Grundnahrungsmittel dar, da die Kartoffel, Kaffee und Tee in Europa noch nicht eingeführt waren. Typische Gerichte jener Zeit waren daher die Biersuppe, Bierbrot und Bierbrei, das Gebräu wurde sogar als Waschmittel benutzt.

Gröninger Privatbrauerei
Wenn schon, denn schon ...

Das Binnendeichgrundstück mit Hofflügel und Speicher, gelegen auf der „Grimminsel", wurde urkundlich um 1260 erwähnt und ist der älteste Gasthof im Herzen der Hansestadt Hamburg. Die Besitzer lassen sich bis 1722 zurückverfolgen. Am 22. Mai 1722 ersteigerte Johann von Overbecken das Objekt auf einer öffentlichen Auktion. Um 1750, die Besitzer waren inzwischen Lange's Erben, wurde damit begonnen, das Vorderhaus zu erneuern. So entstand die neue Barockfassade in ihrer heutigen Schönheit. Der Bau mag wohl einige Zeit gedauert haben. Vielleicht wurde er auch teurer als erwartet. Jedenfalls mussten die Besitzer verkaufen und erst 1762 findet sich in den alten Hypothekenbüchern die Bleistifteintragung: „ist gerechnet als ganz fertig". Der Schoss-Wert (Vermögenssteuer) wird nunmehr von 36.000 Mark auf 50.000 Mark heraufgesetzt. Besitzer in dieser Zeit war Heinrich Wülfgen.

Damals erstreckte sich das Grundstück von Norden an der damaligen Gröningerstaße (heute Willy-Brandt-Straße) zur Straße im Süden „Bei dem Zippelhause" am Doovenfleet. Nach dem Auktionsprotokoll 3, Band 82, Stichtag 4. Juni 1793, darf der Eigentümer des Grundstücks, der Brauerbe Johan Hinrich Schmeichel, auf diesem Grundstück Bier brauen. Er betreibt den Gasthof bis 1819. Man kann davon ausgehen, dass alle nachfolgenden Eigentümer, Johan Georg Heise bis zum 30. Oktober 1861, Gottlieb Seidel und Johan Jürgen Wilhelm Benthaack bis 1893, das

Der Hauptraum des Braukellers der Gröninger Privatbrauerei.

Haus als Gasthof mit Hausbrauerei betrieben, da sie alle Brauerben waren.

Erst dann wird die Kette unterbrochen, und es siedeln sich unterschiedliche Kaufleute an, bis zum Jahr 1982, als das völlig renovierte historische Haus wieder das wird, was es lange war: eine kleine und feine Privatbrauerei und ein Gasthof für die Hamburger und ihre Gäste aus aller Welt.

„Gröninger Pils"

Brauerei:	*Gröninger Brau haus*
Standort:	*Hamburg*
Sorte:	*Pils, naturtrüb*
Farbe:	*kirschbaumholzfarben*
Alkoholgehalt:	*5,1 Vol.-%*
Stammwürze:	*k. A.*
Serviertemperatur:	*6 bis 10° C*
Geschmack:	*im Antrunk leicht malzig, aber überwiegend hopfig, angenehm säuerlicher Nachgeschmack*

Holsten-Brauerei
Holsten, auf uns, Männer

In Hamburg im Stadtteil Altona liegt das 1879 gegründete Stammhaus der Holsten-Brauerei, dessen Hauptmarke das vor allem in Nord- und Ostdeutschland vertriebene Holsten Pilsener ist. Auch der Holsten-Ritter wurde bereits im Jahr 1879 als Warenzeichen eingetragen und ist bis heute Symbol für die Brauerei und ihre Biere. Etwa ein Jahr nach der Gründungsversammlung am 24. Mai 1879 wurde in der Holsten-Brauerei der erste Sud angesetzt. Die erste Verkostung des Holsten-Bieres fand am 6. Mai 1880 statt.

Holsten-Bier wurde anfänglich vor allem in Altona und Hamburg vertrieben und hatte bald die Führung bei den Hamburgern Bierherstellern übernommen. Bereits 1881 konzentrierte sich Holsten auch auf den Bierexport und errichtete in Wandsworth bei London eine Zweigniederlassung. Weiter versuchte Holsten, seine lokale Marktposition zu festigen, und setzte auf Expansion. Es folgten bis zum Zweiten Weltkrieg viele Übernahmen auch bekannter Brauereien. Doch im Zweiten Weltkrieg wurden alle drei Produktionsstätten in Hamburg, Neumünster und Kiel weitgehendst zerstört. So musste nach dem Krieg grundlegend neu aufgebaut und modernisiert werden. 1952 führte Holsten als innovative Neuerung das Bier in der Dose ein. Aus der Nachkriegszeit stammen auch nicht nur im Hamburger Raum bis in die Gegenwart gebräuchliche, augenzwinkernde Kneipensprüche: „Holsten Edel heißt mein Mädel“, „Holsten knallt am dollsten“ und „Holsten Edel knallt in’ Schädel“ sind Zeichen für enge Kundenbindung an das Hauptprodukt der Brauerei. Zudem ist auch der Begriff „Hopihalido“ (Holsten Pilsener Halbe-Liter-Dose) durch das Lied „Dosenbier macht schlau“ der Band Illegal 2001 und durch Lotto King Karl zum geflügelten Wort geworden. Die Holsten-Brauerei gehört seit April 2004 zu Carsberg A/S, der viertgrößten Brauerei-Gruppe der Welt. Die heutige Calsberg Deutschland Gruppe mit ihren insgesamt drei Brauereien ist mit einem Absatz von über 6,2 Millionen Hektolitern Bier im Jahr 2008 das führende Brauunternehemen in Nord- und Ostdeutschland. Von dieser Gesamtmenge wurden 4,9 Millionen Hektoliter im Inland und 1,3 Millionen Hektoliter im Ausland abgesetzt.

„Holsten Pilsener“

Brauerei:	*Holsten Brauereoi*
Standort:	*Hamburg*
Sorte:	*Pilsener*
Farbe:	*hell, untergärig*
Alkoholgehalt:	*4,8 Vol.-%*
Stammwürze:	*11,2 %*
Serviertemperatur:	*8 bis 10° C*
Geschmack:	*schlanker bis leicht malziger Antrunk, Malzaroma im Mittelteil bestimmend, geradlinige Hopfenherbe im Abgang*

Holsten und der HSV

Holsten und der HSV blicken auf eine lange, enge Partnerschaft zurück. Über 70 Jahre starten die Biermarke und der Erstligist bereits gemeinsam in eine Saison. Der langjährige HSV-Sponsor und Premium-Partner Holsten gibt einer großen Handelsaktion 2010 exklusive Stadion-Sitzkissen zu jedem Kasten Holsten gratis dazu. Holsten macht mit dem original Holsten-Fußball-Sitzkissen jede harte Sitzschale zum Komfortplatz. Gut gepolstert und auf halbes Format klappbar lässt es sich einfach ins Stadion transportieren und garantiert 90 Minuten lang VIP-Gefühl.

Ganz gleich, wie man die Tage in Mecklenburg-Vorpommern verbringt – ob entspannend am weißen Ostseestrand, gemütlich per Rad durch die Natur oder rasant auf Inlineskates – früher oder später sehnt sich jeder nach einer kühlen Erfrischung. Was läge da näher, als eines der zahlreichen heimischen Biere zu wählen und in behaglicher Runde zu genießen. Hier an der Küste haben sich einige große und namenhafte, aber auch viele kleinere Brauereien angesiedelt, die alle eines gemeinsam haben, ihr Bier erfreut sich großer Beliebtheit.

Darguner Brauerei
Erfrischend und leicht

Das im 11. Jahrhundert gegründete Kloster in Dargun besaß schon im Mittelalter das uneingeschränkte Recht, Bier zu brauen. Am 29. Mai 1991 erfolgte die Gründung unter dem Namen Darguner Klosterbrauerei. Ab dem 17. März 1998 heißt

„Darguner Pilsener"

Brauerei:	*Darguner Brauerei*
Standort:	*Dargun, Mecklenburg-Vorpommern*
Sorte:	*Pilsener*
Farbe:	*klargolden*
Alkoholgehalt:	*5,0 Vol.-%*
Stammwürze:	*11,0 %*
Serviertemperatur:	*7 bis 9° C*
Geschmack:	*angenehm mild im Gaumen und leicht im Abgang mit hopfigem Nachgeschmack*

die Brauerei, die eine hundertprozentige Tochter der Harboes Bryggerie aus Dänemark ist, Darguner Brauerei. Neben der Brauerei in Dargun gehört noch eine weitere Brauerei in Estland zu dem Konzern. Die Produkte werden in Deutschland meist über unterschiedliche Handelsketten vertrieben und in mehr als 30 Länder exportiert.

Eick Bräu
Braumanufaktur für regionale Spezialbiere

Die Brauerei ist ein Ein-Mann-Betrieb mit einer jährlichen Produktionsmenge von 10.000 bis 15.000 Litern Bier. Hier geht es ziemlich manuell zu. Automatisch gesteuert werden nur der Maischeprozess (um die Reproduzierbarkeit und gleichbleibende Qualität der Produkte zu gewährleisten) und die Temperatursteuerung im Kühlhaus (eigentlich ist es nur ein Kühlraum, aber Kühlhaus klingt größer). Alles andere ist, wie gesagt, Handarbeit.

Inzwischen ist die Braumanufaktur ein Magnet für allerlei Besucher geworden. In der Sommersaison vergeht kaum ein Tag, an dem nicht Bierfreunde oder Interessierte die Brauerei aufsuchen. Das macht schon ein wenig stolz. Doch was noch besser ist: Die meisten loben das Bier, kommen wieder oder empfehlen das Bier weiter.

„Gievitzer Starkbier"

Brauerei:	*Eick Bräu*
Standort:	*Groß Gievitz, Mecklenburg-Vorpommern*
Sorte:	*Starkbier*
Farbe:	*dunkelrot*
Alkoholgehalt:	*8,0 Vol.-%*
Stammwürze:	*16,0 %*
Serviertemperatur:	*8 bis 10° C*
Geschmack:	*nicht zu süß, schmeckt kirschig und ist im Abgang angenehm hopfenbitter*

Hanseatische Brauerei Rostock
Sympatisch hanseatisch

Schon im Mittelalter stand Rostocker Bier für Qualität und Geschmack. Bis ins Jahr 1258 reichen die Ursprünge der Rostocker Braukunst zurück. Das Bier wurde weit über die Grenzen der Hafen- und Hansestadt geschätzt – so auch in Lübeck und in skandinavischen Ländern.

„Rostocker Export"

Brauerei:	*Rostocker Brauerei*
Standort:	*Rostock, Mecklenburg-Vorpommern*
Sorte:	*Vollbier*
Farbe:	*gelb mit goldenem Schimmer*
Alkoholgehalt:	*5,5 Vol.-%*
Stammwürze:	*11,8 %*
Serviertemperatur:	*7 bis 9° C*
Geschmack:	*feinblumig bitter, würzige bis malzaromatische Note*

Die Geschichte der Rostocker Brauerei beginnt bereits im Jahr 1878. Die Ingenieure Georg Mahn und Friedrich Ohlerich geben bekannt, dass sie am 28. März die Julius Meyersche Bierbrauerei „käuflich übernommen" hätten.

Die neuen Inhaber beweisen eine geschickte Hand und machen sich einen guten Namen. Die eigens errichtete Mälzerei, moderne Anlagen wie eine Hefereinzuchtanlage oder neue Kühlaggregate machten sich bezahlt. Bald gehört das inzwischen in eine Aktiengesellschaft umgewandelte Unternehmen zu den marktführenden mecklenburgischen Brauereien.

Eine neue Mälzerei, sechs eigene Eisenbahnwaggons als Transportmittel und eine eigene Flaschenabfüllung gehören zu den herausragenden Innovationen der Jahre ab 1910. Als der Erste Weltkrieg ausbricht, muss „M & O" ums Überleben kämpfen, doch bis zum Zweiten Weltkrieg geht es ständig aufwärts. Dann erwischt es die „Mahn & Ohlerich Bierbrauerei" abermals schwer. Die gesamte Brauerei wird nach dem Krieg demontiert und in die Sowjetunion abtransportiert. Doch die Belegschaft und die Geschäftsleitung lassen sich nicht unterkriegen und rekonstruieren den Betrieb. Bereits Anfang 1947 wird in der Doberaner Straße wieder gebraut, und zu Beginn der 50er-Jahre erreicht der Volkseigene Betrieb „VEB Rostocker Brauerei" wieder das Absatzniveau von 1939.

Nach dem Mauerfall wird der „VEB Rostocker Brauerei" in eine Kapitalgesellschaft umgewandelt. Vom Wunsch der ostdeutschen Konsumenten, zunächst lieber nach westdeutschen oder ausländischen Bieren zu greifen, bleibt auch die neue Rostocker Brauerei GmbH nicht verschont. Doch auch dieser Rückschlag ist bereits Vergangenheit. Anlässlich des 125-jährigen Jubiläums im Jahr 2003 erhält die Rostocker Brauerei einen neuen Namen. Seither firmiert sie unter Hanseatische Brauerei Rostock und ist heute „die" Heimatbrauerei an der Küste Mecklenburg-Vorpommerns.

HanseSail 2004

Jedes Jahr steht die Hanse Sail in Mecklenburg-Vorpommern unter einem anderen Moto. Sie hat sich in wenigen Jahren zum größten Treffen von Windjammern und Traditionsseglern an der Ostsee entwickelt. Neben den großen und kleinen Marineschiffen ist auch die Gorch Fock ein gern gesehener Gast in der Hansestadt.

Mecklenburgische Brauerei Lübz
Endlich Lübzer

Die Mecklenburgische Brauerei Lübz GmbH – die heute zur Carlsberg A/S Dänemark gehört – produziert bereits seit 1877 Bier in der Region Norddeutschlands. Nach dem Ausbau der Brauerei und erheblichen Investitionen in neue Technik hat die Brauerei heute eine Kapazität von über einer Million Hektolitern. Mit ihrer Hauptmarke Lübzer Pils zählt sie heute zu einer

„Lübzer Pils"

Brauerei:	*Mecklenburgische Brauerei Lübz*
Standort:	*Lübz, Mecklenburg-Vorpommern*
Sorte:	*untergäriges Pilsener*
Farbe:	*gelb*
Alkoholgehalt:	*4,9 Vol.-%*
Stammwürze:	*11,2 %*
Serviertemperatur:	*7 bis 9° C*
Geschmack:	*hopfenbetont, schlank und spritzig*

der größten Marken in den ostdeutschen Bundesländern.

Neben Lübzer Pils stehen aber auch andere Marken wie Lübzer Lemon, Lübzer Urkraft und die Biere: Lübzer Alkoholfrei, Lübzer Export und Lübzer Bock für den Erfolg von Lübzer.

Der für Qualitäts- und Umweltmanagement zertifizierte Betrieb zählt zu den modernsten Braustätten in den neuen Bundesländern. Als größter Arbeitgeber der Stadt Lübz mit 200 Mitarbeitern stellt sie einen wichtigen Wirtschaftsfaktor in der Region dar.

Stralsunder Brauerei
Monument hanseatischer Braukunst

Das hanseatische Brauhandwerk ist mit der Stadt Stralsund seit Jahrhunderten eng verbunden. Die Biere der 1827 gegründeten „Stralsunder Brauerei" erfreuten sich schon damals im Zuge der kaiserlichen Blütezeit der Ostseebäder, Ende des 19. Jahrhunderts, größter Wertschätzung. Die Brauerei avancierte rasch zum Hoflieferanten der Bädergastronomie. Ihre Biere galten dort als der Maßstab für hanseatische Braukunst.

Die stetig wachsende Nachfrage machte einen Ausbau der Kapazitäten unumgänglich. So entstand ein Neubau der „Stralsunder Vereinsbrauerei" an der Greifswalder Chaussee. Der Industriebau aus rotem Backstein wurde mit modernster Technik ausgestattet: Der Einbau einer der ersten „Linde"-Kältemaschinen ermöglichte eine für damalige Zeiten ungewöhnlich hohe Bierqualität.

Als Volkseigener Betrieb (VEB) zu DDR-Zeiten häuften sich die Probleme. Mit der veralteten Technik ließen sich die hohen Qualitätsansprüche und Mengenanforderungen kaum noch gewährleisten. Das Blatt wendete sich erst, als die Stralsunder Brauerei nach der Wiedervereinigung in den 90er-Jahren vom Haus „Nordmann" übernommen wurde. Der renommierte Getränkefachgroßhändler investierte erhebliche Summen und positionierte am gleichen Standort einen Getränkefachgroßhandel. Die Traditionsbrauerei gewann ihre alte Stärke schnell wieder zurück.

„Stralsunder Traditionsbock"

Brauerei:	*Stralsunder Brauerei*
Standort:	*Stralsund, Mecklenburg-Vorpommern*
Sorte:	*untergäriges Bockbier*
Farbe:	*dunkel*
Alkoholgehalt:	*6,5 Vol.-%*
Stammwürze:	*16,3 %*
Serviertemperatur:	*7 bis 9° C*
Geschmack:	*malzaromatisch, stark*

„Vielanker Dunkel"

Brauerei:	*Vielanker Brauhaus*
Standort:	*Vielank, Mecklenburg-Vorpommern*
Sorte:	*Dunkles*
Farbe:	*mittelbraun, gelbgoldener Schimmer*
Alkoholgehalt:	*5,0 Vol.-%*
Stammwürze:	*12,5 %*
Serviertemperatur:	*7° C*
Geschmack:	*leicht gehopft, fein süßlich-malziges Aroma, ungefiltert und daher naturtrüb*

Auerochsen

Die Auerochsenspezialitäten im Vielanker Brauhaus kommen von den hauseigenen Auerochsenrindern.

Vielanker Brauhaus
Auch zu Hause genießen

Die Vielanker Brauhaus GmbH & Co. KG produziert verschiedene naturbelassene Produkte. So frisch wie das Vielanker-Bier, unfiltriert und unpasteurisiert, ohne jegliche Behandlung, gibt es im Lieferumfang kein vergleichbares Konzept in Europa – wenn sogar weltweit. Im Sommer werden bis zu 180 Kunden mit dem frischen Vielanker Bier beliefert, wobei manche Produkte noch von Hand etikettiert und abgefüllt werden.

Der gastronomische Bereich verfügt über ein Sudhaus, in dem sich zwei Sudkessel befinden, in denen auch gebraut wird. Sehr viel Anklang findet auch das gemütliche Grillhaus, wo man live miterleben kann, wenn wieder einmal der Vielanker Flammkuchen ausgerollt, belegt und im Steinofen bei ca. 180°C gebacken wird. Außerdem gibt es einen von Licht durchfluteten Wintergarten und einen großen Festsaal. Im Sommer kann man bei schönem Wetter das frisch gezapfte Vielanker Bier im Biergarten genießen.

Im Brauhaus wird außer dem schmakhaften Bier auch ein gemütliches ländliches Hotel geführt, wo man die Auerochsenspezialitäten genießen kann.

Mit knapp 11,4 Mio. hl Bier liefern Niedersachsens Brauereien fast jedes zehnte in Deutschland gebraute Bier und liegen deutschlandweit nach Nordrhein-Westfalen und Bayern auf Rang drei. Bei der Zahl der Braustätten dagegen rangiert Niedersachsen mit 59 unter ferner liefen. Die norddeutschen Brauereien sind dagegen durch ihre Größe und günstige Lage zu Exportmärkten strukturell im Vorteil.

Artland Brauerei
Original von hier!

Die Artland Brauerei ist die Regionalbrauerei aus Nortrup in der Samtgemeinde Artland im Landkreis Osnabrück. Sie hat ihren Sitz auf dem historischen Artländer Fachwerkhof Renze aus dem Jahre 1773. Hier wird mit schonenden Verfahren, durch die der unverfälschte Produktcharakter und die wertvollen Inhaltsstoffe erhalten bleiben, das Bier aus der Region für die Region gebraut.

Die Artland Brauerei lässt die alte Brautradition der Region wieder aufleben. Im Stadtmuseum von Quakenbrück kann man zahlreiche historische Bierflaschen von Brauereien aus der Region finden. Nachdem zwischenzeitlich die Brautradition im westlichen Niedersachsen fast vollkommen untergegangen war, blüht sie seit April 2007 in Nortrup/Suttrup wieder auf.

„Artländer NOX"

Brauerei:	*Artland Brauerei*
Standort:	*Nortrup, Niedersachsen*
Sorte:	*Vollbier*
Farbe:	*bernsteinfarben*
Alkoholgehalt:	*4,9 Vol.-%*
Stammwürze:	*11 %*
Serviertemperatur:	*6 bis 8° C*
Geschmack:	*malzaromatisch, mild, mit leichter Restsüße*

In den historischen Gebäuden auf dem Hof Renze, dessen Geschichte bis in das 15. Jahrhundert zurückreicht, werden Tradition und moderne Technik zusammengeführt. In der ehemaligen Wagenremise befindet sich heute das Sudhaus der Brauerei, in der früheren Strohscheune und einem Teil des ehemaligen Viehstalls ist der Gär- und Lagerkeller untergebracht.

Die Artland Brauerei hat ihre Wurzeln in der Region. Darum handelt sie mit Partnern aus der Region. Beispielsweise realisierten regionale Handwerksbetriebe die Sanierungsmaßnahmen am Hof und die Wartung und Instandhaltung der Technik ist ebenso an regionale Partner vergeben.

Brauerei Allersheim
Das Gold des Weserberglandes

Die Wurzeln der Brauerei gehen zurück ins Jahr 1854. Otto Baumgarten, seit 1847 Pächter der Domäne in Allersheim, suchte nach einem zweiten Standbein zum Ackerbau. Es existierte bereits ein Braurecht, da auf der Domäne bereits obergäriges Bier auf einfache Weise hergestellt wurde. Otto Baumgarten eignete sich 1851/52 in München das notwendige Wissen an und startete ein Jahr später in Allersheim mit dem Bau einer Brauerei und Mälzerei. 1887 starb Otto Baumgarten und hinterließ einen gut situierten Betrieb. Seine Witwe Anna Baumgarten verwaltete fünf Jahre lang die Brauerei mit ihren volljährigen Kindern, ihrem Vater und dem Vetter. Domäne und Brauerei wurden in dieser Zeit zwei selbstständige Unternehmen. 1893 folgte Carl Scheidemann, der den Betrieb im Jahr 1900 umbaute und die Kapazität auf 40.000 Hektoliter Bier im Jahr verdoppelte.

Zur Erweiterung des Vertriebsgebietes wurden vor der Jahrhundertwende Niederlassungen mit Eiskellern geschaffen. Sie waren mit Pferdefuhrwerken in ein- oder zweitägigen Touren zu errei-

Das Bild zeigt den Fuhrpark der Brauerei Allersheim in den 20er-Jahren des vorigen Jahrhunderts.

„Bügelpils“

Brauerei:	*Brauerei Allerheim*
Standort:	*Allersheim, Niedersachsen*
Sorte:	*untergäriges Pilsener, Vollbier*
Farbe:	*goldfarben*
Alkoholgehalt:	*4,9 Vol.-%*
Stammwürze:	*11,6 %*
Serviertemperatur:	*7 bis 9° C*
Geschmack:	*hopfig betont, würzig, feinherb*

chen. Beispiele sind Lenne, Dassel, Gandersheim, Eschershausen, Uslar, Bodenwerder, Hardegsen und Trendelburg. 17 Pferde standen im Allersheimer Stall. Nach dem Tod von Carl Scheidemann im Jahr 1948 ging die Brauerei mit dem geschäftsführenden Gesellschafter Walter Berns in die dritte Generation und erlebte nach den Kriegs- und Rezessionsjahren wieder eine stetige Aufwärtsentwicklung. Unternehmenshistorisch weiterhin von Bedeutung ist das Jahr 1967. Erstmals lagen die Geschäfte der Brauerei in den Händen eines angestellten Geschäftsführers und nicht mehr auf Gesellschafterseite. Daran hat sich bis heute nichts geändert.

Brauerei Carl Betz
Älteste deutsche Röstmalzbierbrauerei

Im Jahr 1893 meldete der aus dem Westerwald nach Celle zugezogene Kaufmann Carl Betz das Gewerbe zum Betrieb einer Farbebier-Brauerei an. Farbebier ist ein nach dem Reinheitsgebot gebrautes Spezialbier, das in den mittleren und größeren Brauereien zur Farbgebung dunkler Biere gebraucht wird.

Noch vor dem Ersten Weltkrieg braute Betz auch Malzbier und stellte Mineralwasser her. Diese Produktion wurde allerdings nach dem Ersten Weltkrieg nicht wieder aufgenommen. Dafür kam die Herstellung von flüssigem Zucker für die Malzbier- und die Limonadenherstellung und von Zuckercouleur für verschiedene Nahrungsmittelbereiche hinzu, sodass die Brauerei Carl Betz zu einem reinen Zulieferbetrieb wurde.

Im Jahr 1930 nahm Betz seine Söhne Albert und Walter in eine nun gegründete Brauerei auf. Diese Gesellschaft, die nach dem Tod des Vaters im Jahr 1936 von den Söhnen fortgeführt wurde, überdauerte den Zweiten Weltkrieg trotz einer völligen Vernichtung des Fabrikgebäudes durch Fliegerbomben der Alliierten noch am 8. April 1945. Nach notdürftiger Wiedererrichtung des Betriebsgebäudes und Wiederaufnahme der Produktion tauschte die Brauerei 1949 das Betriebsgrundstück gegen ein Gelände der Stadt Celle ein. Hier musste ein zweites Mal nach dem Krieg aufgebaut werden, und zwar völlig neu „auf der grünen Wiese“.

Am 1. April 1966 traten Dieter Betz und Karl-Friedrich Betz in die OHG ein. Im Jahr 1983 war es dann so weit. Die Gesellschafter fassten den Beschluss, nun auch selbst Bier herzustellen und über den Handel und die Gastronomie zu vertreiben. Nach Einrichtung der technischen Voraussetzungen wurde der erste Sud im Mai 1984 eingebraut.

Brauprivileg

11. Mai 1447: Das „Brauerprivileg“ wird von Herzog Friedrich dem Frommen ausgesprochen. Dieses besagt, dass in Krügen und Tavernen der Vogtei Celle kein anderes Bier (außer dem selbstgebrauten) ausgezapft werden solle (als) wie „Celler“. Nach und nach drangen in den „Bannbezirk“ (3 Meilen um Celle) auch fremde Brauer und vertrieben hier ihr Bier.

„Celler Gold“

Brauerei:	*Brauerei Carl Betz*
Standort:	*Celle, Niedersachsen*
Sorte:	*Vollbier*
Farbe:	*goldfarben*
Alkoholgehalt:	*5,2 Vol.-%*
Stammwürze:	*12,5 %*
Serviertemperatur:	*7 bis 9° C*
Geschmack:	*lieblich*

Einbecker Brauhaus
Erfinder des Bockbiers

Schon im 14. Jahrhundert war der Bierhandel für die Stadt Einbeck bedeutungsvoll. Jeder Einbecker Vollbürger hatte das Recht, Bier zu brauen. Es gab 700 Brauherren. Der Rat der Stadt kaufte die Überproduktion auf und sorgte für deren Vermarktung im gesamten deutschen Raum und im Ausland – von Amsterdam im Westen bis nach Reval im Osten.

Der 28. April 1378: Auf diesen Tag ist die älterste noch vorhandene Rechnung über den Verkauf von zwei Tonnen Einbecker Bier nach Celle datiert. Auf dem Reichstag zu Worms erhält Martin Luther von Herzog Erich einen Krug Einbecker Bier und lobt es mit den Worten:

„Der beste Trank,
den einer kennt,
der wird Einbecker Bier genennt."

Im Jahr 1612 wird ein Einbecker Braumeister nach München abgeworben, um dort das „Ainpöckische Bier" zu brauen. Durch die Verballhornung des Namens von „Einpöckisch" über „Oanpock" entsteht schnell der Name des berühmten Bockbiers.

„Einbecker Ur-Bock"

Brauerei:	*Einbecker Brauhaus*
Standort:	*Einbeck, Niedersachsen*
Sorte:	*Bockbier*
Farbe:	*dunkel*
Alkoholgehalt:	*6,5 Vol.-%*
Stammwürze:	*16,2 %*
Serviertemperatur:	*7 bis 9° C*
Geschmack:	*kernig, kräftig*

Ab 1851 wird das erste Bier in der Einbecker Dampfbierbrauerei in Flaschen abgefüllt. Diese „Original Einbecker Flasche" hat sich bis heute im Aussehen nicht verändert.

Nach dem Zweiten Weltkrieg firmiert die Brauerei um und geht 1967 als „Einbecker Brauhaus Aktiengesellschaft" an die Börse.

Brauereitradition seit 1378, modernste Brauereitechnologie und ein hochqualifiziertes Mitarbeiterteam bilden die Symbiose für den Erfolg des Unternehmens Einbecker Brauhaus.

Friesisches Brauhaus zu Jever
Wie das Land, so das Jever

„Hannöversches Bier, um damit aufzuräumen, verkaufe ich die Flasche aus dem Hause unter dem Einkaufspreise zu vier gr. Cour, jedoch nicht anders als gegen sofortige Zurückgabe einer ledigen Flasche oder Erlegung von vier gr., welche bei der Ablieferung der ledigen Flasche wieder zurückbezahlt wird."

So wurde am 10. November 1848 in Jever die Pfandrückgabe vom damaligen Besitzer Diedrich König verordnet. 1867 kaufte Theodor Fetköter die Königsche Brauerei, um eigenes Bier zu brauen. Wo andere ihr Bier in normalen Krügen auslieferten,

„Jever Pilsener"

Brauerei:	*Friesisches Brauhaus zu Jever*
Standort:	*Jever, Niedersachsen*
Sorte:	*Pils*
Farbe:	*hellgelb*
Alkoholgehalt:	*4,8 bis 5,2 Vol.-%*
Stammwürze:	*11,5 %*
Serviertemperatur:	*6 bis 8° C*
Geschmack:	*friesisch herb mit edler Hopfennote*

bestand er 1870 auf speziellen Flaschen. Ab 1894 beteiligte sich die Brauerei an den ersten Wasserleitungen der Stadt Jever.
Als die Brauerei 1922 wieder verkauft wurde, war das in Jever gebraute Bier bereits überregional bekannt und bekam 1934 seinen noch bis heute gültigen Namen „Jever Pilsener". Im Laufe der 60er-Jahre wurde das Pils immer beliebter und die Verkaufszahlen stiegen rasant an. Während dieser Zeit wurde die Brauerei stark erweitert und ausgebaut. Heute füllen ungefähr 270 Mitarbeiter pro Stunde 60.000 Flaschen ab. In den bekannten drei verspiegelten Tanktürmen werden pro Tank ca. 240.000 Liter Jungbier bei minus ein Grad gelagert. Das Jever Pilsner wird in Friesland gebraut, einem ganz besonderen Teil Deutschlands. Das Wasser, die Luft, das Licht und nicht zuletzt das raue Klima haben den Charakter des Pilseners geprägt.

Das Friesische Brauhaus zu Jever mit den drei verspiegelten Kühltürmen.

Gilde-Brauerei
Das älteste Unternehmen Hannovers

Am 31. Mai anno 1526 stellt Cord Broyhan den Hannoveranern sein neues, nach ihm benanntes obergäriges Bier vor. Folge für die Stadt Hannover: eine große wirtschaftliche Blüte in den folgenden Jahren. 1546 wird der kupferne Broyhan-Taler geprägt, ein Brau- und Steuerzeichen, das zu Ehren Cord Broyhan geschaffen worden ist. Ab dem Jahr 1609 wird die Brauergilde als eigenständige Rechtsperson anerkannt und wird so zum ältesten Unternehmen Hannovers.

„Lüttje Lagen"

Brauerei:	*Gilde Brauerei Hannover, Niedersachsen*
Sorte:	*obergäriges Schankbier*
Farbe:	*gelb*
Alkoholgehalt:	*2,8 Vol.-%*
Stammwürze:	*7,5 %*
Serviertemperatur:	*7 bis 9° C*
Geschmack:	*friesisch herb mit edler Hopfennote*

Ein uralter Brauch

Das Lüttje-Lagen-Trinken ist ein jahrhundertealter Brauch der Hannoveraner. Dazu gehören zwei spezielle Gläser: eines gefüllt mit Lüttje-Lagen-Bier und eines mit Korn (32 Vol.-%).
Mit Daumen und Zeigefinger der rechten Hand wird das Lüttje-Lagen-Bierglas gegriffen, mit Mittelfinger und Ringfinger derselben Hand das Glas mit Korn. Das Lüttje-Lagen-Glas und das Schnapsglas werden dann gleichzeitig so an die Lippen gesetzt, dass der Korn aus dem oben liegenden Glas zusammen mit dem Lüttje-Lagen-Bier in einem Zug getrunken wird.
Gelingt es nicht gleich beim ersten Mal, so sollte man den Mut nicht aufgeben – Übung macht den Meister!

Ende des 18. Jahrhunderts beginnen die gewerblichen Anstrengungen der Braugilde und 1870 wird der Grundstein für eine Brauerei gelegt. 1925 übernimmt die „Gilde“ die Lindener Aktien Brauerei, die beide nach dem Krieg im Jahr 1968 fusionieren. In den folgenden Jahren kommen weitere Brauereien wie die Hofbrauhaus Wolters AG, die Hasseröder Brauerei Wernigerode und Mehrheiten der Brauhaus Wülfel AG hinzu. Im Jahr 2000 gehört die Gilde-Gruppe zu den zehn größten Brauereiwirtschaften Deutschlands.

die „Actiengesellschaft Vereinsbrauerei Herrenhausen“ um.
In den über 130 Jahren haben fünf Generationen daran gearbeitet, die Herrenhäuser-Brauerei zu dem zu machen, was sie heute ist. Eine traditionsreiche und gleichzeitig innovative Privatbrauerei, zu 100 Prozent im Besitz der Familie Middendorff. Die Hauptmarke, Herrenhäuser Premium Pilsener, kann sich in Hannover als Marktführer hervorragend behaupten.

„Premium Pilsener“

Brauerei:	*Brauerei Herrenhausen*
Standort:	*Hannover, Niedersachsen*
Sorte:	*untergäriges Pils*
Farbe:	*golden mit sattem Rotstich*
Alkoholgehalt:	*4,9 Vol.-%*
Stammwürze:	*k. A.*
Serviertemperatur:	*7 bis 9° C*
Geschmack:	*sanft, fast schüchtern mit süßen Apfelnoten und Zitrone*

Privatbrauerei Herrenhausen
Unser Selbstverständnis

Die Brauerei „Wölfler & Wedekind Herrenhausen“ wurde im Jahr 1868 gegründet. 1880 firmierte die Brauerei durch die Fusion mit der Hannoverschen Actienbrauerei in

Privatbrauerei Härke
Biere mit Tradition und Sorgfalt

In Peiner Hausbrauereien wurde ab 1356 nachweislich das erste Mal Bier gebraut. Im 18. Jahrhundert wurde dann die Brauordnung für die Stadt Peine schriftlich niedergelegt.
1798 befindet sich auf dem heutigen Gelände der Privatbrauerei

„Härke 1890“

Brauerei:	*Privatbrauerei Härke*
Standort:	*Peine, Niedersachsen*
Sorte:	*Pilsener*
Farbe:	*blond*
Alkoholgehalt:	*4,8 Vol.-%*
Stammwürze:	*11,0 %*
Serviertemperatur:	*7 bis 9° C*
Geschmack:	*typisch vollmundiger Biergeschmack*

Die Privatbrauerei Härke am Werderpark in den 30er-Jahren.

Härke die Brau- und Schankstätte der Familie Düvel, die im Jahr 1832 von der Brauerfamilie Rauls gekauft wird. Um 1850 gibt es vier Brauereien in Peine, von denen die Raul'sche Brauerei im Jahr 1890 von Ernst Härke mitsamt dem Bierausschank gekauft wird. Ab 1907 heißt die Brauerei nun „Brauerei E. Härke“.

Nach dem Zweiten Weltkrieg fängt die Firma, wie so viele Firmen in Deutschland, wieder von vorne an, indem die „Härke Bier-Vertriebs GmbH“ gegründet wird. Nun geht es wieder kontinuierlich aufwärts mit dem Betrieb und 1990 wir das 100-jährige Bestehen der Brauerei gefeiert. Die feierliche Einweihung des neuen Sudhauses im Jahr 2008 stellt den vorläufig neuesten Höhepunkt der Brauereigeschichte dar.

Das historische Sudhaus der Privatbrauerei Härke.

Nordrhein-Westfalen

Besonders in Nordrhein-Westfalen, das mit einem jährlichen Bierausstoß von knapp 25 Millionen Hektolitern (2008) Deutscher Meister ist, wird deutlich, dass Bier mehr ist als eine Mischung aus Wasser, Malz und Hopfen – hier wird wahre Bier-Kultur –, wenn nicht sogar Bierkult gelebt.

Viele Jahrzehnte lang galt die Revierstadt Dortmund als die Bierhauptstadt in Deutschland und Europa. 1993 nahm Dortmund mit einer Jahresproduktion von 5,6 Millionen Hektolitern noch den zweiten Platz unter den deutschen Brauereistandorten ein. Manch auswärtiger Biertrinker wundert sich über das geringe Fassungsvermögen der „Kölsch-Stange", die nur Platz für 0,2 Liter Bier bietet. Daher kommt der Köbes (Bierkellner in rheinischen Kneipen) auch ständig mit Nachschub, bis der Gast abwinkt. Wer übrigens in einem Kölner Brauhaus Wasser bestellt, muss schon mal damit rechnen, mit Sprüchen wie „Woll'n se Seife dazu?" abgespeist zu werden.

Altstadt-Bräu Johann Sion
Fast 700 Jahre Brauhaus-Tradition

Seit 1318 wird im Altstadt-Brauhaus in der Taschenmacher No. 5 Gastlichkeit zelebriert und Jean Sion, der Spross einer Eifeler Brauer-Dynastie, legte hier den Grundstein für die Erfolgsgeschichte von Sion Kölsch. Nach dem Krieg war es Sohn Johann Sion, der das Brauhaus in der heutigen Gestalt neu aufbaute und eine der erfolgreichsten Kölschmarken schuf. Heute gehört das Brauhaus zur Radeberger Gruppe.

„Sion Kölsch"

Brauerei:	*Altstadt-Bräu Johann Sion*
Standort:	*Köln, Nordrhein-Westfalen*
Sorte:	*obergäriges Kölsch*
Farbe:	*gelb*
Alkoholgehalt:	*4,8 Vol.-%*
Stammwürze:	*k. A.*
Serviertemperatur:	*7 bis 9° C*
Geschmack:	*überraschend hefig bananig, süffig*

Bergische Löwen-Brauerei
Über die Grenzen bekannt

Laut einer Urkunde aus dem Jahr 1268 ist das Brauhaus „Zum Hirschen" die älteste nachweisbare Brauerei Kölns. „Zum Hirschen" entwickelte sich bald zu einem der beliebtesten Brauhäuser Kölns. Im Jahr 1296 versammelten sich einige Gilden-Mitglieder in geselliger Runde im „Gildenhaus" und legten den Grundstein für das „Echt Gilden Kölsch".

Die Familie Greven gründete im Jahr 1869 die Mühlheimer Brauerei als Hausbrauerei und übernahm die Braurechte der Traditionsgastwirtschaft „Gildehaus". Mit dem Zusammenschluss der Balsam Brauerei mit der Bergischen Löwen-Brauerei und der Germania Brauerei erfolgt die Umfirmierung zur „Balsam Bergischen Löwen-Brauerei Mühlheim und Höhenhaus". In den 20er-Jahren entwickelt sich die Brauerei zu den führenden Brauereien Westdeutschlands. Doch nach dem Zweiten Weltkrieg ist die Brauerei vollständig zerstört. Dennoch fängt in „Höhenhaus" 1946 mit einem kleinen Ausstoß von 20.000 Flaschen ein erster Nachkriegsbetrieb an. Im Jahr 1956 wird abermals umfirmiert. Das Brauhaus heißt nun „bergische Löwenbrauerei GmbH & Co. KG". 1971 wird mit der neuen Flaschenabfüllanlage eine Leistung von 28.000 Flaschen in der Stunde erreicht. Ab 1974 wird nur noch das „Gilden Kölsch" gebraut, das Brauhaus gehört heute zur Radeberger Gruppe.

„Gilden Kölsch"

Brauerei:	*Bergische Löwen-Brauerei*
Standort:	*Köln, Nordrhein-Westfalen*
Sorte:	*obergäriges Kölsch*
Farbe:	*gelb*
Alkoholgehalt:	*4,55 bis 5,05 Vol.-%*
Stammwürze:	*11,05 bis 11,2 %*
Serviertemperatur:	*7 bis 9° C*
Geschmack:	*mild malzig, malzaromatisch bis zum Abgang*

Bischoff'sche Brauerei
Die Geschichte des Weilerhofes

Wie urkundlich belegte Funde beweisen, war das Hofgelände des Weilerhofes schon seit der Römerzeit besiedelt. Außer mehreren kleinen Gehöften – daher der Name „Weilerhof“ – befand sich zu Beginn des 14. Jahrhunderts hier das Herrenhaus des Gutsbesitzers Godescalcus de Wilre.

Die Karthäuser kauften unmittelbar nach 1300 das gesamte Areal nach und nach auf. Nach der Säkularisation wechselte das Eigentum am Hof mehrfach, bis Anfang des letzten Jahrhunderts der Großvater des jetzigen Inhabers das Hofgelände erwarb und den Hof völlig neu errichtete.

Der Weilerhof, gelegen an der Stadtgrenze zu Brühl-Vochem – der Garten des Hofes befindet sich schon auf Brühler Gebiet – kam 1802 mit Fischenich zur Bürgermeisterei Hürth.

Bedingt durch den erheblichen technischen Fortschritt wurden in den 50er- und 60er-Jahren Gebäudeteile des Weilerhofes frei, sodass sich der Vater des jetzigen Inhabers Anfang der 60er-Jahre entschloss, in die frei gewordenen Teile eine Brauerei zu integrieren, die 1996 grundlegend renoviert wurde.

Die Berechtigung, den Namen Kölsch zu führen, ergibt sich aus der Kölsch-Konvention, die den Brauereien, die vor dem Jahr 1984 Kölsch produziert haben, einen Bestandsschutz gewährt hat.

Radiosender WDR 4 präsentiert „Matinee" in der Brauerei Bischof

Schlagerstars Costa und Lucas Cordalis präsentieren ihre neuen Hits in Hürth - Fischenich - Eintritt ist frei

Der für seine unbeschwerte musikalische Unterhaltung bekannte Radiosender WDR 4 begrüßt diesmal bei der Live-Sendung "Matinee" in Hürth-Fischenich das Vater-Sohn-Gespann Costa und Lucas Cordalis sowie das Duo Eifelwind.

Im Innenhof der Privatbrauerei Bischof auf dem historischen Weiterhof treten am Sonntag, den 25. Mai sowohl diese beiden Duos als auch Astrid und Freddy Breck und das Blasorchester Blau-Weiß Fischenich von 10.05 bis 12 Uhr in der idyllischen Atmosphäre auf. All dies wird wieder live auf WDR 4 übertragen und von Nadja Ziehm und Reinhard Becker moderiert. Der Eintritt für die Live-Zuhörer im Weilerhof ist frei.

"Viva la noche - Viva la fiesta - Viva l'amor" hieß der erste

mehreren Jahren zusammen in der Party-Pop-Musik erfolgreich sind und auch ihr neuer Song "Gib mir deine Liebe" soll auf der WDR 4-Matinee für frenetische Beifallsstürme sorgen.

Eifelwind begeistert durch ein breitgefächertes Repertoire von volkstümlichen Schlager über neu arrangierte Volksmusik und Evergreens. Als gerngesehene Gäste sieht man das Duo bei zahlreichen volkstümlichen Fernsehsendungen mit Liedern wie "Was der Baum erzählt", der lange Zeit die entsprechenden Hitparaden anführte.

Das Ehepaar Astrid und Freddy Breck arbeitet seit über 10 Jahren auch als musikalisches Duo zusammen: Zahlreiche Songtexte, wie "Liebe ist das Feuer einer Nacht" stammen aus der Feder Astrid Brecks, zu denen ihr Mann Freddy er-

Seit 1968 erfreut der studierte Musiker, Germanist und Philosoph, Costa Cordalis, seine Fans mit Hits wie „Anita" und „Carolina komm". Foto: Cocorda

Fischenich bietet von klassischer bis moderner sinfonischer Blasmusik, Tanz- und Unterhaltungsmusik bis hin zu Bigbandklängen alles, was das ganze Jahr hindurch bei vielfältigen Auftritten vom Publikum begeistert aufgenommen wird. Der Leiter des Orchesters, Peter Zöll, war hauptberuflich Trompeter beim Musikcorps der Bundeswehr in Siegburg und ist auf allen Gebieten der Blasmusik erfahren und versiert. Seine 25köpfige Gemeinschaft tourte sogar bereits durch die USA und nahm an der Steubenparade in New York teil. Im Jahre 1993 wurde das Blasorchester mit dem Kulturpreis der Stadt Hürth geehrt.

Hinter dem fröhlichen Namen "Winzer und Winzerin" verbirgt sich das Gesangsduo Helmut und Uschi Steingass: Nicht zu letzt die unverwech-

Events, wie hier mit Costa Cordalis, hat die Bischoff'sche Brauerei regelmäßig zu bieten.

„Bischoff Kölsch“

Brauerei:	*Privatbrauerei Bischoff*
Standort:	*Brühl, Nordrhein-Westfalen*
Sorte:	*obergäriges Kölsch*
Farbe:	*gelb*
Alkoholgehalt:	*4,55 bis 5,05 Vol.-%*
Stammwürze:	*11,05 bis 11,2 %*
Serviertemperatur:	*7 bis 9° C*
Geschmack:	*mild malzig, malzaromatisch bis zum Abgang*

Brauerei Brinkhoff
Alles, außer gewöhnlich

Alles begann 1844 in der kleinen Hausbrauerei des Wilhelm Struck, der auf dem oberen Westenhellweg eine Bäckerei und Schankwirtschaft betrieb, hinter der sich eine kleine Braustätte befand, deren Ursprung in der Brauerei „zum weißen Pferd“, gegründet 1812, liegt.

1870 wurde die Hausbrauerei Struck eine oHG, in die zwei kapitalkräftige Geschäftspartner eintraten. Einem der neuen Partner – Heinrich-Leonhard Brügman – war der gute Ruf des Braufühfrers der ehemaligen Löwen-Brauerei bekannt, Herrn Fritz Brink-

„Brinkhoff No 1“

Brauerei:	*Brauerei Brinkoff*
Standort:	*Dortmund, Nordrhein-Westfalen*
Sorte:	*Pilsener*
Farbe:	*gelb*
Alkoholgehalt:	*5,0 Vol.-%*
Stammwürze:	*11,4 %*
Serviertemperatur:	*7 bis 9° C*
Geschmack:	*leicht bekömmlich, Antrunk weich, aber aromatisch, etwas bitterer Nachhall*

hoff. Er konnte ihn als technischen Leiter der Brauerei Struck gewinnen, und das zu nicht alltäglichen Bedingungen. 1872 wurde die Brauerei „Struck & Compagnie“ vor die Mauern der Stadt verlegt, um den Betrieb erweitern und ausbauen zu können. Der Gründer und Namensgeber war zwischenzeitlich ausgeschieden.

Um entsprechendes Kapital für die geplante Erweiterung zu bekommen, wurde die „Dortmunder Union-Brauerei Actiengesellschaft“ am 30. Januar 1873 ins Handelsregister eingetragen. Innerhalb von 15 Jahren wuchs der Bierausstoß auf 75.000 hl jährlich.

Als 1887 versehentlich ein „Fehlsud“, gebraut mit hellem Malz, zu einem Aachener Kunden gelangte und dieses unerwartet reissenden Absatz fand, war der „helle Biertyp“ geboren. Daraus entwickelte sich die Spezialität des Braumeisters Fritz Brinkhoff, seine auf der Wanderschaft, insbesondere in Pilsen erworbenen Kenntnisse, kamen ihm wesentlich zugute.

Um die Jahrhundertwende produzierte die Brauerei 194.000 hl, das war die zehnfache Menge seit Gründung und wurde mit nur knapp 100 Beschäftigten erzielt.

Im ersten Weltkrieg wurden anfangs die Fronttruppen mit Dortmunder-Union Bier beliefert, gegen Ende des Krieges wurden aber die Rohstoffkontingente so knapp, daß der Betrieb kleinere Brauereien übernahm und mit deren Kontingenten den Betrieb aufrechterhalten konnte.

1923 ging Fritz Brinkhoff nach 53 Jahren Brauertätigkeit in den Ruhestand und starb vier Jahre später mit 79 Jahren.

1929 erreichte die Dortmunder Union-Brauerei die Traumgrenze von 1 Mio. hl. Dieses Ziel erreichte sie erst wieder 1956, da die Brauerei im Zweiten Weltkrieg zu drei Viertel zerstört wurde. Zu ihrem 100-jährigen Jubiläum 1973 erreichte die Dortmunder Union einen Ausstoß von über 2 Mio. hl. 1981 wurde die Sedanstraße entlang der Brauerei zu Ehren von Fritz Brinkhoff in Brinkhoffstraße umbenannt. Heute gehört die Brinkhoff Brauerei zur Radeberger Gruppe.

Brauerei C. & A. Veltins Über 180 Jahre Brauerei C. & A. Veltins

Der Gastwirt Franz Kramer eröffnete im Jahr 1824 in Grevenstein eine Gastwirtschaft, in der er selbst Bier braute. Später verkaufte er auch an die umliegenden Gastwirte. Damals ahnte er noch nicht, dass er hier den Grundstein für eine der erfolgreichsten Brauereien Nordrhein-Westfalens gelegt hatte. Clemens Veltins übernahm das Gasthaus mit der Brauerei im Jahr 1852.

Der jährliche Ausstoß betrug zu dieser Zeit etwa 150 hl. Als das kleine Fachwerk-

„Veltins Pilsener“

Brauerei:	*Brauerei C. & A. Veltins*
Standort:	*Meschede-Grevenstein, Nordrhein-Westfalen*
Sorte:	*untergäriges Pilsener*
Farbe:	*hell*
Alkoholgehalt:	*4,8 Vol.-%*
Stammwürze:	*11,8 %*
Serviertemperatur:	*6 bis 7° C*
Geschmack:	*mild malziger Antrunk, verhalten hopfenherber Abgang*

1824 begann eine kleine Landbrauerei in Grevenstein, Bier nach deutschem Reinheitsgebot zu brauen. Über 180 Jahre später präsentiert sich hier eine der modernsten Privatbrauereien Europas: die Brauerei C. & A. VELTINS.

haus aus allen Nähten platzte, zog die Brauerei 1883 an den Ortsrand um, wo eine Dampfmaschine und eine Eismaschine beschafft wurden. In den 80er-Jahren des 19. Jahrhunderts traten die Söhne Carl und Anton in die Firma ein. Auf sie geht auch der heutige Namen C. & A. Veltins zurück. Die Brauerei wuchs seither unaufhörlich weiter, und 1926 entschied Carl Veltins, nur noch Bier nach Pilsener Brauart zu brauen. Dann musste die Bierproduktion während des Zweiten Weltkriegs komplett eingestellt werden. Erst im Jahr 1949 wurde die Pilsener-Produktion wieder angefahren. Bereits 1953 war der jährliche Ausstoß auf 12.000 hl angestiegen.

1966 baute Veltins in Europa die erste betriebseigene Kläranlage und in den 70er-Jahren begann der Bau neuer größerer Betriebsanlagen, der 1974 abgeschlossen war. 1981 wurde bei Veltins erstmalig eine Jahresproduktion von einer Million Hektolitern überschritten und Veltins begann, „Veltins Pilsener" auch ins Ausland zu exportieren. Im Jahr 2006, dem Jahr der Fußballweltmeisterschaft, erreichte Veltins mit 2,63 Millionen Hektolitern einen historischen Rekord.

Sportsponsoring

Oben: Im ARENA PARK befindet sich eines der spektakulärsten Stadien Europas: die VELTINS-Arena, das Stadion des legendären Fußballclubs Schalke 04.
Unten: Seit der Saison 2008 ist VELTINS im Porsche-Motorsport engagiert und auch 2010 gern dabei, wenn Siege gefeiert werden.

Brauerei Diebels
Einfach schön!

Die Brauerei wurde 1878 von Josef Diebels in Issum am Niederrhein gegründet.

Gegen die schwere Konkurrenz der sich Ende des 19. Jahrhunderts etablierenden Großbrauereien konnte sich die Privatbrauerei Diebels erfolgreich behaupten. Dieser Erfolg beruhte auch darauf, dass bei Diebels von Anfang an auf modernste Technik gesetzt wurde.

So gehörte die Brauerei Diebels 1901 zu den ersten elektrifizierten Betrieben. Die Weltwirtschaftskrise läutete auch bei Diebels eine Phase der Stagnation ein, dennoch stieg der Brauausstoß bis 1940 auf 39.000 Hektoliter.

Nach dem Zweiten Weltkrieg konnte 1949 der geregelte Braubetrieb wieder aufgenommen werden.

Der allgemeine Wirtschaftsaufschwung der Nachkriegsjahre wurde auch in Issum für ein rasantes Mengenwachstum genutzt.

Der Einsatz innovativster Brautechnik sicherte hohe Qualität bei deutlich gesteigertem Brauvolumen.

Besonders seit den 70er-Jahren wuchs die Produktion rapide. Wesentlich für den Erfolg war die Entscheidung, ab 1970 ausschließlich obergärige Bierspezialitäten zu brauen.

Seitdem ist der Siegeszug von Diebels ungebrochen: Seit vielen Jahren ist Diebels der unangefochtene Marktführer im Altbiersegment. 2008 feierte die Brauerei Diebels den 130. Geburtstag.

„Diebels Alt"

Brauerei:	*Brauerei Diebels*
Standort:	*Issum, Nordrhein-Westfalen*
Sorte:	*obergäriges Altbier*
Farbe:	*bernsteinfarben*
Alkoholgehalt:	*4,9 Vol.-%*
Stammwürze:	*k. A.*
Serviertemperatur:	*7 bis 9° C*
Geschmack:	*leicht malziger Antrunk, ein klein wenig süßlich, Abgang trocken*

Diebels Motorsport

Das ACAS-Tourenwagen-Revival bringt jedes Jahr die alten DTM-Renner wieder zurück in die grüne Hölle Nürburgring. Auch die Diebels-DTM-Renner aus den 90er-Jahren sind immer wieder dabei.
Hier ein Modell von Minichamps im Maßstab 1 : 43.

Herforder Brauerei
Der westfälische Urknall

Am 1. April 1878 schlossen die Brüder Gustav und Georg Uekermann einen Gesellschaftsvertrag und gründeten die „Gebrüder Uekermann, Brauerei zum Felsenkeller, Schweicheln bei Herford". Am 15. September 1895 wurde der 1,3 km lange Gleisanschluss zum Herforder Bahnhof in Betrieb genommen.

1911 wurde der erste Lkw angeschafft. Bis dahin hatten bis zu 60 Brauereipferde für den Biertransport gesorgt.

Bis 1927 gab es das Bier nur im Fass. Schließlich wurde im August 1927 das Bier erstmals auch in Flaschen abgefüllt, zunächst allerdings nur die Sorte Malzbier. Rund 200 Mitarbeiter waren damals in der Brauerei beschäftigt. Der Fuhrpark

„Herforder Schwarzbier"

Brauerei:	*Brauerei Felsenkeller Herford*
Standort:	*Herford, Nordrhein-Westfalen*
Sorte:	*Schwarzbier*
Farbe:	*schwarz*
Alkoholgehalt:	*4,9 Vol.-%*
Stammwürze:	*11,6 %*
Serviertemperatur:	*7 bis 9° C*
Geschmack:	*röstige Aromen, dezente Herbe, alles ausgewogen und rund*

Das Herforder Traditionsgespann

Als eine der wenigen Braustätten Deutschlands verfügt die Herforder Brauerei GmbH & Co. KG heute noch über ein eigenes Traditionsgespann. Das Gespann, das vier „Süddeutsche Kaltblutpferde" ziehen, ist regelmäßig eine Attraktion für Jung und Alt bei Veranstaltungen in der Region und vermittelt ein Stück echter Nostalgie deutscher Braukunst.

bestand 1928 aus 15 Pferdegespannen und zehn Lkws. Im Braujahr 1967/68 ersetzte man die Holzfässer durch Aluminiumfässer. Die Brauerei Felsenkeller Herford feierte im Jahr 2003 ihr 125-jähriges Bestehen. 70.000 begeisterte Gäste feierten auf dem Gelände der Brauerei mit Topacts wie den Prinzen und Smokie das 125-jährige Firmenjubiläum.

Brauerei Pinkus Müller
Was sich bewährt, das bleibt erhalten

Im Jahr 1816 kommt Johannes Müller aus Hildebrandshausen im Eichsfeld nach Münster. Im Jahr 1830 erhält er den Bürgerbrief der Stadt Münster und kauft das Grundstück und Haus Kreuzstraße 10. 1866 wird die Bäckerei eingestellt und dafür eine Malzfabrik errichtet. Mit großem Einsatz wird die Gaststätte „Pinkus Müller" aufgebaut und die Brauerei modernisiert und erweitert. Im Jahr 1970 überträgt Carl Pinkus Müller seinem Sohn Hans die Brauerei und Gaststätte. Erneut erfährt das Unternehmen einen enormen Aufschwung. Die Altbierküche wird erweitert, die „Biergalerie" und das „kleine Brauhaus" werden errichtet.

„Pinkus Jubilate"

Brauerei:	*Brauerei Pinkus Müller*
Standort:	*Münster, Nordrhein-Westfalen*
Sorte:	*untergäriges Altbier*
Farbe:	*bernsteinfarben*
Alkoholgehalt:	*5,3 Vol.-%*
Stammwürze:	*12 %*
Serviertemperatur:	*7 bis 9° C*
Geschmack:	*mild und feinwürzig*

Brauerei Schlösser
So schmeckt Düsseldorf!

Es begab sich einst im Jahr 1873 in der Düsseldorfer Altstadt. Dort lebte ein redlicher

Bäckerbursche namens Schlösser. Doch immer nur Brötchen backen? Nein, ein respektables Brauhaus, das war sein Traum. Der Bäcker erlernte das Bierbrauen und gab dem Ergebnis seiner Braukunst – einer köstlichen, frisch würzigen Spezialität – den Namen Schlösser Alt. Sowohl Bier als auch Brauhaus wurden zur Legende.

Mit dem Schlösser Quartier Bohème knüpft die frisch würzige Altbier-Spezialität an ihre große Historie an. Und verbindet in der Ratinger Straße, nur wenige Schritte von der 1873 gegründeten Hausbrauerei, ganz bewusst Altes und Neues.

„Schlösser Alt“

Brauerei:	*Brauerei Schlösser*
Standort:	*Düsseldorf, Nordrhein-Westfalen*
Sorte:	*obergäriges Altbier*
Farbe:	*bernsteinfarben*
Alkoholgehalt:	*4,8 Vol.-%*
Stammwürze:	*11,5 %*
Serviertemperatur:	*6 bis 8° C*
Geschmack:	*angenehm malziger Antrunk, zartes Karamellaroma, ein Hauch Röstmalz, ein wenig malzbitter und leicht hopfig am Ende*

Brauerei Schwelm
Aus Freude am Geschmack

Es gibt wenige Landstriche in Deutschland, wo die Menschen so eng mit „ihrer“ Brauerei verbunden sind wie hier: Eines der ältesten Gebäude von Schwelm steht mitten im Zentrum der Stadt am Neumarkt. Es ist heute noch das Verwaltungsgebäude der ehemaligen Brauerei „Haarmann & Kathagen“, doch seine Geschichte reicht weiter zurück.

Im 19. Jahrhundert erwarb die Firma Haarmann & Kathagen das Gebäude mit angrenzendem großem Grundstück. Vermutlich ging es ihr dabei weniger um das sogenannte „Rietz´sche Haus“ (vermutlich nach einer Verkürzung des Namens „Rietmeister“ so genannt), wie

2007 war die Produkteinführung von „Trassengold“, einem Lagerbier, das die Wuppertalbewegung seitdem erfolgreich unterstützt.

es in der Stadt hieß, sondern um einen Brunnen, der Felsenquell-Wasser lieferte. Neben dem Barockbau und umfangreichen Brauereibauten wurde ein großes Brauereigebäude aus Ziegel errichtet, das auch heute noch im Stadtbild auffällt. Das Rietz´sche Haus wurde nicht nur als Brauereiverwaltung, sondern auch als Wohnhaus für die Braumeister genutzt.

„Trassengold“ ist ein Exportbier, gebraut zur Unterstützung der Wuppertalbewegung. Diese reaktiviert die stillgelegte Nordbahntrasse und Kohlenbahn als Rad-, Inlineskating- und Fußweg unter Teilerhalt der Gleise für eine Museumsbahn oder Draisinenstrecke.

„Trassengold“

Brauerei:	*Brauerei Schwelm*
Standort:	*Schwelm, Nordrhein-Westfalen*
Sorte:	*Exportbier*
Farbe:	*goldfarben*
Alkoholgehalt:	*5,2 Vol.-%*
Stammwürze:	*12 %*
Serviertemperatur:	*7 bis 9° C*
Geschmack:	*bekömmlich, mild gehopft*

Cölner Hofbräu Früh
Das Brauhaus am Dom

„Früh Kölsch“

Brauerei:	*Cölner Hofbräu Früh*
Standort:	*Köln, Nordrhein-Westfalen*
Sorte:	*obergäriges Kölsch*
Farbe:	*blassblond*
Alkoholgehalt:	*4,8 Vol.-%*
Stammwürze:	*11,0 %*
Serviertemperatur:	*6 bis 8° C*
Geschmack:	*angenehm dezent und gut süffig*

Der aus einer Brühler Brauerfamilie stammende Peter Josef Früh gründete 1895 das Aposteln-Bräu. Nachdem diese anfänglichen Hürden genommen waren, lief das Geschäft sehr gut, das Aposteln-Bräu wurde ein beliebtes Kölsches Brauhaus.

Kurz nach der Jahrhundertwende errichtete im Gebäude des ehemaligen „Central Theaters“ bzw. der Gaststätte „Schützenliesel“ Peter Josef Früh sein neues obergäriges Brauhaus, das „Cölner Hofbräu P. Josef Früh“. Schon bald wurde sein im Herbst 1904 eröffnetes Brauhaus eine Wallfahrtstätte für Gäste aus Köln und der weiten Umgebung, für viele von ihnen war es das „Beste Brauhaus der Stadt“.

Im Zweiten Weltkrieg wurde Köln nahezu völlig zerstört (90 Prozent der Innenstadt lagen in Schutt und Asche) und auch das Brauhaus blieb nicht verschont. Doch Früh hatte mehr Glück als andere Kölner Brauereien – so war die eigentliche Brauerei nicht zerstört. Schon bald lief der Brauereibetrieb wieder an, die Kölner hatten Lust und Durst auf Kölsch.

1976 überschritt der Jahresausstoß erstmals 100.000 Hektoliter. Für dieses starke Wachstum reichten die Braukapazitäten im Stammhaus nicht länger aus: Deshalb wagte man einen Brauereineubau in den Jahren von 1985 bis 1987 in zwei wesentlichen Bauabschnitten. Eine hochmoderne Kölschbrauerei am nördlichen Stadtrand von Köln entstand – die kontinuierlich ausgebaut und erweitert wird.

Dortmunder Actien-Brauerei
Das Bier von Weltruf

„DAB Export“

Brauerei:	*Dortmunder Actien-Brauerei*
Standort:	*Dortmund, Nordrhein-Westfalen*
Sorte:	*untergäriges Vollbier*
Farbe:	*goldgelb*
Alkoholgehalt:	*5,0 Vol.-%*
Stammwürze:	*11,8 %*
Serviertemperatur:	*8 bis 10° C*
Geschmack:	*vollmundig, kräftig*

In Dortmund boomen Kohle und Stahl. So wird das Jahr 1868 aber auch ein Meilenstein in der deutschen Biergeschichte. Die Kaufleute Laurenz Fischer, Heinrich und Friedrich Mauritz gründen zusammen mit dem Braumeister Heinrich Herberz eine damals hochmoderne Dampfbrauerei, die „Bier-Brauerei Herberz & Co.“. Die Geschäfte lau-

DAB-Bier trinken um 1956: „Dortmunder Bier, das weit über Westfalens Grenze hinaus beliebt ist.“

fen gut und das Betriebsgelände wird laufend erweitert, sodass die Brauerei bald in eine Aktiengesellschaft, die „Dortmunder Actien-Brauerei vormals Herberz & Co.“ umgewandelt wird. Die DAB beginnt bereits 1879 mit ersten Auslandsgeschäften. Fässer werden nach Afrika, Indien, Japan und Australien geliefert.

1885 erreicht der jährliche Ausstoß an DAB-Bier erstmals die 100.000 hl-Grenze. 1893 richtet die Brauerei als eine der ersten Brauereien ein chemisch-bakteriologisches Laborium ein und bei der Weltausstellung in Paris im Jahr 1900 wird die DAB mit der „Goldenen Medaille“ ausgezeichnet.

Dann unterbricht der Erste Weltkrieg das stete Wachstum der Brauerei, bis es 1917 mit einem eigenen Gleisanschluss weitergeht. 1939 präsentiert die DAB ihre Produkte bei der Weltausstellung in New York, doch dann gehen in Europa und fast der ganzen übrigen Welt die Lichter aus. Durch vier Großangriffe mit 22.000 Tonnen Bomben wird das Zentrum der Montanindustrie fast gänzlich ausgelöscht.

Auch die DAB ist völlig zerstört und wird bis 1949 in rastlosem Einsatz wieder aufgebaut. Bereits im Jahr 1959 erreicht die DAB die Hektoliter-Millionengrenze. 1968 feiert die DAB ihr 100-jähriges Bestehen und einen Jahresausstoß von 1,6 Millionen Hektolitern Bier. 15 Jahre später werden bereits 2,8 Millionen Hektoliter erreicht.

Eichener Brauerei
Tu dir was Gutes

Die Eichener Brauerei wurde 1888 von Gustav Schweisfurth, einem Nachkommen eines angesehenen Stahl- und Hammerschmieds, gegründet. Entwicklung und Werdegang waren aufs Engste verknüpft mit dem Aufblühen des ursprünglichen Hammerwerks (im Volksmund auch „dr Haamer“ genannt). Aus dieser Tradition wurde auch der Name Hammerbräu für die kleine Hausbrauerei gewählt. 1888 entstand der erste Sud des „Eichener Hammerbräu“. 1958 erreichte das „Eichener Pils“ bei der Brauereiausstellung in Gent den „Premier Prix“ für besondere Qualität.

Die Eichener Brauerei entwickelte sich über die Jahre zu einer überzeugenden, unverwechselbaren Marke der Heimatregion, die sich der Pflege überlieferter Braukunst, der Tradition und dem Bekenntnis zur Heimat verschrieben hat.

„Eichener Gold“

Brauerei:	*Eichener Brauerei*
Standort:	*Kreuztal-Eichen, Nordrhein-Westfalen*
Sorte:	*Exportbier*
Farbe:	*goldfarben*
Alkoholgehalt:	*5,4 Vol.-%*
Stammwürze:	*k. A.*
Serviertemperatur:	*6 bis 8° C*
Geschmack:	*frisch würzig, vollmundig, süßlich, fruchtig*

Paderborner Brauerei
Herzhafter Genuss aus Paderborn

Die Brautradition reicht bis ins Jahr 1852. Seit 1990 gehört die Paderborner Brauerei zur WARSTEINER-Gruppe. Gebraut werden die hauseigenen Produkte Paderborner Pilsener, Paderborner Export, Paderborner Alt, Paderborner + Cola (koffeinhaltig) und Paderborner Radler. Seit Sommer 2006 ergänzt das alkoholfreie Paderborner Malz das Sortiment. Unter anderem werden die Premium-Regionalmarken Isenbeck Premium Pils, Weißenburg Pilsener und Paderborner Gold produziert.

„Paderborner Alt“

Brauerei:	*Paderborner Brauerei*
Standort:	*Paderborn, Nordrhein-Westfalen*
Sorte:	*Altbier, obergärig*
Farbe:	*maronenfarben*
Alkoholgehalt:	*4,8 Vol.-%*
Stammwürze:	*11,2 %*
Serviertemperatur:	*6 bis 8° C*
Geschmack:	*riecht würzig, wirkt leicht metallisch, hat einen ausgeprägten röstigen Beigeschmack, wirkt mild und ist süß im Abgang*

Privatbrauerei Carl Bolten
Frisch vom Lande

Die Geschichte der Privatbrauerei Bolten beginnt im Jahr 1266. Zu dieser Zeit erhielt der Gründer der Brauerei Heinrich der Brauer von der Herrschaft Myllendonk das Recht verliehen, auf dem Kraushof in Korschenbroich Bier zu brauen. Bis heute ist der Kraushof der Sitz der Brauerei und damit der Sitz der ältesten Altbierbrauerei der Welt.

„Boltens Ur-Alt“

Brauerei:	*Privat-Brauerei Carl Bolten*
Standort:	*Korschenbroich, Nordrhein-Westfalen*
Sorte:	*Altbier, naturtrüb*
Farbe:	*bräunlich, hefetrüb*
Alkoholgehalt:	*4,8 Vol.-%*
Stammwürze:	*11,9 %*
Serviertemperatur:	*6 bis 8° C*
Geschmack:	*voller, aromatischer Altbiergeschmack*

Über Generationen wurde nicht nur die Brauerei auf die Nachfahren übertragen, sondern die handwerkliche Kunst des Brauens weitergegeben und bis in die heutige Zeit bewahrt. Dies wird sich auch unter dem Inhaber Michael Hollmann nicht ändern.
„Mich reizt es, die große Tradition der Privatbrauerei Bolten fortzuführen, weil ich an die Marke Bolten glaube und an das, was sie seit Hunderten von Jahren prägt: eine geradezu fanatische Liebe zum herausragenden Geschmack. Das spürt man hier bei jedem Mitarbeiter.
Man spürt den Stolz, auch als kleine Brauerei immer noch zu existieren, trotz der Konzentrationswellen und Übernahmeschlachten in der Bierbranche. Und deshalb sind wir entschlossen, die Geschichte der Brauerei fortzuschreiben. Wir sind eine Brauerei vom Land und liefern unser Bier hier in die Region. Unser Konzept ist also ganz einfach: frisches Bier mit einem erstklassigen Geschmack und kurze Wege, also frisch vom Land“, so Michael Hollmann in einem Interview.

Privatbrauerei Gaffel Becker
Kölsch bewusst genießen

Kölns Biergeschichte beginnt im frühen Mittelalter. Die ersten schriftlichen Zeugnisse über einen Bierbrauer in Köln finden wir im Schreinsbuch (Grundbuch) des Bezirks Niederich um das Jahr 1170. Hier wird beim Verkauf eines Hauses ein „Ezelin bruere“ (Ezelin, der Brauer) erwähnt. Ab diesem Datum werden immer wieder Brauer und Brauhäuser namentlich aufgeführt, so auch im Jahr 1302 das erstmalig genannte Brauhaus „Zum Leysten“ auf dem Eigelstein. Das Brauhaus, das als „Braxatoria Supra Monticulum“ (die Brauerei über dem Hügelchen) im Grundbuch erwähnt wird, steht heute genau an der Stelle, an der nach 700 Jahren auch heute noch in der Privatbrauerei Gaffel Bier gebraut wird.

Nicht nur die Brauerei wurde Anfang des 19. Jahrhunderts aufwendig umgebaut. Auch der Fuhrpark wurde auf modernsten Stand gebracht.

Der Name „Gaffel Kölsch“ erinnert an gute alte Kölsche Tradition. Im Jahr 1396, als das Mittelalter in seiner vollen Blüte stand, die Obrigkeit alle Ämter innehatte und die Patrizier herrschten, waren die Gaffeln der politische Arm der Zünfte und der Handelsherren in Köln. In allabendlichen Tischgesellschaf-

„Gaffel Kölsch“

Brauerei:	*Privatbrauerei Gaffel Becker*
Standort:	*Köln, Nordrhein-Westfalen*
Sorte:	*obergäriges Kölsch, Vollbier*
Farbe:	*gelb*
Alkoholgehalt:	*4,8 Vol.-%*
Stammwürze:	*11,2 %*
Serviertemperatur:	*6 bis 8° C*
Geschmack:	*feinherb, angenehm, leicht hopfenbetont*

1. FC Köln

Frischer Wind im Stadion und frisches Gaffel Kölsch im Glas. Kölsches Fußballherz, was willst du mehr? Ein lang gehegter Wunschtraum ist Wirklichkeit geworden: Der große traditionsreiche Club vom Rhein und die nicht minder traditionsreiche Marke Gaffel Kölsch sind freundschaftlich vereint. „Bock auf Kölsch" heißt unsere Devise, in guten wie in schlechten Zeiten.

ten trafen sich die Handwerksvereinigungen der Gaffeln und genossen Speis und Trank.

Im Schatten des Kölner Doms war die durch Kölsche Bierseligkeit geprägte Braustätte „Zum Leysten" über viele Jahrhunderte eines der beliebtesten Gasthäuser der Stadt, dann wurde es ruhig um die Brauerei, die nun „Zum Brüsseler Hof" hieß. Erst nach Abzug der Franzosen im Jahr 1822 kam neues Leben in die Brauerei. 1888 beginnt der Brauer Adam Lenzen, wieder Bier am Eigelstein zu brauen, und knüpft zehn Jahre lang erfolgreich eine Hausbrauerei. Am 24. Mai 1908 war die kurze, wechselvolle und zugleich unruhige Zeit der Brauerei beendet. Denn zu jener Zeit übernahmen die Gebrüder Becker die Brauerei. Sie hatten klare Vorstellungen, bauten das Haus im Stil eines alten Zunfthauses um und benannten es, sich an den Geist der friedlichen Revolution von 1396 in Köln erinnernd, in die Obergärige Bierbrauerei „In der Gaffel" um. Im Jahr 1918 wurde der Brauerei-Ausschank auf dem Eigelstein sehr aufwendig umgebaut und die Inneneinrichtung modernisiert. Noch vor dem Zweiten Weltkrieg galt die Brauerei in der Gaffel als größte Hausbrauerei für obergäriges Bier. Die prosperierende Zeit des großen Aufschwungs waren dann die 50er- und 60er-Jahre. Aus der Hausbrauerei wurde ein mittelständisches Unternehmen, das nach wie vor eine der profiliertesten Kölschmarken produziert.

Privatbrauerei Iserlohn
Wahre Werte einfach leben!

Der Grundstein für eine erfolgreiche Bierproduktion im Grüner Tal wird am 28. August 1899 gelegt. Bis heute sind die Iserlohner Bürger stolz auf ihre Brauerei. Der Erfolg lässt nicht lange auf sich warten. Die Qualität überzeugt so sehr, dass die Brauerei Iserlohn schon sechs Jahre nach dem ersten Bierausstoß 11.540 Hektoliter produziert. Auch der Krieg kann die Erfolgsgeschichte der Brauerei nicht aufhalten.

Schon kurz nach Kriegsende wird die Produktion von Bier bester Qualität wieder aufgenommen. Die Brauerei Iserlohn feiert im Jahr 1999 ihren 100. Geburtstag. Viel bestaunte Showabende, zünftige Bürgerfeste und Aktionen machen das Jubiläumsjahr zu dem Event der märkischen Region.

„Iserloher 1899"

Brauerei:	*Privatbrauerei Iserlohn*
Standort:	*Iserlohn, Nordrhein-Westfalen*
Sorte:	*Dunkles, untergärig*
Farbe:	*rotbraun*
Alkoholgehalt:	*4,9 Vol.-%*
Stammwürze:	*11 %*
Serviertemperatur:	*8° C*
Geschmack:	*satt malzig, zum Ende hin eine leicht bittere Note*

Privatbrauerei State Detmold
Bierbrauen ist „Frauensache"

Die Privatbrauerei Strate in Detmold wurde im Jahr 1863 von Adolf Hüppe gegründet und wird heute in der fünften Generation geführt. Bis zu diesem Zeitpunkt existiert in Detmold nur das Reihebrauen in einer städtischen Brauerei. Dies besagte, dass jeder, der sich in eine Liste eintrug, irgendwann einmal an der Reihe war, zu brauen. Da dies durchaus nur einmal im Jahr sein konnte, waren die Bierqualitäten sehr wechselhaft.

Adolf Hüppe war für sein gutes und süffiges Bier bekannt, sodass er beschloss, sich damals außerhalb von Detmolds Stadtmauer selbstständig zu machen. So entstand auf den Grundstücken seiner Frau Sofie Schöning, deren Eltern eine Getreidehandlung hatten, eine wunderschöne Brauerei im neugotischen Baustil. Frei nach dem lippischen Motto:

„Wer nichts erheiratet und nichts ererbt,
bleibt ein armer Teufel, bis dass er sterbt“,

waren hiermit die zwei wichtigsten Grundlagen für den Betrieb einer Brauerei geschaffen, nämlich die Grundstücke und der Hauptrohstoff für das Bierbrauen. Friedrich und Renate Strate schlugen 1979 einen neuen Kurs für das Unternehmen ein. Die nostalgische Bügelverschlussflasche wurde wieder eingeführt und ein mildes, süffiges Bier kreiert, welches mit einem Jahrhundertsud auf den Markt kam. Eine bis heute ungebrochene Erfolgsstory begann.

Der Jahresausstoß hat sich seitdem verfünfzehnfacht und liegt heute bei 158.000 Hektolitern pro Jahr.

„Detmolder Thusnelda-Bier“

Brauerei:	*Brauerei Strate*
Standort:	*Detmold, Nordrhein-Westfalen*
Sorte:	*Pils*
Farbe:	*hellgelb*
Alkoholgehalt:	*4,8 Vol.-%*
Stammwürze:	*k. A.*
Serviertemperatur:	*6 bis 8° C*
Geschmack:	*recht süßlich, frisch mit einer kräftigen Hopfennote*

Warsteiner Brauerei
Premium Around the World

Der Name Cramer tauchte bereits im 16. Jahrhundert im sauerländischen Warstein in Verbindung mit Politik- und Wirtschaftsgeschehen auf … Die eigentliche Geschichte der Brauerfamilie beginnt im Jahr 1753, als der Landwirt Antonius Cramer auf sein selbstgebrautes und verkauftes Bier erstmals eine Biersteuer in Höhe von einem Reichstaler und 19 Gulden zahlen musste. Sein Sohn Johannes Vitus trat in seine Fußstapfen und führte den Ausschank selbstgebrauten Bieres in seinem Wohnhaus, im Herzen Warsteins, fort. Mit der Errichtung seiner Brauerei schuf Johannes Vitus Cramer die Basis für ein florierendes Familienunternehmen. Die Leitung der Warsteiner Brauerei wurde und wird stets von einer Generation zur nächsten übergeben.

1898 erwarb die Brauerei eine Dampfmaschine und ließ gleichzeitig die „Warsteiner Brauerei“ ins Firmenregister des Amtsgerichts Warstein eintragen. Durch die Entdeckung der Kaiserquelle im Jahr 1927 setzte sich die Erfolgsgeschichte der Warsteiner Brauerei fort.

Im 20. Jahrhundert entwickelte sich die Warsteiner Brauerei endgültig zum bedeutsamen Unternehmen.

„Premium Verum“

Brauerei:	*Warsteiner Brauerei Haus Cramer*
Standort:	*Warsteiner, Nordrhein-Westfalen*
Sorte:	*Pils*
Farbe:	*hellgelb*
Alkoholgehalt:	*4,8 Vol.-%*
Stammwürze:	*11,8 %*
Serviertemperatur:	*6 bis 8° C*
Geschmack:	*recht süffig mit viel Kohlensäure*

Ballonfahren

Seit vielen Jahren hat sich die Warsteiner Gruppe der Förderung des Ballonsports verschrieben. Als exklusiver Partner der deutschen Heißluft- und Gasballon-Nationalmannschaften ist WARSTEINER immer mit dabei, wenn die jeweiligen Crews die deutschen Farben bei Montgolfiaden, Europameisterschaften und Weltmeisterschaften vertreten.

Rheinland-Pfalz ist nicht nur Deutschlands Weinland Nummer eins, sondern hat auch in Sachen Bier eine Menge zu bieten. Die Bierlandschaft in Rheinland-Pfalz ist äußerst vielgestaltig. Dazu zählen regionale Brauereien und gemütliche Gasthausbraustätten wie große Brauereien. Insgesamt existieren in Rheinland-Pfalz knapp 30 Brauereien, die im Jahr 2007 knapp 1900 Mitarbeiterinnen und Mitarbeiter beschäftigten und einen Umsatz von mehr als 800 Millionen Euro erwirtschafteten. Der Gesamtbierausstoß in Rheinland-Pfalz lag 2007 bei 4,6 Millionen Hektolitern.

Bitburger Brauerei Th. Simon
Bitte ein Bit

Blick auf das Sudhaus der Bitburger Brauerei.

Die Erfolgsgeschichte von Bitburger beginnt im Jahr 1817, als Johann Peter Wallenborn in Bitburg eine Brauerei für obergäriges Bier errichtete.
Bereits 1879 ermöglichte die von seinem Enkel Theobald Simon gebaute und durch Natur-Eis gekühlte Kunstkellerei das Brauen neuer untergäriger Biersorten, da die neue Kelleranlage das ganze Jahr über gleich bleibend niedrige Temperaturen garantierte. Im Jahr 1883 braute Bitburger das erste Bier nach Pilsener Art und 1909 brachte das Unternehmen erstmals das so genannte „Original-Simonbräu-Deutsch-Pilsener“ auf den Markt. 1929 folgte ein weiterer Meilenstein in der Unternehmensgeschichte: Der Bitburger „Genießer“ wurde kreiert. Der sympathische Mann preist die Vorzüglichkeit des Produktes an und lädt sein Gegenüber auf ein Bitburger ein. Die beliebte Werbefigur entwickelte sich im Laufe der Jahre zum Markenzeichen und ist ein fester Bestandteil des Bitburger Markenlogos. 1951 präsentierte Bitburger den bis heute bekanntesten Werbeslogan der deutschen Brauwirtschaft: „Bitte ein Bit“. Der Spruch wurde

„Bitburger Premium Pils“

Brauerei:	*Bitburger Braugruppe GmbH*
Standort:	*Bitburg, Rheinland-Pfalz*
Sorte:	*untergäriges Pilsener*
Farbe:	*goldig*
Alkoholgehalt:	*4,8 Vol.-%*
Stammwürze:	*11,3 %*
Serviertemperatur:	*5 bis 8° C*
Geschmack:	*hopfenbetont, vollmundige Note, aromatisches und abgerundetes herbes Pils, frischer Antrunk*

rasch zum Kernelement der Bitburger Werbeaktivitäten. 1964 ein weiteres Highlight: Mit dem Bitburger Pokal, einem Glaskelch auf sechskantigem Stiel, übernahm das Unternehmen eine Vorreiterrolle in der Branche. 1971 stieg Bitburger zur größten Brauerei in Rheinland-Pfalz auf. Die steigende Nachfrage führte zur Errichtung der neuen Braustätte in Bitburg-Süd. Das hochmoderne Sudhaus wurde 1980 eingeweiht. 1990 nahm Bitburger die Versuchsbrauerei in Betrieb. Hier entstehen neue Sorten wie z. B. das 1992 eingeführte „Bitburger Alkoholfrei“. Seit Sommer 2009 bietet Bitburger mit der neuen Bitburger Marken-Erlebniswelt für seine Gäste eine einzigartige multimediale Inszenierung, in der die Marke mit allen Sinnen erlebbar und der Brauprozess in all seinen Facetten präsentiert werden.

Bitburger und der DFB

Seit 1992 ist Bitburger offizieller Partner des Deutschen Fußball-Bunds und der deutschen Fußball-Nationalelf. Eine Partnerschaft, die über die Jahre stetig gewachsen und durch zahlreiche gemeinsame Höhepunkte geprägt ist.

Brauerei Gebr. Fohr
Qualität aus dem Westerwald

Die Brautradition der Gebrüder Fohr reicht bis in das Jahr 1676 zurück und 2009 feierte sie ein einzigartiges Jubiläum: 333 Jahre Bier aus Ransbach. Jakob Foehr erhielt für Ransbach 1676 durch Zahlung von sieben Gulden an die „Amtskellerei zu Grenzau" den sogenannten „Bannzapf". Im Erbbuch von Ransbach ist beurkundet, dass „anno 1699 den 14ten octobris" die Brüder Hans-Jakob, Thönges, Balthasar und Cerfass Foehr ihrem Bruder „deme Ehrsamen Johannessen Foehr von Vatder und Mutder ererbtes Wohnhaus mit Stall und Schever und allem BrauwgZeuch" verkauft haben.

In der Folgezeit war und ist die Brauereifamilie bis in die heutige neunte Generation ununterbrochen mit dem Bierbrauen beschäftigt. In den Jahren 1864/65 wurden im „Eichholz" der jetzigen Betriebsstätte die ersten Bierkeller in dem dortigen Felsengebirge angelegt, dem 1883 der Ausbau eines Gärkellers und 1890 eines Lagerkellers folgten. Die Brauerei an dem neuen Standort wurde durch den Bau eines Sudhauses 1895 vervollständigt.

Unter der Führung der Söhne Hugo und Wilhelm überlebte der Betrieb nicht nur das Brauereisterben in und nach den beiden Kriegen, sondern sie bauten mit Fleiß und Fachwissen innerhalb eines halben Jahrhunderts die Brauerei planmäßig nach neuesten Erkenntnissen zu einem modernen und leistungsfähigen Betrieb aus. Ende der 80er-Jahre erreichte die noch in 100-prozentigem Familienbesitz befindliche Brauerei einen jährlichen Absatz von 100.000 hl.

„Fohr Pils"

Brauerei:	*Brauerei Fohr*
Standort:	*Ransbach-Baumbach, Rheinland-Pfalz*
Sorte:	*untergäriges Pils*
Farbe:	*hellgoldfarben*
Alkoholgehalt:	*4,8 Vol.-%*
Stammwürze:	*11,1 %*
Serviertemperatur:	*6 bis 8° C*
Geschmack:	*weicher Antrunk, süffig, feinherb im Nachgeschmack*

Königsbacher Brauerei
Der klassische Geschmack

Seit 1689 wird in dem „Alten Brauhaus" edles Bier gebraut. 1814 übernimmt Johann Stahl von der französischen Domänenverwaltung das Brauhaus. Josef Thillmann erwirbt 1884 das alte Brauhaus und gründet die „Bierbrauerei Josef Thilmann". Nur ein Jahr später verlegt er den Firmensitz an den heutigen Standort an der Königsbach. Im Jahr 1900 firmiert das Unternehmen zur „Königsbacher Brauerei AG".

Vor dem Zweiten Weltkrieg wie auch danach werden mehrere Brauereien übernommen und 1970 wird das größte Tankhaus Europas eingeweiht. 1974 folgt die in Deutschland erste vollautomatische Füllanlage für Fässer.

„Königsbacher 1689"

Brauerei:	*Königsbacher Brauerei*
Standort:	*Koblenz, Rheinland-Pfalz*
Sorte:	*Traditionsbier*
Farbe:	*edelbernsteinfarben*
Alkoholgehalt:	*5,2 Vol.-%*
Stammwürze:	*k. A.*
Serviertemperatur:	*7 bis 9° C*
Geschmack:	*ursprünglich, kernig, kräftig*

Königsbacher „1689" ist ein Traditionsbier der guten alten Zeit.

Es ist eine einzigartige Bierspezialität, die dem Stammsitz der Brauerei anno 1689 im ehemaligen Coblenzer Rathaus »Monreal« gewidmet ist. Nach altüberlieferten Rezepturen mit den besten Zutaten der Zeit gebraut ist es ein Bier wie einst!

Lahnsteiner Brauerei
Besser leben mit Bier

Die Geschichte der Lahnsteiner Brauerei beginnt mit der Errichtung des Pulverturms im Jahr 1411, des ältesten Bauwerks auf dem Firmengelände. 1624 wird das kurfürstliche Brauhaus zu Lahnstein zusammen mit dem Schultheißenhaus neu errichtet. Daraus wird deutlich,

dass an dieser Stelle schon vorher ein Brauhaus stand. Verwaltet wurde das kurfürstliche Brauhaus von der Kurfürstlichen Hofkammer in Mainz, die hauptsächlich an der Biersteuer interessiert war.

Jakob Fohr erwirbt 1667 in Ransbach den Bannzapf, wie das Braurecht damals genannt wurde. Der Brauer Jacob Foor, wie er damals geschrieben wurde, stammte wahrscheinlich aus der Gegend von Lüttich im heutigen Belgien. Viele seiner Landsleute kamen damals in den Westerwald, das „Kannenbäckerland", um in den Tongruben zu arbeiten. Ihrer Furcht, in dieser Gegend kein adäquates Bier vorzufinden, verdankt die Familie Fohr den Beginn ihrer über 300-jährigen Brautradition. Franz Fohr, mittlerweile Brauer in siebter Generation, erwirbt am 1. September 1895 die „Junkersche Brauerei" in Oberlahnstein. 1919 feiert die Lahnsteiner Brauerei ihr 25-jähriges Jubiläum.

1944 werden große Teile des Betriebes durch Bomben zerstört. Bereits im darauffolgenden Jahr wird er jedoch mit dreifacher Kapazität wieder aufgebaut. Das Sudhaus der Brauerei, dessen Kupferkessel durch die raumhohen Fenster in der Hintermauergasse gut zu sehen sind, wird installiert.

In Kooperation mit der Gasthausbrauerei und Kulturscheune Hof Aspich und den Maximilians Brauwiesen sowie mit Unterstützung der Stadt Lahnstein und der Wirtschaftsförderungsgesellschaft Rhein-Lahn wird der „1. Tag des Bieres in der Bierstadt Lahnstein" aus der Taufe gehoben und am 29. April 2001 erstmals veranstaltet. In über 300 Jahren und mittlerweile über zehn Generationen von Bierbrauern galt es immer wieder, Moderne mit Tradition zu verknüpfen und sich für die Zukunft zu rüsten.

„Lahnsteiner Schnee-Bock"

Brauerei:	*Lahnsteiner Brauerei*
Standort:	*Lahnstein, Rheinland-Pfalz*
Sorte:	*Bockbier*
Farbe:	*dunnkel*
Alkoholgehalt:	*7,5 Vol.-%*
Stammwürze:	*18,0 %*
Serviertemperatur:	*6 bis 8° C*
Geschmack:	*vollmundiger, leicht karamellartiger Geschmack*

Das Foto zeigt die heutige Ansicht der Brauerei in der Sandstraße 1. Links steht das Verwaltungs- und rechts das Produktionsgebäude. Am rechten unteren Bildrand ist der brauereieigene Getränke-Abholmarkt zu sehen.

Ursprünglich wurden Bockbiere gebraut, indem man ein Vollbier mit „normalem“ Alkoholgehalt im Lagertank abkühlte, bis Wasser gefror. Es bildete sich eine Eisschicht am Rand des Lagertanks. Da Alkohol einen niedrigeren Gefrierpunkt als Wasser hat, friert er nicht zusammen mit dem Wasser aus, und der Alkoholgehalt des Bieres steigt an. Durch diese Herstellungsweise wurde das fertige Bier als „Eisbock“ bezeichnet.
In der Lahnsteiner Brauerei wird das Bockbier von Anfang an stärker eingebraut und später nicht mehr ausgefroren. Die Erinnerung an den „Eisbock“ und der Ausschank im Winter führte zum heutigen Namen „Schneebock“.

Park & Bellheimer AG
Braustätte Bellheim
Unser Bier

1865 legt Johann Karl Silbernagel den Grundstein für den Erfolg von Bellheimer Bier und gründet in Bellheim die spätere Karl Silbernagel AG. Bereits 1890 hat die Brauerei einen Jahresausstoß von 30.000 hl. Eine neue Dampfmaschine mit 90 PS wird ab 1900 zur Energieerzeugung eingesetzt. Es gibt erstmals elektrische Beleuchtung in den Produktionsstätten.
1923 herrscht in Deutschland Inflation. Ein Liter Bier kostet nun über zwei Billionen Mark. Die Brauerei wird am 17. Juli 1928 zur Brauerei K. Silbernagel – Aktiengesellschaft Bellheim umgewandelt. Karl, Herman und Otto Silbernagel, Ludwig Schrank, Freiburg i. Brsg. und Fritz Ueberle sind mit insgesamt 1,2 Mio Rentenmark beteilligt. Im Jahr 1940 hat die Brauerei 150 Mitarbeiter, ein Firmengelände von 13.000 Quadratmetern, Motorfahrzeuge von Benz mit Anhängern und zehn Pferde mit Nebenausrüstung. Ab 1945 ist „Dünnbierzeit“ in Deutschland. Ab 1950 wird das Brauverbot in der französischen Zone aufgehoben und ein Neuanfang gemacht. 1965 erleben die Brauereien in Europa einen Höhepunkt. Dennoch gibt es Streitereien: Die deutsche Brauindustrie streitet mit der EU, um das Reinheitsgebot zu schützen. In Deutschland werden 1974 insgesamt 7.700.000 hl Bier hergestellt. Im Hause Bellheimer wird mit der Produktion von alkoholfreien Getränken begonnen. Der jährliche Bierkonsum in Deutschland liegt 1980 bei etwa 105 Litern pro Kopf.

„Bellheimer Lord“

Brauerei:	*Park & Bellheimer AG*
Standort:	*Bellheim, Rheinland-Pfalz*
Sorte:	*Pils*
Farbe:	*dunkelgelb*
Alkoholgehalt:	*4,9 Vol.-%*
Stammwürze:	*11 %*
Serviertemperatur:	*6 bis 8° C*
Geschmack:	*frisch herb mit feiner Hopfenblumigkeit*

Die Lords aus Bellheim

Jedes Jahr wird in Bellheim beim zünftigen Kerweauftakt im Oktober ein neuer „Lord“ in den Adelsstand erhoben. Er symbolisiert Bellheim als sympathisches Aushängeschild. In seinen Symbolen und Insignien spiegeln sich der Zusammenhalt in der Gemeinde, das Zusammengehörigkeitsgefühl der örtlichen Vereine und die große Tradition der Braukunst in Bellheim.

- *Der Zylinder fungiert als Zeichen des edlen Bellheimer Gerstensaftes.*
- *Das Monokel steht für den allzeit klaren Blick, zu erkennen, was Bellheim zur Ehre gereicht.*
- *Die weißen Handschuhe symbolisieren das erforderliche Fingerspitzengefühl zum Wohle der Gemeinschaft.*
- *Der Frack macht seinen Träger zum Botschafter unseres Gemeinwesens.*
- *Die Fliege dient der Verpflichtung zu Eleganz und Würde.*
- *Der Silbernagel entstammt dem edlen Brauergeschlecht derer zu Silbernagel.*

Privat-Brauerei Steffens
Die glorreichen Sieben

Seit der Gründung durch Franz Wilhelm Steffens im Jahr 1866 verknüpft die Brauerei stets traditionelles Brauhandwerk mit innovativer Technik. Auf diese Weise gewährleistet sie die jederzeit hohe und gleichbleibende Qualität der sieben Biersorten „Kräusen", „Steffi", Pilsener, Alt, „Gasbacher Braunbier", Radler und Weizen. Außerdem pflegt die Privat-Brauerei Steffens die Nähe zur Natur – und das gilt in besonderem Maße auch für den Herstellungsprozess und die Erzeugnisse.

Daran hat auch der schwere Entschluss, nach 140 Jahren Brautradition

„Steffens Steffi"

Brauerei:	*Privat-Brauerei Steffens*
Standort:	*Linz am Rhein, Rheinland-Pfalz*
Sorte:	*zwischen Kölsch und Hellem*
Farbe:	*hell*
Alkoholgehalt:	*4,9 Vol.-%*
Stammwürze:	*k. A.*
Serviertemperatur:	*6 bis 8° C*
Geschmack:	*leicht süßlich, süffig und angenehm bitter im Nachgeschmack*

die Produktionsstätte im Kasbachtal stillzulegen und die Bierspezialitäten in Herborn und in Alsfeld in Hessen brauen zu lassen, nichts geändert.

Privatbrauerei Bischoff
Ein Bier wie sein Land

2006 wird die Privatbrauerei Bischoff 140 Jahre alt. Dass die einzige Brauerei der Nordpfalz seit ihrer Gründung im Jahr 1866 ein reines Familienunternehmen geblieben ist, kann man schon als eine Besonderheit bezeichnen! Damals verkehrten hier noch Postkutschen und die Pfalz gehörte zu Bayern ....

Der Geburtsort des Bischoff-Bieres war eine Scheune inmitten von Winnweiler, die Christian Bischoff zu einem kleinen

Brauereibetrieb umbaute. Am 7. Dezember 1866 war es dann so weit: Das erste Bischoff-Bier wurde ausgeschenkt! Schon ab 1884 wurde die gesamte Brauereianlage in die Imsbacher Straße verlegt, heute heißt sie „An den Hopfengärten", weil hier früher Hopfen wuchs. Nach dem Tod des Gründers ging die Firmenleitung an seine Söhne Christian Ludwig und Richard Bischoff über und später an Herbert und Kurt Bischoff.

Den dynamischen Ausbau, eine permanente Modernisierung sowie die kontinuierliche Erweiterung der Produktpalette setzten Christian Bischoffs Urenkel, Dr. Horst Bischoff und Gerd Bischoff, jahrzehntelang erfolgreich um. Mit Dr. Sven Bischoff und Dr. Erik Bischoff übernahm im Jahr 2001 bereits die fünfte Generation unternehmerische Verantwortung.

„Bischoff Ur-Schwarze"

Brauerei:	*Privatbrauerei Bischoff*
Standort:	*Winnweiler, Rheinland-Pfalz*
Sorte:	*obergäriges Weizen*
Farbe:	*dunkel, hefetrüb*
Alkoholgehalt:	*5,2 Vol.-%*
Stammwürze:	*12,6 %*
Serviertemperatur:	*8 bis 9° C*
Geschmack:	*feine Röstmalzaromen, malzbetont*

Privatbrauerei Gebr. Mayer
Die älteste Traditionsbrauerei der Pfalz

Inmitten der Altstadt von Oggersheim gelegen, wird in der Privatbrauerei Gebrüder Mayer seit mehr als 150 Jahren Bier gebraut. Sie ist mit einem Gründungsdatum von 1846 die älteste Brauerei in der Pfalz. Die Pfalz gehörte damals zu Bayern und stand unter der Herrschaft von König Ludwig I.

Kaum vorstellbar sind heute die verschiedenen Produktionsschritte wie auch die Arbeitsweise, bei der fast alle Prozesse von

„Mayer's 150er"

Brauerei:	*Privatbrauerei Gebr. Mayer*
Standort:	*Oggerheim, Rheinland-Pfalz*
Sorte:	*Schwarzbier*
Farbe:	*schwarz*
Alkoholgehalt:	*4,7 Vol.-%*
Stammwürze:	*11,4 %*
Serviertemperatur:	*8° C*
Geschmack:	*herb und trocken*

Hand erledigt wurden. Die industrielle Revolution, der Erste Weltkrieg, die unsicheren Zeiten bis 1939, der Zweite Weltkrieg und schließlich die Nachkriegsjahre prägten das individuelle Gesicht der Brauerei. Von diesem Zeitpunkt bis in die 60er-Jahre leiteten Hans und Fritz Mayer die Brauerei. Dann gaben in den 70er- und 80er-Jahren Hans-Dieter und Hans-Gerd Mayer dem Betrieb ein neues Gesicht.

Heute präsentiert sich die Privatbrauerei Gebrüder Mayer als mittelständisches Unternehmen, zukunftsorientiert ausgestattet in der Produktion, im Vertrieb und in der Verwaltung.

Westerwald Brauerei
Spezialitäten aus dem Westerwald

Die Hachenburger Brauerei ist eine der ältesten Pils-Brauereien in Deutschland. Sie braut Pils bereits seit 1902. Deshalb liegt auch der Schwerpunkt im Sortiment der Westerwälder Brauerei auf ihrem „Hachenburger Pils". Darüber hinaus bietet sie dem Biergenießer noch weitere einzigartige Brauspezialitäten an: „Hachenburger Schwarze", ein schwarzes Pils für insbesondere Junge und Junggebliebene, und „Hachenburger Frischling", der Erfrischungsmix aus 60 Prozent Hachenburger Schwarze und 40 Prozent Cola mit nur 2,8 %-Vol. Alkohol sowie das „Hachenburger Ur-Trüb".

Alle diese Sorten bietet die Hachenburger Brauerei mit großem Erfolg auch in der nostalgischen und ebenso knuffigen Bügelverschlussflasche zum effektvollen „Aufploppen" an. Sie ist eine echte Alternative für Bierkenner. Diese wissen nicht nur das originelle Äußere, sondern auch die praktischen Vorzüge der „Plopp-Flasche" zu schätzen: Das Bier schmeckt auch nach dem vierten Schluck, weil es unter dem Verschluss der „Plopp-Flasche" einfach frischer bleibt.

Alle Brauspezialitäten des Westerwälder Familienunternehmens werden auch heute noch mit großer handwerklicher Sorgfalt in traditioneller Weise eingebraut. „Wir geben unseren Bieren auch heutzutage noch viel Zeit, in Ruhe zu vergären und danach sechs Wochen kalt zu lagern. Unsere Rohstoffe aus kontrolliertem Vertragsanbau, unser eigenes Quellwasser mit seiner außergewöhnlichen Weichheit und Reinheit sowie unsere traditionelle Brauweise geben unseren Bieren die ihnen eigene Spritzigkeit sowie wohltuende Bekömmlichkeit", so Heiner Schneider.

„Hachenburger Ur-Trüb"

Brauerei:	*Westerwald Brauerei H. Schneider*
Standort:	*Hachenburg, Rheinland-Pfalz*
Sorte:	*ungefiltertes Pils*
Farbe:	*schwarz*
Alkoholgehalt:	*5,1 Vol.-%*
Stammwürze:	*12,0 %*
Serviertemperatur:	*7 bis 8° C*
Geschmack:	*kraftvoll würzig, vollmundig*

Die Hachenburger Erlebnis-Brauerei bietet keine herkömmliche Brauereibesichtigung, sondern eine andere Art, das Bierbrauen zu erleben. Mit allen Sinnen: Sehen, Fühlen, Riechen und Schmecken.

Bier ist das beliebteste Getränk der Deutschen. Liebhaber des Gerstensaftes können zwischen 4000 verschiedenen Sorten wählen. Wer aber kennt noch Biere wie Schifferer-Dunkel, Kieler Urbräu oder Kiliator-Doppelbock? Schleswig-Holstein, das Land zwischen Westküste und Nordostseekanal ist die Heimat würzig frischer Biere. Anfangs beschränkte sich das Bierbrauen noch auf den Hausgebrauch oder auf den Ausschank in der angrenzenden Gaststätte. Dies änderte sich in Kiel erst nach Einrichtung des Reichskriegshafens im Jahr 1871.

„Asgaard das Göttliche"

Brauerei:	*Brauerei Schleswig*
Standort:	*Schleswig, Schleswig-Holstein*
Sorte:	*dunkles Lagerbier*
Farbe:	*rötlich braun*
Alkoholgehalt:	*4,8 Vol.-%*
Stammwürze:	*11,6 %*
Serviertemperatur:	*8° C*
Geschmack:	*feinherb, malzaromatisch*

Asgaard – Brauerei Schleswig
Geruch von Wind und Weite

Die Brauerei Schleswig ist ein junges Wirtschaftsunternehmen, das im Jahr 1994 von Dipl. Braumeister Ronald T. Carius gegründet wurde. Untergebracht ist die Firma im ehemaligen Güterbahnhof an der Königstraße in Schleswig. Durch die Nutzung der funktionellen Architektur als Brauhaus konnte das schöne Gebäude aus dem Jahr 1880 vor dem drohenden Abriss gerettet werden. Die schonende Restaurierung führte zum Erhalt eines der schönsten Industriegebäude der Region Schleswig. Das Firmenareal beträgt 2460 Quadratmeter.

Ausgehend vom Konzept einer Gasthausbrauerei hat sich das Unternehmen in zehn Jahren zur drittgrößten Brauerei in Schleswig-Holstein entwickelt. In der Brauerei wird nach dem Reinheitsgebot von 1516 die Bierspezialität ASGAARD, das Göttliche, gebraut.

Benannt ist das Bier nach dem sagenumwobenen Wohnsitz der Asen, der nordischen Götter. Das Vermarktungskonzept des Bieres ist ganz auf die Geschichte der Wikinger abgestimmt. So sind auf dem Etikett neben einem Wikingerschiff zwei Brakteate (Goldscheiben) abgebildet, auf denen Bier trinkende Asen dargestellt sind. Die Brakteate sind in Runen mit einer Aufschrift versehen, die WUNDER und ALU (Starkbier der Wikinger) bedeutet.

Der „Asgaard"-Trinkhelm

Eine besonders gute Idee ist der „Asgaard Helpokal", den es zu einer Flasche Bier dazu gibt. Der Kelch ist mundgeblasen und hat Platz für 0,4 Liter „Asgaard".

Dithmarscher Brauerei Karl Hintz
Guter Geschmack aus Tradition

Dithmarscher Bier kommt aus der Brauerei Karl Hintz in Marne, der einzigen privaten Landbrauerei an der Westküste Schleswig-Holsteins. Bereits vor über 100 Jahren pflegte Familie Hintz hier die hohe Handwerkskunst des Bierbrauens und braut in der vierten Generation auch heute noch nach den bewährten Familienrezepturen. Nicht zuletzt deshalb stammt aus Marne das wahrscheinlich Typischste aus ganz Dithmarschen: frisches Dithmarscher vom Lande. Und daran wird sich so schnell nichts ändern.

„Manchen Leuten erscheint die plattdeutsche Sprache grob,
und sie mögen sie nicht.
Ich habe diese Sprache immer geliebt. Es ist die Sprache des Meeres.
Das Plattdeutsche kann alles sein: zart und grob,
humorvoll und herzlich, klar und nüchtern und vor allem,
herrlich besoffen ...“

Kurt Tucholsky

Auf dem Land, das die Bauern in harter Arbeit dem Meer abtrotzten, entstand im 14. Jahrhundert eine freie Bauernrepublik, die sich über 100 Jahre hinweg gegen die feinen Pinkel aus dem Adel Dänemarks und Holsteins behauptete. Gegen die wachsende Übermacht dieser Länder war auf Dauer allerdings kein Kraut gewachsen, und davon erzählt das in den Farben der dänischen Flagge gestaltete Wappen Dithmarschens. Nach der Schlacht von 1500 hatten sich die siegreichen Dithmarscher die dänische Flagge unter den Nagel gerissen und in der Wöhrdener Kirche aufgehängt. Dies war Friedrich II. von Dänemark ein Dorn im Auge, und als er 1559 Dithmarschen besetzte, mussten sie das dänische Nationalschnuffeltuch wieder herausgeben. Bescheiden wie er war, schrieb Friedrich II. seinen Sieg dem Heiligen St. Georg zu und setzte diesen in das Wappen Dithmarschens, wo er immer noch sitzt. Na ja.

Das ist alles Geschichte. Aber wenn es damals schon frisches Dithmarscher gegeben hätte, dann, ja dann wäre die Rangelei von 1559 bestimmt anders ausgegangen.

„Dithmarscher Pilsener“

Brauerei:	*Dithmarscher Brauerei Karl Hintz*
Standort:	*Marne, Schleswig-Holstein*
Sorte:	*Pilsener*
Farbe:	*gelb*
Alkoholgehalt:	*4,8 Vol.-%*
Stammwürze:	*11,6 %*
Serviertemperatur:	*7 bis 9° C*
Geschmack:	*mild, würzig*

Flensburger Brauerei Emil Petersen
„Werner“-Bier aus Flensburg

Das Unternehmen wurde als „Flensburger Export-Brauerei“ am 6. September 1888 gegründet. Heute hat die Brauerei neben dem Flensburger Pilsener, umgangssprachlich auch „Flens“ oder Flasch Flens“ genannt, eine Auswahl unterschiedlichster Biere. Die Brauerei ist auch heute noch weitgehendst im Familienbesitz. Im Jahr 2004 erreichten die 150 Mitarbeiter einen Gesamtabsatz von 542.000 hl. Abgefüllt wird trotz der vergleichsweise hohen Produktionskosten immer noch in die klassischen Bügelflaschen. Zu den bekanntesten Biersorten gehören sicherlich das Flensburger Pilsener, das Flensburger Dunkel, das Flensburger Weizen sowie das Flensburger Winterbock. Das Flensburger Bier wird auch unter anderen Marken vertrieben. Bekannte Namen sind der „Bölkstoff“, bekannt aus den Werner-Comics und -Filmen, und das „Wacken Skoal“, welches beim Wacken Open Air verkauft wird. Gebraut wird selbstverständlich nach dem deutschen Reinheitsgebot von 1516!

„Flensburger Pilsener“

Brauerei:	*Flensburger Brauerei Emil Petersen*
Standort:	*Flensburg, Schleswig-Holstein*
Sorte:	*Pilsener*
Farbe:	*hell*
Alkoholgehalt:	*4,8 Vol.-%*
Stammwürze:	*11,3 %*
Serviertemperatur:	*7° C*
Geschmack:	*hellgelb, schlanker Antrunk, kurzer, knapper Abgang*

Kaffee vor Mineralwasser und Bier. Die Biernation Deutschland trinkt mehr Kaffee und Mineralwasser als Gerstensaft. Bier kam im Jahr 2004 beim Pro-Kopf-Verbrauch mit 115,8 Litern (Vorjahr 117,8 Liter) erst an dritter Stelle. In puncto Bierkonsum liegen die Saarländer im Pro-Kopf-Verbrauch an der Bundesspitze, was sicherlich mit der industriellen Vergangenheit der Region zusammenhängt.

1950 war das Saarland absolute Spitze ... Es gab zwölf saarländische Brauereien, welche auf der „Saarmesse" vertreten waren. Davon sind nur wenige übriggeblieben.

Grosswald Brauerei Bauer
Die Frische der Natur

Die erste Erwähnung findet man 1860, als Caroline Bruch, geb. Krämer, das Unternehmen „Brauerei und Hofgut Grosswald" gründete. 1876 übergab sie das Hofgut an ihre Tochter, die wenige Zeit später den Kaufmann Alexander Bauer sen. ehelichte. Mit der Übergabe des Unternehmens an Alexander Bauer jun. änderte sich der Name in „Brauerei Hof Grosswald". So entwickelte sich die Brauerei im Familienbesitz bis zum Zweiten Weltkrieg.

Danach ging es im Zuge des großen Aufschwungs erfolgreich weiter. Das Sudhaus, der Flaschenkeller, Gär- und Lagerkeller

„Grosswald Zwickel"

Brauerei:	*Grosswald Brauerei*
Standort:	*Heusweiler, Saarland*
Sorte:	*untergäriges Vollbier*
Farbe:	*orange, naturtrüb*
Alkoholgehalt:	*5,1 Vol.-%*
Stammwürze:	*11,8 %*
Serviertemperatur:	*7 bis 9° C*
Geschmack:	*Antrunk ist sehr fruchtig und leicht zitronig, bitterer Nachgeschmack*

wurden erneuert. Das Gesindehaus wurde in die Brauereiverwaltung umgebaut. 2010 lebt nun die sechste Generation auf Hof Grosswald, der bis heute in Familienbesitz geblieben ist.

Karlsberg Brauerei
Karlsberg Bier-Gefühl

Tradition und Innovation prägen von Beginn an die Entwicklungsgeschichte der von Christian Weber im Jahr 1878 gegründeten Brauerei. Mit einem sicheren Gespür für Trends hat sich das Unternehmen in den vergangenen Jahren zu einem innovativen Markensortimenter entwickelt.

„Feingold Pilsener"

Brauerei:	*Karlsberg Brauerei*
Standort:	*Homburg, Saarland*
Sorte:	*Pilsener*
Farbe:	*gelbgolden*
Alkoholgehalt:	*5,0 Vol.-%*
Stammwürze:	*k. A. %*
Serviertemperatur:	*7 bis 9° C*
Geschmack:	*vollmundig, harmonisch, angenehm bitter, zum Ende malzig, fast süß*

Das klassische Biersegment präsentiert mit dem Karlsberg Bier-Gefühl Vielfalt für jeden Geschmack. Das Karlsberg Bier Gefühl vereint die bekannten Marken Karlsberg UrPils, Feingold, Gründel's classic und Gründel's fresh.

Herbfrisch und einzigartig präsentiert sich das Premium-Pils Karlsberg UrPils mit dem guten Maß an Magnumhopfen. Gründel's fresh ist dank seines fruchtig frischen Aromas und seiner isotonischen Eigenschaften ideal für alle, die es aktiv und sportlich mögen. Abgerundet wird die Markenrange durch das vollwürzige und feingehopfte Premiumbier Feingold. Mit Karlsberg MiXery hat sich die Homburger Brauerei den Ruf eines Marktinnovators erworben und hat ein neues Segment im Biermarkt erschlossen.

Brauerei G. A. Bruch
Älteste Brauerei im Saarland

„Landbier 1702“

Brauerei:	*Brauerei G. A. Bruch*
Standort:	*Saarbrücken, Saarland*
Sorte:	*Vollbier*
Farbe:	*dunkel*
Alkoholgehalt:	*4,8 Vol.-%*
Stammwürze:	*11,5 %*
Serviertemperatur:	*7 bis 9° C*
Geschmack:	*vollmundig und aromatisch, im Abgang ein bisschen süß*

Die Brauerei wurde im Jahr 1702 von Johannes Daniel Bruch als Gasthausbrauerei begründet und ist damit die älteste Brauerei des Saarlandes. Der ursprüngliche Firmensitz befand sich bis 1850 in der Gaststätte „Zum Stiefel“ am St. Johanner Markt in der Altstadt von Saarbrücken. Heute wird diese wieder als Braugasthof von der Brauerei bewirtschaftet. Die eigentliche Brauerstätte befindet sich an anderer Stelle. Regionale Bekanntheit hat das jährlich im August stattfindende Brauereifest mit seinem volksfestähnlichen Charakter. Beim 29. Brauereifest im Jahr 2008 wurde das neue „Bruch Weizen“ vorgestellt. Ein Weißbier, welches neben den bekannten 0,5-Liter-Flaschen auch in den markanten Drittelliter-Stubbi-Flaschen abgefüllt wird.

Für die Werbung der Brauerei Bruch ist in der Region ein Tempo Hanseat unterwegs.

Das Biergedicht

Mit 30 stirbt ein Pferd,
das niemals ein Glas Bier geleert.
Mit 20 sterben Schaf und Ziegen,
die niemals Bier zu trinken kriegen.
Die Kuh trinkt Wasser, nie mit Rum,
nach 18 Jahren fällt sie um.
Die Katze schleckt nur Milch allein,
nach 13 Jahren geht sie ein.
Das Huhn legt Eier für Likör,
6 Jahre lang, dann lebt's nicht mehr.

Der Mensch trinkt Schnaps trotz kranker Galle,
und überlebt die Viecher alle.
Damit ist der Beweis erstellt,
das Alkohol gesund erhält.
Man sollt halt nicht übertreiben,
stet's auf der sich'ren Seite bleiben,
dann wird das Trinken auch kein Muss,
bleibt stet's ein herrlicher Genuss,
erhält vital und auch gesund,
drum geben wir es allen kund.

Ach lasst uns öfter einen heben,
damit wir alle länger leben.
Und die Moral von der Geschicht',
Abstinenzler kennen nicht,
das ist jetzt kein Schabernack,
den herrlich würzigen Geschmack.
Sie kosten nicht die Blume fein,
die auf dem Bier halt muss so sein,
und haben niemals auf der Zung',
ne schöne Bierbefriedigung.

Sie sind halt bloß ein armer Wicht,
drum kennen sie ja auch gar nicht,
so was von Gemütlichkeit,
die jeden Bierfreund so erfreut,
und auch sein Leben stark versüßt,
wenn er die Stammtischfreunde grüßt.
Drum haltet mir das Bier in Ehren,
ach was müssten wir entbehren,
daher das Motto für uns ist,
ohne Bier wär' alles Mist!

Autoren: Karl Hutte und Rainer Prüm

Hin und wieder haben es die Sachsen wohl auch übertrieben mit dem Bierkonsum. So spricht ein Reiseführer des 17. Jahrhunderts empört von der Unsitte des Zutrinkens, bei welchem in Sachsen nach Landessitte die Becher ganz geleert werden mussten und dieser Brauch häufig in Schlägereien endete. Polizei- und Gaststättenverordnungen und vielerlei Ermahnungen und Befehle lassen vermuten, dass der „Unart" ... „geseuff und vollerey" energisch Einhalt geboten werden sollte. So heißt es in einem kleinen sächsischen Gedicht:

„Guter Dinge gibt es vier:
Liebchen, Karten, Sang und Bier."

Aus einem Tief der Bierherstellung gelang mit Beginn der Industrialisierung ein enormer Aufschwung gerade im sächsischen Brauwesen. Die ersten deutschen Aktienbrauereien wurden 1836 in und um Dresden gegründet. Um 1920 befand sich das Sudwerk mit den weltweit größten Sudgefäßen in Sachsens Messestadt Leipzig. Auch die Maschinenhersteller für die Malz- und Brauindustrie entwickelten sich rasch. Schrotmühlen aus der Mühlenfabrik Gebrüder Seck in Dresden und komplette Brauerei-Einrichtungen der Chemnitzer Germania-Werke waren überall in deutschen Brauereien anzutreffen.

Bautzener Brauhaus
Bautzen braut!

Im Jahr 1847 wurde die „Commun-Brauerei Bautzen" eingeweiht und im selben Jahr noch in Betrieb genommen. Ab 1880, nach einer Umwandlung in eine Aktiengesellschaft, hieß sie dann „Bautzener Brauerei AG". Die letzte Umfirmierung in die „Bautzener Brauerei und Mälzerei, Ulrich Gautzsch" fand 1939 statt, bevor die Brauerei nach dem Krieg durch Enteignung schließlich zur „VEB Bautzener Brauerei" wurde.

Die Bautzener Brauerei kurz nach dem Krieg um 1948.

„Bautzener Kupfer"

Brauerei:	*Bautzener Brauhaus*
Standort:	*Bautzen, Sachsen*
Sorte:	*Pils*
Farbe:	*rotblond*
Alkoholgehalt:	*5,2 Vol.-%*
Stammwürze:	*12,5 %*
Serviertemperatur:	*7 bis 9° C*
Geschmack:	*startet malzig mit dezenter Herbe, deutlich würzig, Abgang leicht süßlich*

Nach der „Wende" war wegen der desolaten Produktionsanlagen an ein Brauen von Bier vorerst nicht zu denken. Erst nach aufwendigen Sanierungs- und Umbaumaßnahmen konnte die „Bautzener Brauerei Vertriebsgesellschaft mbH" wieder Bier im Lohnbrauverfahren herstellen. Das erste eignene Bier, das „Bautzener Edel Pils", kam im Jahr 1996 auf den Markt. Im September 1997 folgte das „Bauzener Edel Kupfer".

Bergquell-Brauerei Löbau
Leckere Brauspezialitäten

Die Oberlausitzer Bergquell-Brauerei Löbau blickt auf eine lange Brautradition zurück. Seit 1846 ist die Brauerei fest in der Region verwurzelt. Pünktlich zum 150. Jubiläum 1996 wurde der Neubau der Brauerei eingeweiht und der erste Sud wieder eingebraut, nachdem die Wende zum Stillstand der alten Brauerei geführt hatte. Im Jahr 2008 wurden hier 195.000 hl produziert. Somit fungiert die Bergquell-Brauerei Löbau gerade in der von Arbeitslosigkeit und Abwanderung betroffenen Oberlausitz als zuverlässiger Arbeitsplatzgarant: In einer der modernsten Brauereien Europas konnten im Laufe der letzten Jahre 20 sichere

Arbeitsplätze geschaffen werden. Vor allem mit ihren Brauspezialitäten „Lausitzer Porter“, „Kirsch-Porter“, „Erdbeer-Porter“, „Lausitzer-Hefe-Weizen“ und „Radlerin“ ist die Brauerei über die Landesgrenzen Sachsens bekannt. Geschäftsführer und Inhaber der Bergquell-Brauerei Löbau GmbH, Steffen Dittmar, setzt auf ein gesundes Wachstum. In die Erweiterung der Anlagen und Gebäude wird erst investiert, wenn der Bierabsatz auch nachhaltig gestiegen ist. Dass sich das Konzept bewährt, haben die letzten Jahre bewiesen.

„Lausitzer Porter“

Brauerei:	*Bergquell-Brauerei Löbau*
Standort:	*Löbau, Sachsen*
Sorte:	*obergäriges Schwarzbier*
Farbe:	*dunkelbraunschwarz*
Alkoholgehalt:	*4,4 Vol.-%*
Stammwürze:	*12 %*
Serviertemperatur:	*8 bis 10° C*
Geschmack:	*sagenhaft süffig, röstmalzige Note*

Brauerei Reichenbrand
Das Familienunternehmen mit Tradition

Die Brauerei im Ortsteil Chemnitz-Reichenbrand wurde 1874 von Karl-Friedrich Hofmann erbaut. Dieser konnte jedoch aufgrund von Absatzmangel nur an Sonn- und Feiertagen „Selbstgebrautes“ ausschenken. Nach seinem Konkurs 1895 übernahm Oswald Bergt – der Großvater des heutigen Geschäftsführers Joachim Bergt – die Brauerei und führte sie über die Jahrhundertwende.

Traditionsgemäß wurde um 1900 ein relativ dunkles Bier gebraut, das eigene Brunnenwasser gab ihm schon damals einen unverwechselbaren Geschmack. Über die Jahrhundertwende bis zum Ersten Weltkrieg konnte eine Jahresproduktion von 2000 Hektolitern gehalten werden. „Klein, aber fein!“ war die Devise. Die Kriegswirren und die Nachkriegszeit waren für die Bergts harte Jahre. Dennoch behielten Oswald Bergt und seine Söhne Max und Rudolph einen kühlen Kopf und unternehmerisches Geschick. Das schon damals süffige Bier mit Qualitätsniveau

Der Lieferservice des Bergt-Bräu in den 30er-Jahren.

war bei den Chemnitzern beliebt. Absatz gab es zu jeder Zeit, trotz Inflation und Arbeitslosigkeit.

Der „Bierbrauer von Reichenbrand“ – wie Oswald Bergt auch genannt wurde – verstand die Kunst des Brauens und gab seine Erfahrungen den Generationen mit. So kann die Brauerei Reichenbrand mit den heutigen Geschäftsführern Joachim Bergt und Sohn Matthias Bergt – der bereits 2005 seinen Braumeister absolviert hat – auf eine langjährige Familientradition zurückblicken.

„Reichenbrander Premium“

Brauerei:	*Brauerei Reichenbrand*
Standort:	*Chemnitz, Sachsen*
Sorte:	*Premium*
Farbe:	*hellblond*
Alkoholgehalt:	*5,5 Vol.-%*
Stammwürze:	*12,7 %*
Serviertemperatur:	*7 bis 9° C*
Geschmack:	*vollmundiges, hopfenaromatisches Bier mit feinherb bitterer Note*

Braustolz GmbH
Das Bier wie wir

Von dem den Landwirt Friedrich August Kupfer wird 1868 die Feldschlößchen-Brauerei gegründet, noch im selben Jahr wird das erste Lagerbier eingebraut. Im Jahr 1889 wird dann die „Feldschlößchen-Brauerei Aktiengesellschaft zu Chemnitz Kappel“ gegründet.

Nach dem Krieg geht es dann mit dem Aufstieg des Unternehmens mit der Modernisierung von Mälzerei und Gärkeller weiter. Zudem werden neue Räume für die Fass- und Flaschenreinigung eingerichtet. Nach Ende des Zweiten Weltkriegs wird die Brauerei von der sowjetischen Besatzungsmacht enteignet und die VEB Vereinigte Brauereien Chemnitz, Süd, gegründet. Trotz der Rohstoff- und Materialknappheit werden auch in den 50er-Jahren qualitativ hochwertige Biere gebraut. Nach der Währungsunion wurde der Ausstoß von 1989 bis heute auf 160.000 hl gesteigert.

„Kappler Braumeister"

Brauerei:	*Braustolz GmbH*
Standort:	*Chemnitz-Kappel, Sachsen*
Sorte:	*untergärig, Premiumpilsener*
Farbe:	*hellgelb*
Alkoholgehalt:	*5,2 Vol.-%*
Stammwürze:	*k. A.*
Serviertemperatur:	*7 bis 9° C*
Geschmack:	*vollmundig herb, sehr hopfenbestimmtes Bier*

Böhmisch Brauhaus

Frischer Biergenuss aus Sachsen

Uralt ist der Brauch, Bier und bierähnliche Getränke herzustellen und bei den verschiedensten Anlässen zu genießen. Im Laufe der Zeit haben sich die Art der Herstellung, die Rohstoffe, der Geschmack und die Haltbarkeit grundlegend verändert. Die Großröhrsdorfer Brautradition lässt sich mehr als 600 Jahre zurückverfolgen und hat ihren Ursprung im ehemaligen Lehngut des Ortes. Im Jahr 1887 wurde am heutigen Standort eine komplett neue Brauerei errichtet. Seitdem wird das traditionsreiche und wohlschmeckende Bier hier gebraut. Die Reprivatisierung des Unternehmens erfolgte 1990. Erfolgreich hat sich seitdem die Brauerei mit ihrem sächsischen Bier auf dem Markt etabliert – ein Genuss für jeden Gaumen!

Das Wappen des Böhmisch Brauhaus Großröhrsdorf ist seit dem 13. Juni 1939 beim Deutschen Patent- und Markenamt als Wort- und Bildmarke eingetragen. Es enthält fünf Felder, im mittleren sind die Anfangsbuchstaben des Betriebes durch BB angegeben. Die übrigen weisen auf die geographische Lage des Böhmisch Brauhaus hin. Das linke obere Feld enthält das Wappen des Königreiches Sachsen. Die Felder oben rechts und unten links zeigen die Kurschwerter des Bistums Meißen, rechts unten den Bandwebschütz zum Zeichen dafür, dass in Großröhrsdorf die Bandindustrie beheimatet ist. Auf dem Wappen thront anmutig ein Löwe als Sinnbild von Kraft und Stärke.

„Edel Sünde"

Brauerei:	*Böhmisch Brauhaus*
Standort:	*Großröhrdorf, Sachsen*
Sorte:	*Vollbier*
Farbe:	*dunkel*
Alkoholgehalt:	*4,6 Vol.-%*
Stammwürze:	*11,5 %*
Serviertemperatur:	*nach Geschmack*
Geschmack:	*milder Charakter*

Nach der Reprivatisierung 1990 entwickelte sich die Einsiedler Brauhaus GmbH zur größten konzernunabhängigen Privatbrauerei der neuen Bundesländer.

Emil Schwalbe, Chemnitzer Maschinenfabrikant, gründet am 29. August 1885 die Privatbrauerei Einsiedler Brauhaus, E. Schwalbe durch die Eintragung ins Handelsregister. Bereits im Jahr 1903 wird die Privatbrauerei in eine Aktiengesellschaft umgewandelt und 1907 mit dem Neubau des Maschinen- und Kesselhauses und des Sudhauses begonnen. Im Jahr 1912 werden die ersten Brauhausfuhrwerke durch einen Lastkraftwagen ersetzt.

Durch den Ersten Weltkrieg ergeben sich erste Engpässe, da Mitarbeiter in den Kriegsdienst einberufen werden und Pferde und Lkw an das Heer abgegeben werden müssen. Trotz der Inflation

„Echt Einsiedler Böhmisch“

Brauerei:	*Einsiedler Brauhaus-Privatbrauerei*
Standort:	*Chemnitz-Einsiedel, Sachsen*
Sorte:	*Pils*
Farbe:	*kupfergolden*
Alkoholgehalt:	*5,2 Vol.-%*
Stammwürze:	*12,5 %*
Serviertemperatur:	*7 bis 9° C*
Geschmack:	*fruchtig-malzig mit leichter Süße, sehr süffig*

Der erste Brauerei-Lkw wird 1912 angeschafft.

in den 20er-Jahren steigt der Bierabsatz kontinuierlich an. Dann bleibt bis zum Ausbruch des Zweiten Weltkrieges der Absatz mit etwa 38.000 hl jährlich konstant. 1941 wird das „Einsiedler Kristall" als helles Spezialbier auf den Markt gebracht. Im Krieg wird durch einen Fliegerangriff die Brauerei erheblich beschädigt und der gesamte Hopfenbestand verbrennt.

Im Jahr 1948 ist die Dünnbierzeit mit einer Stammwürze von zwei bis drei Prozent vorbei und die Wirtschaftskommission in der sowjetischen Besatzungszone genehmigt ein Bierersatzgetränk zum Preis von 50 Reichsmark je Hektoliter inklusive Biersteuer.

Weil die Eigentümer Winterling ihren Wohnsitz in Bayern haben, wird die staatliche Beteiligung durch den Rat des Kreises abgelehnt und stattdessen 1960 die Verpachtung der Braueraianlage an den „Volkseigenen Betrieb Vereinigte Brauereien Karl-Marx-Stadt" festgelegt.

1972 wird die Familie Winterling durch den Zwangsverkauf an den Staat endgültig enteignet. Die Einsiedler Brauerei gehört nun als Betriebsteil zum „VEB Braustolz im Getränkekombinat Karl-Marx-Stadt". 1990 wird das Einsiedler Brauhaus durch das Unternehmerehepaar Leutheußer aus Marktredwitz/Oberfranken reprivatisiert (Frau Leutheußer ist die Enkelin von Hermann Winterling). Als eine der ersten Brauereien der ehemaligen DDR braut Einsiedler noch vor dem Tag der deutschen Einheit wieder nach dem deutschen Reinheitsgebot. Über 20 Millionen wurden bis heute in die Modernisierung der Anlagen investiert.

Feldschlößchen Aktiengesellschaft
Erlebe dein Bier

Leonhard Meisl, Pächter des Bayrischen Brauhauses in der Friedrichstadt, beginnt 1838 mit dem Bau einer Lagerbierbrauerei am alten Feldschlößchen – der südlichen Stadtgrenze Dresdens. 1858 wird die „Aktienbrauerei zum Feldschlößchen" gegründet, das ist die Geburtsstunde von Feldschlößchen.

1979 bildet sich aus dem VEB Dresdner Brauereien und den Brauereien des Bezirkes Dresden das VE Getränkekombinat für den Bezirk Dresden. 1990 erfolgten eine Neuord-

„Schwarzer Steiger"

Brauerei:	*Feldschlößchen AG*
Standort:	*Dresden, Sachsen*
Sorte:	*Schwarzbier*
Farbe:	*sehr dunkel*
Alkoholgehalt:	*4,8 Vol.-%*
Stammwürze:	*k. A.*
Serviertemperatur:	*7 bis 9° C*
Geschmack:	*herb, etwas süßlich, bitter im Nachgeschmack*

nung und die Gründung der Sächsischen Brau-Union. Im Jahr 1995 wird die Sächsische Brau-Union in „Feldschlößchen Aktiengesellschaft, Dresden" umbenannt. Es kommt die neue Kampagne „Dresdens schönstes Schlößchen" zum Einsatz.

Glückauf-Brauerei
Brautradition im Erzgebirge

Seit nunmehr 129 Jahren wird im Gersdorfer Tal am Fuße des Erzgebirges in ehrlicher Tradition für die Kenner und Genießer der sächsischen Heimat Bier gebraut. Bier, das schon immer schmeckte. 1880 wurde die Glückauf-Brauerei von Richard Hübsch gegründet – nach dem Grundsatz, dass sein Bier mit Herz und Seele nach den Prinzipien jahrhundertealter Braukunst und dem Reinheitsgebot von 1516 gebraut werden müsse. Auch in der wechselvollen Geschichte wurde versucht, an diesem Grundsatz festzuhalten. Und natürlich wird dieses Glaubensbekenntnis des Brauerei-Gründers auch in Zukunft konsequent Gültigkeit haben.

Die Brauerei Glückauf wurde im Jahr 1880 in Gersdorf bei Hohenstein-Ernstthal/Sa. gegründet.

Glückauf-Biere sind das Ergebnis ausgesucht edler Grundstoffe feinster Provenienz und gesunden, frischen Erzgebirgsquells, modernster Technologie und dem Können bestens ausgebildeter Braumeister. Das Spezielle der Biere – Frische, das klare Aroma, die charaktervolle Substanz des Geschmacks – ist jedoch das Resultat geheimer Rezepturen, die auch nach der Privatisierung des Unternehmens sorgfältig gehütet werden, um auch in Zukunft das einmalige „Glückauf" brauen zu können.

„Karl May Premium-Pils"

Brauerei:	*Glückauf-Brauerei*
Standort:	*Gersdorf, Sachsen*
Sorte:	*Pils*
Farbe:	*goldfarben*
Alkoholgehalt:	*4,9 Vol.-%*
Stammwürze:	*11,6 %*
Serviertemperatur:	*8 bis 12° C*
Geschmack:	*harmonisch, feinwürzig*

Landskron Brauerei Görlitz
Immer ein Genuss

Am 18. Juni 1869 wird die Görlitzer Aktien Brauerei gegründet und 1882 erhält das Bier den Markennamen „Landskron Bier". 1908 wird erstmals die 100.000 hl-Grenze überschritten. Am

„Ein Schlesier“

Brauerei:	*Landskron Brauerei*
Standort:	*Görlitz, Sachsen*
Sorte:	*Export*
Farbe:	*dunkelgelb*
Alkoholgehalt:	*5,2 Vol.-%*
Stammwürze:	*13,0 %*
Serviertemperatur:	*8 bis 12° C*
Geschmack:	*malzig mit einer leicht herben Hopfennote, kräftig*

29. Januar 1959 wird die Brauerei unter staatlicher Beteiligung in die „Landskron Brauerei Scheller & Co. KG“ umfirmiert. Am 17. März 1972 wir die Brauerei verstaatlicht und damit ein „Volkseigener Betrieb“ (VEB). Nach der Wiedervereinigung wird Landskron Bier wieder nach dem Deutschen Reinheitsgebot von 1516 gebraut und die Familie Scheller übernimmt erneut die Brauerei. Am 18. Juni 1994 feiert die Brauerei Landskron das 125-jährige Jubiläum.

Leipziger Brauhaus
Das pure Vergnügen

Adolf Schröder gründet 1862 die Leipziger Bierbrauerei zu Reudnitz. Mit den modernsten Brauanlagen des Kontinents und dem im Jahr 1900 größten Sudhaus der Welt hält die Brauerei Riebeck & Comp. die Spitzenstellung in Sachsen. Unter Leitung von Adolf Riebeck hat sie sich in der Rangfolge deutscher Brauhäuser auf Platz vier emporgearbeitet. Der sächsische König besuchte die Brauerei und äußerte sich „sehr lobend“ über die Qualität des Bieres.

Die Firma geht 1871 durch Verkauf in den Besitz von Adolf Riebeck und einiger Leipziger Bürger über.

Die im Zweiten Weltkrieg bis zu 60 Prozent zerstörten Gebäude der Brauerei werden wieder aufgebaut. Der Betrieb wird als VEB Riebeck-Brauerei verstaatlicht. 1968 erfolgt die Bildung des VEB Getränkekombinat Leipzig mit Sachsenbräu als Stammbetrieb. Veraltete Anlagen und schlechte Rohstoffqualitäten erschweren die Produktion. Mit der „Wende“ in Deutschland kommt auch die Wende für das Unternehmen.

1991 übernimmt der Dortmunder Getränkekonzern Brau und Brunnen den Betrieb, der nun umbenannt wird in Leipziger Brauhaus zu Reudnitz GmbH. Mit Investitionen von über 50 Millionen Euro entwickelt sich die Brauerei wieder zu einer der modernsten in Europa.

1997 kann die vorgesehene Schließung des Leipziger Brauhauses zu Reudnitz durch massive Bürgerproteste verhindert werden und 1998 macht das Unternehmen mit einer originellen Image-Kampagne und dem Slogan „Reudnitzer Pilsner – Das Frische an Leipzig“ nachdrücklich auf sich aufmerksam.

„Reudnitzer Heller Ur-Bock“

Brauerei:	*Leipziger Brauhaus zu Reudnitz*
Standort:	*Leipzig, Sachsen*
Sorte:	*Starkbier*
Farbe:	*hell*
Alkoholgehalt:	*6,9 Vol.-%*
Stammwürze:	*16,3 %*
Serviertemperatur:	*7 bis 9° C*
Geschmack:	*herzhaft vollmundig*

Mauritius Brauerei
Ein Schluck Heimat

Die Brauerei erhält 1348 das Braurecht. Bereits 1349 besaßen 243 Häuser in der inneren Stadt Zwickau das Braurecht. Das Aufkommen der Lagerbiere macht ab 1511 in den folgenden drei

„Mauritius Pilsener“

Brauerei:	*Maurtitius Brauerei*
Standort:	*Zwickau, Sachsen*
Sorte:	*untergäriges Pilsener*
Farbe:	*pilsgelb*
Alkoholgehalt:	*4,9 Vol.-%*
Stammwürze:	*11,2 %*
Serviertemperatur:	*7 bis 9° C*
Geschmack:	*Antrunk leicht malzig, eher schlank, herb frischer Abgang*

Jahrzehnten das Anlegen von über 60 Bierkellern am heutigen Trillerberg erforderlich. Die Zahl der Zwickauer Privat-Brauhäuser verringert sich aufgrund des Siebenjährigen Krieges (1756 bis 1758) von 16 auf vier. 1800 entsteht ein neues Brauhaus hinter dem heutigen Zwickauer Schwanenteichgelände. In den 1920er-Jahren werden einige Brauereien aufgekauft.

Im Jahr 1946 wird die Brauerei enteignet und in die VEB Vereinsbrauerei Zwickau umgewandelt. Schließlich werden die drei Zwickauer Brauereien Vereinsbrauerei Zwickau, Sächsische Union Brauerei Zwickau und die Brauerei Planitz zum VEB Kombinat Zwickau zusammengeführt.

1990 übernimmt die Stuttgarter Dinkelacker Schwabenbräu AG die Brauerei und benennt die Zwickauer Vereinsbrauerei in Mauritius Brauerei GmbH um. Mit Wirkung vom 1. Januar 2006 ist die Mauritius Brauerei wieder eine konzernunabhängige Privatbrauerei.

Privatbrauerei Schwerter
Älteste sächsische Privatbrauerei

Die Geschichte des Bierbrauens in Meißen ist so alt wie Meißen selbst. Für das Jahr 1015 bezeugt Bischof Thietmar von Merseburg in seiner Chronik das Vorhandensein von Bier in der Burganlage. Das Bahrmannsche Brauhaus an der Frauenkirche in Meißen ist das Stammhaus der Schwerter Brauerei und wie Rathaus und Marktplatz ein Symbol der selbstbewussten Bürger der

SEIT 1460
MEISSNER
SCHWERTER
PRIVATBRÄU

Stadt Meißen – gestern, heute und morgen. 1460 erstmalig urkundlich erwähnt, wurde hier mindestens seit dieser Zeit über mehrere Jahrhunderte das Bier der Meißner Brauerben gebraut. Der Hirschsteiner Brauereibesitzer Eduard Bahrmann erwarb 1868 das alte Brauhaus samt dazugehöriger Brauerei. Da diese sich in der Enge der Altstadt alsbald nicht mehr erweitern ließ, errichteten seine Söhne, die Gebrüder Bahrmann, aufgrund des steigenden Absatzes 1897 im Dorf Cölln bei Meißen (rechts der Elbe) einen Brauereineubau, der den technologischen Anforderungen der industriellen Bierproduktion Rechnung trug. Ab Anfang des 20. Jahrhunderts firmierte dieser Betrieb als Schwerter Brauerei AG und die vielfältigen beliebten Biere wurden zur festen Marke der Meißner und von deren Gästen. Von 1972 bis 1990 war die Brauerei Betriebsteil des Getränkekombinates Dresden bzw. nach der Wende Teil der Sächsischen Brauunion. Der jetzige Eigentümer, Eric Schäffer, hat das Unternehmen im Juni 2009 übernommen.

„Schwerter Privat Pils“

Brauerei:	*Privatbrauerei Schwerter Meißen*
Standort:	*Meißen, Sachsen*
Sorte:	*Pils*
Farbe:	*hell*
Alkoholgehalt:	*4,9 Vol.-%*
Stammwürze:	*11,5 %*
Serviertemperatur:	*7 bis 9° C*
Geschmack:	*schlanker Antrunk, Malz bleibt zurückhaltend und angenehm, hopfenfrisch*

Die Altmark, in Sachsen-Anhalts Norden gelegen, verdankte dem Hopfenanbau einen Großteil des Wohlstands ihrer Bevölkerung. Markgraf Waldemar erteilte der Stadt Gardelegen im Jahr 1314 das Recht zur Malzherstellung. Kurz vor dem Dreißigjährigen Krieg wurde in fast 250 Häusern der Stadt Bier gebraut. Seit dem 16. Jahrhundert wird das in Gardelegen gebraute Bier Garley bzw. Garlei genannt.

Ende des 18. und Anfang des 19. Jahrhunderts ging das Brauwesen deutlich zurück. Die übergroße Konkurrenz ließ nur drei Brauereien überleben. Eine davon war die Brauerei der Brüder Haase, die heute den Namen Garley Spezialitäten Brauerei GmbH trägt und die letzte Brauerei in langer Tradition in Gardelegen ist.

Bitterfelder Brauerei
Feine, kleine Spezialitäten

1880 wird die Brauerei Albert Brömme als erste Brauerei in Bitterfeld gegründet. Ab 1891 firmiert die Brauerei in Bitterfelder Actien-Bier-Brauerei um. Auch die Brauereien gehören ab 1972 zu den Volkseigenen Betrieben der Deutschen Demokratischen Republik. Ab 1990 war die VEB Brauerei wieder zur Brauerei Bitterfeld Vertriebsgesellschaft umbenannt und 2009 wird schließlich die Wiedergründung der Bitterfelder Brauerei GmbH H. Eisenmann in die Wege geleitet.

„Bitterfelder Bock“

Brauerei:	*Bitterfelder Brauerei*
Standort:	*Bitterfeld-Wolfen, Sachsen-Anhalt*
Sorte:	*Starkbier*
Farbe:	*etwas dunkler als Maibock*
Alkoholgehalt:	*6,1 Vol.-%*
Stammwürze:	*16,0 %*
Serviertemperatur:	*8 bis 10° C*
Geschmack:	*malzig, süffig*

Brauerei Landsberger
Aus Meisterhand für unser Land

In den letzten Jahren ist eine Reihe von traditionsreichen Brauhäusern in der Region Mitteldeutschlands geschlossen worden. Die dort ehemals produzierten Biermarken existieren in der Regel nur noch als „Pseudo-Biere“. Die Biermarke ist hierzulande bekannt, jedoch haben die traditionellen Braustätten die Produktion eingestellt. Oft werden diese Biere nicht einmal mehr an dem Ort, den man mit ihrem Namen verbindet, abgefüllt. Jetzt ist mit der Brauerei Landsberg wieder eine echte Heimatbrauerei errichtet worden, die als einzige Produktionsstätte in einem Radius von 30 km (mit Landsberg als Zentrum) ein heimisches Bier braut. Die Brauerei Landsberger ist eine sehr junge Brauerei. Erst am 13. September 1996 wurde der Grundstein gelegt. Der erste Sud folgte am 24. Februar des nächsten Jahres und einen Monat später wurde das erste Bier abgefüllt.

„Landsberger Saline-Bräu“

Brauerei:	*Brauerei Landsberg*
Standort:	*Landsberg, Sachsen-Anhalt*
Sorte:	*Festbier*
Farbe:	*goldgelb*
Alkoholgehalt:	*5,6 Vol.-%*
Stammwürze:	*13,0 %*
Serviertemperatur:	*8 bis 12° C*
Geschmack:	*süffig, würzig, malzig süßer Geschmack*

Hallesches Salzfest

Die Stadt Halle, am Rande der Norddeutschen Tiefebene in einem weit ausgedehnten Gelände beidseitig der Saale gelegen, war schon in urgeschichtlicher Zeit besiedelt. Bereits in der Eisen- und Bronzezeit dienten reiche Solquellen der Salzgewinnung. Als dann 806 das fränkische Heer von Karl des Großen in den Raum zwischen Elbe und Saale vordrang, wurde eine Festung angelegt. Im Laufe des 11. Jahrhunderts verlagerte sich das wirtschaftliche Leben zu den mächtigen Solquellen, die Gegend um den Alten Markt wurde das Zentrum der wachsenden Siedlung. In den folgenden Jahrhunderten waren die Salzquellen die Grundlage für den Reichtum der Stadt. Im 12. Jahrhundert nahm die Stadt Halle durch ihre intensive Salzproduktion und einen ausgedehnten Handel eine bedeutende Position in Deutschland ein. Die günstige Entwicklung der Salzproduktion wirkte sich auf die Entwicklung der verschiedensten Handwerkszweige positiv aus. Auch griffen die selbstbewussten Halloren in politische Auseinandersetzungen ein. So verweigerte die Stadt dem Landesherrn unter anderem die Salzsteuer, sodass Kaiser Karl IV. die Stadt mit der Reichsacht belegte und eine Ausfuhrsperre für hallesches Salz festgelegt wurde. Erst im 19. Jahrhundert wurde es ruhiger um die Salzquellen, die industrielle Entwicklung hatte aus Halle einen Standort für Maschinenbau werden lassen. Als dann vor den Toren Halles leistungsfähige Chemieunternehmen angesiedelt wurden, endete die industrielle Nutzung der salzigen Wasser aus der Tiefe des halleschen Bodens. Aufbauend auf diesen historischen Wurzeln bildet die Brüderschaft der Halloren, die ihre Tradition bis in unsere Tage bewahrt hat, den Hintergrund für das Salzfest, und Saline-Bräu ist das Festbier des halleschen Salzfestes.

Colbitzer Heidebrauerei
... das ist unser Bier

Gegründet wurde die Colbitzer Brauerei 1872 von Friedrich-Christoph Ritter und blieb bis 1959 ein reines Familienunternehmen. Ab diesem Jahr wurde sie, wie viele Privatbetriebe zu dieser Zeit, ein Betrieb mit staatlicher Beteiligung und am 14. Februar 1972 schließlich verstaatlicht. Erst am 1. Juni 1991 wurde die Brauerei an die Urenkel des Firmengründers, Barbara Schreiter und Klaus Niemer, zurückübereignet.

Mit einem Investitionsaufwand von 16 Millionen DM erfolgte eine umfangreiche Modernisierung auf den heutigen Stand der Technik. Nach dem überraschenden Tod des Eigentümers übernahm Christian August die Geschäftsführung. Sein Ziel ist es, durch weitere Investitionen die „Colbitzer Heidebrauerei" als eigenständiges ostdeutsches Unternehmen weiter auf dem Markt zu positionieren und die Bierqualität permanent zu optimieren.

„Heide-Pils"

Brauerei:	*Colbitzer Heidebrauerei*
Standort:	*Colbitz, Sachsen-Anhalt*
Sorte:	*Pilsener*
Farbe:	*goldgelb*
Alkoholgehalt:	*4,8 Vol.-%*
Stammwürze:	*k. A.*
Serviertemperatur:	*7 bis 9° C*
Geschmack:	*herrlich frisch, würzig herb, etwas Nadelaroma*

Spanferkel

Das Spanferkel auf der Speckseite anbraten und im Ofen bei starker Hitze mit etwas Butter und Bier knusprig garen, wobei Sie die Kruste öfter mit etwas Bier begießen. Fein gewürfelte Schalotten in Butter und Kümmel anschwitzen, mit dem Bratenfond und dem restlichen Bockbier ablöschen, aufkochen und um die Hälfte reduzieren. Die Kartoffeln schälen, in Scheiben schneiden, in eine Form geben und würzen. Das Bier mit der Sahne vermengen und über die Kartoffeln gießen. Im Backofen bei 180 bis 200 °C backen. Das Spanferkel auf einem Teller anrichten, Soße und Kartoffelgratin dazugeben.

Garley Spezialitäten-Brauerei
Tradition großgeschrieben

Die Stadt Gardelegen erhält im Jahr 1314 vom Markgrafen Waldemar das Malzrecht. 1356 wird Gardelegen Mitglied der Hanse wegen des guten, haltbaren und schmackhaften Garley'schen Bieres. Im Stadtwappen tauchen das erste Mal drei Hopfenranken auf. Im Bierziesekrieg (Biersteuernkrieg) im Jahr 1488 werden drei Gardelegener Bürger enthauptet.

1620 verbietet Herzog Friedrich Ulrich von Braunschweig und Lüneburg den Ausschank von Garley an der Universität von Helmstedt. Im Jahr 1652 entzückt sich der Geograph Martin Zeiler mit folgenden Worten:

„Sag, wer möchte nicht stets in dir leben, o Stadt,
die du überströmst von so lieblichem Getränk?
Alles, was man zum Leben braucht, fließt reichlich
dir zu ob deines Bieres nektarischer Kraft."

1698 besucht Zar Peter der Große Gardelegen. Er lobt das Galey mit den Worten, nie ein so wohlschmeckendes Bier getrunken zu haben. Er nimmt zwei Brauer aus Gardelegen mit nach Russland.

1972 wird die Brauerei in den VEB „Garlea" umgewandelt und wird schließlich nach der Zusammenführung Deutschlands zur „Garley Bräu GmbH".

„Garley Kellerberg"

Brauerei:	*Garley Traditionsbrauhaus*
Standort:	*Gardelegen, Sachsen-Anhalt*
Sorte:	*untergäriges Vollbier*
Farbe:	*schwarzbraun*
Alkoholgehalt:	*5,2 Vol.-%*
Stammwürze:	*12,0 %*
Serviertemperatur:	*8 bis 12° C*
Geschmack:	*malziger Antrunk, milder Grundcharakter, wenig malzbitterer Nachtrunk*

Hasseröder Brauerei
Erfrischend echt!

Es war das Jahr 1872, als die Brauerei mit dem Namen „Zum Auerhahn" im heutigen Wernigeröder im Stadtteil Hasserode gegründet wurde. Ab 1882 übernahm Ernst Schreyer die Geschäfte der Brauerei und wandelte diese im Jahr 1896 in eine Aktiengesellschaft um. In der Zeit der Deutschen Demokratischen Republik war die Marke sehr beliebt, jedoch nur im Bezirk Magdeburg zu

Bierkönigin

Mit dem Traditionsbrauhaus Garley verbunden ist die Geschichte der Bierkönigin von Gardelegen. Die 1999 zur „1. Altmärker Bierkönigin" ernannte Inga Braune wurde nach ihrer erfolgreichen Wiederwahl in den nachfolgenden Jahren zur „Ehrenbierkönigin auf Lebenszeit" ernannt.

„Hasseröder Premium Pils"

Brauerei:	*Hasseröder Brauerei*
Standort:	*Wenigerode, Sachsen-Anhalt*
Sorte:	*Pils*
Farbe:	*blassgolden*
Alkoholgehalt:	*4,9 Vol.-%*
Stammwürze:	*k. A.*
Serviertemperatur:	*7 bis 9° C*
Geschmack:	*schwach gehopft, angenehm frische und milde Malznote, schüchterner Hopfen im Abgang*

Blick auf die Hasseröder Brauerei.

Hasseröder und der Sport

Hasseröder ist einer der zehn bekanntesten Sportsponsoren im Markenartikelbereich in Deutschland (Quelle: Ipsos, 2008). Der Fokus liegt auf den Sportarten Fußball und Handball. Neben Spitzenvereinen wie dem Bundesligisten Hannover 96 und den SCM Gladiators fördert die Brauerei aus Wernigerode auch regionale Vereine wie zum Beispiel Erzgebirge Aue sowie zahlreiche kleine Vereine aller Leistungsstufen: Allein in der Region Sachsen-Anhalt engagiert sich Hasseröder bei über 60 Vereinen. 2010 steht ganz im Zeichen der FIFA Fußball-Weltmeisterschaft 2010™ und die Vorbereitungen in Südafrika laufen auf Hochtouren. Das gilt auch für Hasseröder, denn das Premium-Pils aus Sachsen-Anhalt ist Deutschlands offizielles Bier der FIFA Fußball-Weltmeisterschaft Südafrika 2010™. Mit vielfältigen Aktionen für Fans sorgt Hasseröder dabei bereits ab Januar für Fußballvorfreude. Auch für die Präsenz und Sichtbarkeit in Südafrika ist gesorgt: Bei den drei Vorrundenspielen der deutschen Mannschaft wird Hasseröder auf den Banden zu sehen sein.

bekommen. Mit der deutschen Wiedervereinigung begann dann der grandiose Aufstieg der Marke und das „Hasseröder Premium Pils" wurde zum meistkonsumierten Bier im Osten der Bundesrepublik. 1995 erfolgte der Spatenstich für eine neue Hasseröder Brauerei. Die alte Brauerei, die sich in der Nähe des Harzklinikums sowie des Bahnhofs Wernigerode-Westerntor befand, wurde abgerissen. Von 1996 bis 1997 erfolgte dann der Umzug in die neu errichtete Brauerei am Nord-West-Eingang Wernigerodes, die eine der modernsten Produktionsanlagen ihrer Art in Europa ist. In einem schwierigen Marktumfeld entwickelt sich die Marke Hasseröder seit Jahren äußerst erfolgreich. Das Premium Pils aus Wernigerode belegt in Ostdeutschland unangefochten die Spitzenposition im Pils-Segment und liegt bundesweit auf Platz drei der Premium Pils-Biere im Handel (Quelle: AC Nielsen-Handelsdaten).

Das erste deutsche städtische Reinheitsgebot für Bier wurde 1434 im thüringischen Weißensee festgeschrieben. Im „Stat Buch“ von 1434 entdeckte man eine „Statuta thaberna“ (Wirtshausgesetz), die Gesetze über das Benehmen in Wirtshäusern und das Brauen von Bier zusammenfasst. Darin heißt es übertragen: „Zu dem Bier brauen soll man ... nichts anderes geben als Hopfen, Malz und Wasser (hophin malcz und wasser).“ Der Siegeszug der hellen Biere begann erst vor etwa 100 Jahren. Die Brau- und Mälztechnologie hatte sich so weit entwickelt, dass es möglich wurde, auch mit hellem, weniger lang gedarrtem Malz ein wohlschmeckendes Bier zu brauen. Davor waren alle Biersorten mehr oder weniger dunkel. In Thüringen zum Beispiel ist das Brauen von Schwarzbier seit 1543 urkundlich belegt. Noch zu Beginn des 20. Jahrhunderts wurde überwiegend dunkles Bier getrunken.

Altenburger Brauerei Wirklich gut!

Die Altenburger Brauerei wurde im Jahr 1871 gegründet, der erste Sud, das Altenburger Braunbier, im Juni 1873 eingebraut. Im Oktober 1873 folgte dann das Einbrauen des Lager Urtyp Hell.

Kaum einer anderen Brauerei ist die Brükke von der Brautradition zur Moderne so geglückt wie der Altenburger Brauerei.

Bereits im ersten Geschäftsjahr wurden die gesetzten Erwartungen mit einem Jahresausstoß von 30.000 hl erfüllt, der sich im zweiten Geschäftsjahr, hervorgerufen durch die ausgezeichnete Qualität der Altenburger Biere, auf über 60.000 hl steigerte. Dieser erfolgreichen Entwicklung musste im Jahr 1875 Rechnung getragen werden. Es wurden zwei weitere Braupfannen eingebracht, somit konnte nun eine Jahresproduktion von 130.000 hl abgedeckt werden. Der ständig wachsende Umsatz – seit 1904 wurde Flaschen-

„Altenburger Schwarze“

Brauerei:	*Altenburger Brauerei*
Standort:	*Altenburg, Thüringen*
Sorte:	*Dunkelbier*
Farbe:	*dunkel*
Alkoholgehalt:	*4,9 Vol.-%*
Stammwürze:	*11,8 %*
Serviertemperatur:	*8 bis 12° C*
Geschmack:	*aromatisch malziger Geschmack und betonte Hopfennote*

bier auch an Privatpersonen, also nicht mehr ausschließlich in der Gastronomie verkauft – machte eine erneute Erweiterung der Braukapazität erforderlich. Im Jahr 1912 begann man mit der Planung und 1913 mit dem Bau eines der modernsten Sudhäuser Europas. 1914 wurde es fertiggestellt und in Betrieb genommen. Dieses moderne Sudhaus hat eine Ausschlagkapazität von 230 hl pro Sud. Im Jahr 1921 erfolgten die Vereinigung mit dem Braueiverein Gera und anschließend die Verschmelzung mit der Leipziger Bierbrauerei zu Reudnitz Riebeck & Co. AG. Damit war, für die damalige Zeit, eines der größten Brauereiunternehmen Deutschlands entstanden. Während des Zweiten Weltkrieges verringerte sich der Ausstoß und betrug im Jahr 1949 nur noch 30.000 hl einschließlich alkoholfreier Getränke. Die Verstaatlichung der Brauerei erfolgte im Juli 1948, im Jahr 1971 kam der Anschluss bzw. die Einbindung in das Getränkekombinat Leipzig. Während dieser Jahre wurde bis zur Wende 1990 eine Größenordnung von 330.000 hl Bier und alkoholfreier Getränke erreicht. Im Mai 1991 erfolgte dann die Privatisierung durch die Familie Leikeim aus Altenkunstadt. Seitdem zählt die Altenburger Brauerei mit über 75 sicheren Arbeitsplätzen zu den größten Arbeitgebern im produzierenden Gewerbe im Altenburger Land.

Brauerei Weimar-Ehringsdorf
Trumpf ist

Das Rittergut ist seit 1836 im Besitz der Familie Heydenreich, es wurde damals von Karl Heydenreich gekauft und wurde anfänglich als Vorwerk genutzt. Sohn Richard Heydenreich kaufte anschließend von Herrn Findeisen die einfache kleine Brauerei, die bis dahin in einer Gutsscheune mit einfachsten Mitteln betrieben worden war. Die Gründung der

„Ehringsdorfer Urbräu“

Brauerei:	*Brauerei Weimar-Ehringsdorf*
Standort:	*Weimar, Thüringen*
Sorte:	*untergäriges Vollbier*
Farbe:	*hell*
Alkoholgehalt:	*4,8 Vol.-%*
Stammwürze:	*11,5 %*
Serviertemperatur:	*8 bis 12° C*
Geschmack:	*vollmundig, frisch, feinherb*

Das Rittergut und die Brauerei Heydenreich in Weimar-Ehringsdorf um 1900.

Brauerei erfolgte 1840 auf dem alten Rittergut durch Rittergutsbesitzer Richard Heydenreich unter dem Namen „Rittergutsbrauerei“. Von 1871 bis 1883 erfolgte der Neubau der Gär-, Lager- und Eiskeller in einem ausgebeuteten Travertinstollen. 1911 wurde das Wasserwerk Bonifatiusquell errichtet. Bedingt durch den Ersten Weltkrieg und die Folgen wirtschaftlich schlechter Jahre sank der Bierausstoß im Jahre 1930 auf 3500 hl. 1945 wurde der Guts- und Brauereibetrieb unter sowjetische Militärverwaltung gestellt und schlussendlich 1947 im Zuge der Bodenreform enteignet. Am 30. April 1947 wurde die Brauerei an die Konsumgenossenschaft unter dem Namen „Konsumbrauerei Weimar-Ehringsdorf“ übergeben. Nach dem Zusammenbruch der DDR wurde 1990 aus der Konsumbrauerei die Weimarer Brauerei.

Brauerei Neunspringe Worbis
Die Brauerei mit den neun Quellen

„Neunspringer Premium Pils“

Brauerei:	*Brauerei Neunspringe Worbis*
Standort:	*Leinerfelde-Worbis, Thüringen*
Sorte:	*Pilsener*
Farbe:	*hell*
Alkoholgehalt:	*4,99 Vol.-%*
Stammwürze:	*11,2 %*
Serviertemperatur:	*8 bis 12° C*
Geschmack:	*typisch hopfenbetont*

Im Jahr 1867 wurde in der Brauerei H. Carl Kunze in Worbis die Bierproduktion aufgenommen. Den neun Quellen, die auf dem Areal der Brauerei entspringen, und der Verbundenheit der

Gründerfamilie mit ihrem Heimatort verdankt das Unternehmen seinen Namen.

Bis 1952 war der Betrieb im Familienbesitz und wurde dann verstaatlicht. Im Jahr 1994 wurde das Unternehmen von der Treuhandanstalt erworben und wird wieder in privater Regie geführt. Die neuen Eigentümer entwickelten die heutige Firmenphilosophie: mit vorbildlicher moderner Technik auf traditionelle Art Bier zu brauen. Der Erfolg gibt der Brauerei recht, denn das stetige Wachstum bei den verschiedenen Bierspezialitäten und den alkoholfreien Erfrischungsgetränken führen die Gesellschafter auf die hohe Qualität und die große Beliebtheit der „9" zurück.

Braugold Vertriebs GmbH
Das Bier für Kenner

„Braugold 1888"

Brauerei:	*Braugold Vertriebs GmbH*
Standort:	*Erfurt, Thüringen*
Sorte:	*Lager*
Farbe:	*dunkelgold*
Alkoholgehalt:	*5,1 Vol.-%*
Stammwürze:	*12,5 %*
Serviertemperatur:	*8° C*
Geschmack:	*mild, gut abgestimmtes Malz- und Hopfenaroma*

1822 und 1827 kauft Volkmar Döppleb zwei Biereigenhöfe, die später an die Familie Baumann gehen. Dies ist die erste Geburtsstätte der Braugold Brauerei. Zwischen 1823 und 1920 kommen mehrere Brauereien hinzu. Die Brauerei heißt seit 1904 „Reudnitz Riebeck & Co. AG". 1921 beträgt die Produktion bereits 100.000 hl Bier.

Ab 1948 ergeht es der Riebeck Brauerei wie allen Unternehmen in der DDR, sie wird Volkseigentum. Dennoch geht es mit neuen Biersorten aufwärts. 1967 wird begonnen, ein neues Sudhaus zu bauen, das ein Jahr später eingeweiht wird. Der VEB Getränkekombinat Erfurt mit neun Brauereien wird 1969 gegründet. 1990 beginnt ein Neuanfang mit der Übernahme durch die Licher Privatbrauerei und 1996 mit der Einreihung in die Riebeck-Gruppe.

Braugold-Ballon

Seit der Gründung des Ballonsportclubs Jena e.V. ist der Verein eng mit der Braugold-Brauerei in Erfurt verbunden. So konnte durch das Sponsoring im Juni 1994 ein erster „Braugold"-Ballon angeschafft werden.
Nach über 800 Betriebsstunden musste er Ende 1999 sicherheitsbedingt stillgelegt werden. Von April 2000 bis 2007 erhielt der Verein einen neuen „Braugold"-Ballon mit einem veränderten Design.

Bürgerliches Brauhaus Nordhausen
Brautradition seit 1308

Das Getreide aus der Goldenen Aue, der Nordhäuser Hopfen und das kristallklare Wasser des Harzes bilden die besten Voraussetzungen für einen köstlichen Gerstensaft. Da die Menschen dies früh erkannten, besitzt das Nordhäuser Bier eine lange und für die Stadt bedeutungsreiche Geschichte.

Eine Statutensammlung aus dem Jahr 1308, in der feste Regeln der Braukunst niedergeschrieben wurden, legt erstmalig Zeugnis von der Bierherstellung in Nordhausen ab.

Als Kaiser Karl IV. 1368 das Brauen von Bier und das Abhalten von Märkten im Umkreis von einer Meile um die Stadt verbietet und den Nordhäusern somit das alleinige Herstellungs- und Verkaufsrecht einräumt, beginnt der wirtschaftliche Aufstieg des städtischen Brauereigewerbes.

Im 14. und 15. Jahrhundert trägt es wesentlich zum Wohlstand des Gemeinwesens bei. 1871 gründet der Nordhäuser Bierbrau-

„Nordhäuser Porter“

Brauerei:	*Bürgerliches Brauhaus*
Standort:	*Nordhausen, Thüringen*
Sorte:	*Porter*
Farbe:	*rotbraun*
Alkoholgehalt:	*4,4 Vol.-%*
Stammwürze:	*11,0 %*
Serviertemperatur:	*8 bis 12° C*
Geschmack:	*malzig süßlicher Antrunk, weiches Malz, süßlich*

er August Wilke die „Frauenberger Klosterbrauerei“ am Taschenberg und legt so den Grundstein für eine lange Unternehmenstradition. 1904/05 entsteht daraus die Bürgerliche Brauhaus Aktiengesellschaft in Nordhausen am Harz. Im Zweiten Weltkrieg fällt das Bürgerliche Brauhaus wie fast 80 Prozent der gesamten Stadt Nordhausen den Bombardements der Streitkräfte der Alliierten zum Opfer.

Nach Kriegsende folgt der schnelle Wiederaufbau. 1953 wird aus der einstigen Aktiengesellschaft die Rolandbräu KG Gecius & König, die 1972 als VEB Roland Bräu Nordhausen in DDR-Staatseigentum übergeht. 1974 erfolgt der Zusammenschluss der letzten beiden Nordhäuser Brauereien, VEB Nordquell und VEB

Roland Bräu, unter dem Namen VEB Roland Bräu Nordhausen. Der Betrieb wird in den VEB Getränkekombinat Erfurt eingegliedert. 1989 produzieren die insgesamt 314 Nordhäuser Beschäftigten 131.000 Hektoliter Bier und 114.000 Hektoliter alkoholfreie Getränke. 1991 schließt der Betriebsteil Nordquell. Die Gebäude werden abgerissen und das Gelände wird neu bebaut. Der einstige Stammbetrieb VEB Roland Bräu wird 1992 privatisiert, kann jedoch der neuen wirtschaftlichen Lage nicht standhalten und muss 1996 seine Tore schließen. Am 7. Dezember 2006 gründen engagierte Nordhäuser Geschäftsleute die Bürgerliche Brauhaus Nordhausen GmbH und lassen die alte Brautradition wieder aufleben.

Bürgerliches Brauhaus Saalfeld
Vom Kenner bevorzugt!

In den Jahren 1891 und 1892 wurde von der Familie Gütermann unweit des Saalfelder Bahnhofes eine nach damaligen Gesichtspunkten moderne Brauerei errichtet. Der erste Bierausstoß erfolgte am 15. Juni 1892.

Im Jahr 1908 erfolgte die Umwandlung der Privatbrauerei in eine GmbH mit mehreren Gesellschaftern. Zehn Jahre später wurde die Vereinigte Dampfbierbrauerei Saalfeld vom Bürgerlichen Brauhaus aufgekauft und stillgelegt.

Die zur Vereinigten Dampfbierbrauerei gehörende Mälzerei führte das Bürgerliche Brauhaus bis ins Jahr 1952 weiter. 1925 erfolgte die Umwandlung der Brauerei in eine Aktiengesellschaft, wobei die Aktienmehrheit der Riebeck-Konzern in Besitz hatte. In den folgenden Jahren nahm der Ausstoß des Betriebes enorm zu.

Ende des Zweiten Weltkrieges wurde Saalfeld mehrmals bombardiert, ohne dass größere Schäden entstanden. Am 9. April 1945 jedoch erfolgte der bis dahin größte Angriff auf den Saalfelder Bahnhof, wobei auch die Brauerei vernichtend getroffen wurde.

Dem damaligen Braumeister Strobl war es zu verdanken, dass bereits im Januar 1946 der erste Sud wieder eingebraut werden konnte und am 7. Februar 1946 kam das erste selbstgebraute Bier wieder zum Ausstoß.

Auf Beschluss der Besatzungsmacht enteignete man die Brauerei 1948 und gliederte sie in die Vereinigung Volkseigener Betriebe ein. In den 50er-Jahren wurden nun auch dringend notwendige Investitionen durch-

geführt: neue Dampferzeuger, leistungsfähige Kälteversorgung, neue Lagertanks, ein Drei-Geräte-Sudwerk sowie eine neue Füllerei.
Im Juni 1990 erfolgte die erneute Umwandlung in eine GmbH mit dem Gesellschafter „Treuhandanstalt Berlin". Seit 1991 befindet sich die Brauerei in privater Hand. Nach Investitionen von über 7 Millionen DM in die Erneuerung von Gebäuden und Anlagen kann sich das Bürgerliche Brauhaus Saalfeld sowohl von innen als auch von außen nun wieder sehen lassen.

„Saalfelder Grotten-Pils"

Brauerei:	*Bürgerliches Brauhaus*
Standort:	*Saalfeld, Thüringen*
Sorte:	*untergäriges Pilsener*
Farbe:	*kräftiges goldgelb*
Alkoholgehalt:	*4,8 Vol.-%*
Stammwürze:	*11,4 %*
Serviertemperatur:	*7 bis 9° C*
Geschmack:	*feine Vollmundigkeit, edel hopfenbitter*

Privatbrauerei Metzler
Das frische Thüringer

August Metzler war gelernter Schmied. Seinen Beruf übte er mit großer Sorgfalt und viel Geschäftssinn aus. Wanderjahre führten den gebürtigen Dingslebener nach Augsburg, Hamburg und Leipzig. Doch in der sächsischen Metropole, die sich damals anschickte, zu einer Weltstadt zu werden, ereilte ihn das Schicksal in Form eines Unfalls.
Gut bemittelt verließ er Leipzig und kehrte nach Dingsleben zurück. Der Bürgermeister riet ihm zu einer Heirat mit Berta Höfer, einer verwitweten Gastwirtin. August Metzler suchte nach einem Auskommen und erwarb das Gemeindegasthaus. 1895 übernahm er auch die Brauereigeschäfte des Dorfes.
August Metzler braute von nun an auch für den Bedarf seiner Gastwirtschaft, etwa 300 Hektoliter pro Jahr, und war außerdem in Dingsleben als Metzger und Landwirt tätig. Nachdem seine Frau Berta bereits 1916 verstarb, betrieb er gemeinsam mit seinen Kindern und Stiefkindern die Land- und Gastwirtschaft mit Schlächterei. Robert, der einzige Sohn, heiratete ebenfalls, blieb jedoch im elterlichen Betrieb. Mit seiner Frau Marta kam eine junge Frau ins Gasthaus, das sie bald in ihre Hände nahm. Dabei musste sie sich gegen ihren Schwiegervater und ihren Mann durchsetzen. Unter ihrer Leitung entwickelte sich das Gasthaus ständig.
Ulrich Metzler, Braumeister und heute Geschäftsführer der Dingslebener Privatbrauerei, lernte schon mit 14 Jahren von Großvater August das Brauereihandwerk. Als er die Geschäfte übernahm, baute er die Brauerei beständig aus. Bis 1955 hatte sie nur die eigene Gastwirtschaft zu versorgen. Doch Ulrich Metzler bemühte sich auch um fremde Abnehmer für das Dingslebener Bier. Der erste Kunde kam aus Haina. Danach kauften immer mehr Gasthäuser aus den umliegenden Ortschaften das Dingslebener Bier, das damals noch Metzler-Bräu hieß. Heute ist das Dingslebener Edel-Pils eines der weitverbreitetsten Biere in Thüringen.

In der Dingslebener Privatbrauerei Metzler sorgen derzeit 23 Mitarbeiter für die hohe Qualität der Getränke.

„Dingslebener Landbier"

Brauerei:	*Privatbrauerei Metzler*
Standort:	*Dingsleben, Thüringen*
Sorte:	*untergäriges Pilsener*
Farbe:	*leicht kupferfarbig*
Alkoholgehalt:	*4,9 Vol.-%*
Stammwürze:	*11 bis 12 %*
Serviertemperatur:	*8° C*
Geschmack:	*würzig, vollmundig*

Die Wartburg in Eisenach

Die Wartburg wurde der Legende nach 1067 von Graf Ludwig dem Springer gegründet. In dem Buch vom Sachsenkrieg: „De bello Syxonico", von Bruno, Bischof von Merseburg, wird eine „Burg namens Wartberg" erstmals schriftlich erwähnt. 1155 beginnt der Bau des Hauptgebäudes der Burg, „Palas" genannt. Im Jahr 1317 legt ein Brand große Teile der Burg in Schutt und Asche. Die Folgen sind der Neubau des Südturms und der Einbau der Kapelle in den „Palas". Der vom Kaiser geächtete und vom Papst gebannte Martin Luther verbirgt sich 1521 in der Vogtei der Wartburg. In diesen Monaten lebt und arbeitet er in einem kargen Raum, der heutigen Lutherstube. In nur zehn Wochen übersetzt Luther hier das Neue Testament unter Zugrundelegung des griechischen Urtextes ins Deutsche.

Eisenacher Brauerei
Feinste Thüringer Braukunst

Als die Wartburg 1067 gebaut wird, ist es noch üblich, Bier selbst herzustellen. Wie das Brotbacken gehört das Bierbrauen zu den Pflichten der Frauen. Eisenach erhält 1283 das Stadtrecht und Biertrinken ist ein Abenteuer. Bier wird aus Wasser und Gerste oder Weizen zubereitet sowie mit der „Grut" gewürzt, einer Mischung aus Rosmarin, Thymian, Kümmel und vielem anderen, aber auch Stechapfel und Bilsenkraut. 1350 wird das Franziskanerkloster gegründet und die Mönche entdecken Bier als ideales Nährmittel während der Fastenzeit und als wundersame Einnahmequelle. Luther übersetzt 1521 die Bibel auf der Wartburg – und Bier wird bereits seit fünf Jahren nach dem deutschen Reinheitsgebot von 1516 nur aus Wasser, Gerstenmalz und Hopfen gebraut. Johann Sebastian Bach wird 1685 in Eisenach geboren. Zu dieser Zeit gilt Bier als geeignetes Getränk für Kinder. 1777 besucht Johann Wolfgang von Goethe die Wartburg und in Eisenach gibt es 244 brauberechtigte deren Brautage durch das Los bestimmt wird.

Die 244 Brauberechtigten errichten 1828 einen gemeinsamen Felsenkeller zur Bierlagerung. Als Ernst Abbe 1840 in Eisenach geboren wird, ist die Brauerei bereits durch ein Malzhaus und weitere Brauereigebäude erweitert. 1911 wird das Sudhaus mit seinen typischen Kupfergefäßen bebaut, die heute noch Wahrzeichen der Brauerei sind. „Eine Burg, eine Stadt, ein Bier", seit 1914 wird Eisenacher unter dem Namen „Wartburg Bier" vertrieben.

Eine Tradition wird 1993 aus der Taufe gehoben. Im Mittelalter wurde im Großraum Eisenach noch Hopfen angebaut. Zum alljährlichen Brauereifest werden deshalb bis heute die Hopfenkönigin und die Hopfenprinzessin gekürt.

„Wartburg Pils"

Brauerei:	*Eisenacher Brauerei*
Standort:	*Eisenach, Thüringen*
Sorte:	*Pilsner*
Farbe:	*gold*
Alkoholgehalt:	*4,8 Vol.-%*
Stammwürze:	*11 %*
Serviertemperatur:	*7 bis 9° C*
Geschmack:	*prickelnde, herzhafte Frische mit dezenter Hopfennote*

Köstritzer Schwarzbierbrauerei
Blume des Elstertales

Der älteste Braunachweis der Köstritzer Schwarzbierbrauerei stammt aus dem Jahr 1495 und ist im Archiv des Köstritzer Pfarramts hinterlegt. Die erste urkundliche Erwähnung der „Köstritzer Schenke" geht auf das Jahr 1543 zurück. 1696 übernehmen die Grafen aus dem Hause Reuß die ritterschaftliche Gutsbraue-

rei. Durch die Erhebung in den Fürstenstand wird die Brauerei im Jahr 1806 zur Fürstlichen Brauerei ernannt.

Der damalige und langjährige Pächter der Köstritzer Brauerei legt am 30. April 1906 den Grundstein zu einem Neubau, der auf dem heutigen Betriebsgelände liegt. Dann beginnen schwierige Zeiten, die 1948, nach dem Zweiten Weltkrieg, in die Enteignung führen. Erst 1991 geht es wieder aufwärts, als die Brauerei von der Bitburger Brauerei Th. Simon übernommen wird und durch gezielte Investitionen zu einer der modernsten und größten Braustätten Thüringens ausgebaut wird. Im Jahr 1993 wird dann das Köstritzer Schwarzbier mit großem Erfolg deutschlandweit eingeführt.

„Köstritzer Schwarzbier“

Brauerei:	*Köstritzer Schwarzbierbrauerei*
Standort:	*Bad Köstritz, Thüringen*
Sorte:	*untergäriges Schwarzbier*
Farbe:	*schwarz*
Alkoholgehalt:	*4,8 Vol.-%*
Stammwürze:	*11,4 %*
Serviertemperatur:	*8° C*
Geschmack:	*frisch würziger Geschmack mit malzig hopfigem Nachgeschmack*

Meininger Privatbrauerei
Wo die Dampflok zu Hause ist

Am Grundstück Bielstein erbaut Christian Gieße die Wirtschaft „Am Gieseberg“. Gottfried Völler erwirbt 1858 das Grundstück und beginnt ab 1860 im Handbetrieb das Brauen in der „Völlerschen Brauerei“. Sein Sohn August Völler firmiert die Brauerei 1885 unter dem Titel „Bierbrauerei von G. Völler, alleiniger Inhaber August Völler Brauereibesitzer und Herzoglicher Hoflieferant Meiningen“ um. 1891 genehmigt Herzog Georg II. dem Brauer August Völler, das Meininger Bier „Meininger Hofbräu“ benennen zu dürfen. 1907 gehört die Brauerei mit einem Spitzenausstoß von 48.000 hl Bier und 60 Mitarbeitern zu den großen Brauereien Thüringens. Nach dem Zweiten Weltkrieg firmiert das Unternehmen unter dem Namen VEB Vereinigte Brauereien Meiningen und 1971 wird die Brauerei in das Getränkekombinat Rennsteig eingebunden und fungiert als Stammsitz. Unter der Leitung der Treuhand wird nach Öffnung der innerdeutschen Grenze das Unternehmen 1990 umbenannt in „Brauerei Meiningen“. Mit 17.000 hl Bier kommt es zum absoluten Absatztiefpunkt. 1992 kauft die Schickedanz-Unternehmensgruppe aus Fürth das Unternehmen von der Treuhand. Die Lage erholt sich und der Absatz steigt auf ca. 20.000 hl Bier. Heute stellt die „Meininger Privatbrauerei GmbH & CoKG“ mit insgesamt zwölf Sorten Bier und Mischgetränke ca. 60.000 hl untergärige Biere her.

Dampflokwerk Meiningen

Seit über 90 Jahren ist das Dampflokwerk Meiningen in der Dampflokinstandhaltung und im Neubau tätig und das Aufgabengebiet hat sich ständig erweitert. Ein ständig wachsender Kundenstamm stellt die Mitarbeiter vor die verschiedensten Aufgaben. Dies erfordert oft neue Lösungen, neues Herangehen – egal ob es sich um die Bearbeitung historischer Dampf-, Diesel- oder Elektrolokomotiven oder um Waggons handelt.

„Meininger Gold“

Brauerei:	*Meininger Privatbrauerei*
Standort:	*Meiningen, Thüringen*
Sorte:	*Helles*
Farbe:	*hellgolden*
Alkoholgehalt:	*4,7 Vol.-%*
Stammwürze:	*11,2 %*
Serviertemperatur:	*8° C*
Geschmack:	*vollmundig und weich*

von der Treuhand. Die Lage erholt sich und der Absatz steigt auf ca. 20.000 hl Bier. Heute stellt die „Meininger Privatbrauerei GmbH & Co. KG“ mit insgesamt zwölf Sorten Bier und Mischgetränken ca. 60.000 hl untergärige Biere her.

Privatbrauerei Gessner
Garantie mit Bügel und Siegel

Die Brautradition der Familie Schäfer geht auf das Jahr 1622 zurück. Damals wurde den Vorfahren das Brau- und Schankrecht verliehen. Getreu dem deutschen Reinheitsgebot wurden über Jahrhunderte hinweg nach alter handwerklicher Tradition, aber immer auch dem technischen und technologischen Fortschritt folgend, besondere Biere gebraut, die mehr denn je höchste Thüringer Braukunst verkörpern.

Im Jahr 1997 wurde in Sonneberg/Thüringen eine völlig neue Braustätte errichtet, sodass diese heute zu den modernsten Brauereien der Branche gehört. Das Sortiment umfasst sowohl Bier als auch Limonaden, die in individuelle, umweltfreundliche Bügelverschlussflaschen abgefüllt werden. Die Brauerei verfügt über eigenes Brauwasser, das dem Thüringer Schiefergebirge entspringt.

„Alt-Sumbarcher Dunkel“

Brauerei:	*Privatbrauerei Gessner*
Standort:	*Sonneberg, Thüringen*
Sorte:	*Dunkles*
Farbe:	*kastanienbraun*
Alkoholgehalt:	*5,2 Vol.-%*
Stammwürze:	*12,5 %*
Serviertemperatur:	*8 bis 10° C*
Geschmack:	*würziger, fast waldpilzartiger Antrunk, sattes Hopfenaroma, feuriger, warmer Ausklang*

Rhönbrauerei Dittmar
... und dein Tag wird Rhöner!

Das Bierbrauen hat in der Rhön eine lange Tradition, die bis ins 16. Jahrhundert zurückreicht. Früher war es Sitte, dass auch die Kaltennordheimer ihr Bier im Gemeindebrauhaus selbst brauen

„Pummpils“

Brauerei:	*Rhönbrauerei Dittmar*
Standort:	*Kaltenordheim, Thüringen*
Sorte:	*Pilsener*
Farbe:	*tiefgoldgelb, naturtrüb*
Alkoholgehalt:	*4,9 Vol.-%*
Stammwürze:	*11,9 %*
Serviertemperatur:	*7 bis 9° C*
Geschmack:	*mittelhopfig, sehr frisch schmeckend*

konnten. Das Brauhaus wurde erst vor wenigen Jahren abgerissen. Mit dem Verkauf des Gemeindebrauhauses im Jahr 1875 an die „Löwen“-Wirtin Margarete Marschall und an den Gastwirt und Metzger Friedrich Christian Dittmar erhielten diese auch das Braurecht. Friedrich Dittmar übernahm den Betrieb 1888. Er begann mit dem Vertrieb des Bieres und machte das Rhönbier weit über die Grenzen des Ortes hinaus bekannt.

In den Jahren von 1903 bis 1905 errichtete Friedrich Dittmar in der Fuldaer Straße eine neue Brauerei, deren Fassade heute noch fast originalgetreu erhalten ist. Sohn Gustav Dittmar übernahm 1905 den Betrieb von seinem Vater. Der Erste Weltkrieg, die Inflation und die Wirtschaftskrise, der Druck großer Konzernbrauereien, der Zweite Weltkrieg und der folgende Sozialismus machten dem Betrieb zu schaffen. Dennoch gelang es immer wieder, die Krisen zu überwinden und das traditionsreiche Familienunternehmen zu erhalten. Bis 1963 wurde die Brauerei als privater und bis 1972 als halbstaatlicher Betrieb geführt. Im Jahr 1972 wurde die Rhönbrauerei in einen „Volkseigenen Betrieb“ umgewandelt.

Als im Herbst 1989 die politische Wende in der Ex-DDR kam, öffneten sich für die Familie Dittmar neue Chancen. Am 1. Juni 1990 wurde die Rhönbrauerei reprivatisiert.

Friedrich Dittmar nebst Ehefrau und Tochter Christel Reukauf nebst Ehemann Lutz Reukauf leiteten nun die Geschicke des Familienbetriebs in der fünften bzw. sechsten Generation.

Rosenbrauerei Pößneck
Bier und Museum

Bereits im Mittelalter stand das Pößnecker Brauwesen in voller Blüte. Einer Urkunde zufolge verfügten 1445 etwa 120 Bürger über eine Brauberechtigung, das heißt, sie schenkten ihr Selbstgebrautes daheim aus, bis das „Gebräude“ zur Neige ging. Dieser Brauch hielt sich immerhin über vier Jahrhunderte bis 1850. Mit Einführung der freien Konkurrenz im Brauwesen um 1850 konnte sich jeder Bürger um das Braurecht bewerben, und als 1863 die vollständige Gewerbefreiheit galt, führte dies zur Gründung der Brauerei und Mälzerei bei der Rosenmühle durch die Herren Albert, Schilling und Walter. Nach mehreren Besitzerwechseln wurden 1883 schließlich Eduard Schaar und Richard Wagner Pächter dieser Brauerei. Nach umfangreichen Erweiterungs- und Modernisierungsarbeiten geht das Unternehmen 1895 in den alleinigen Besitz von Richard Wagner über. Zeitungsdokumente belegen, dass der Name Rosenbrauerei vermutlich schon Anfang der 90er-Jahre des vorangegangenen Jahrhunderts entstand. Auch die Tatsache, dass bereits um die Jahrhundertwende die Stromversorgung der Brauerei auf der Basis von Gleichstrom gesichert wurde, darf als Zeichen unternehmerischer Weitsicht gelten.

1930 wird die Rosenbrauerei Pößneck Richard Wagner in eine GmbH umgewandelt. Zwischen 1931 und 1941 wird die Rosenbrauerei erneut umfangreich modernisiert – gebaut werden unter anderem eine Malzschroterei, ein Sudhaus, ein Kessel- und ein Brunnenhaus. Der jahrzehntelange Aufschwung der Wagnerschen Privatbrauerei fand erst mit Kriegsschluss 1945 ein jähes Ende. Nun ging es der Rosenbauerei ebenso wie vielen anderen Brauereien, zuerst wurde sie dem Kombinat Gera zugeteilt, ab 1974 war sie selbstständiger Kombinatsbetrieb. Nach der Wende musste viel in neue Technik und Technologie investiert werden. Die Anwendung umweltschonender Verfahren und die Entwicklung neuer Produkte gingen einher mit der konsequenten Erschließung neuer Absatzmärkte. Die Rosenbrauerei Pößneck GmbH gehört mit einem Jahresumsatz von 80.000 hl zu einer der führenden mittelständischen Brauereien Deutschlands. Unter den Marken „Rosen Pils“ und „Schwarze Rose“ hat sie sich durch den unverwechselbaren Geschmack und der hohen Qualität in der Region in und um Jena zu einem bedeutenden Botschafter ihrer Heimat entwickelt. Die Pößnecker Brauerei gehört wieder den alten Besitzern, der Familie Wagner. Diese Eigenständigkeit bleibt auch erklärtes Ziel für die Zukunft.

Brauereimuseum

Das Rosenbrauerei-Museum ist mit viel Liebe zum Detail eingerichtet und gewährt einen Einblick in die Geschichte des Familienbetriebs. Erläutert werden alte Techniken der Bierherstellung.

„Schwarze Rose“

Brauerei:	*Rosenbrauerei Pößneck*
Standort:	*Pößneck, Thüringen*
Sorte:	*untergäriges Schwarzbier*
Farbe:	*dunkel*
Alkoholgehalt:	*4,9 Vol.-%*
Stammwürze:	*12,3 %*
Serviertemperatur:	*8 bis 10° C*
Geschmack:	*süffig, spritzig*

„Rosen Edel Hell“

Brauerei:	*Rosenbrauerei Pößneck*
Standort:	*Pößneck, Thüringen*
Sorte:	*untergäriges Edel-Hell*
Farbe:	*hell*
Alkoholgehalt:	*4,0 Vol.-%*
Stammwürze:	*9,8 %*
Serviertemperatur:	*6 bis 9° C*
Geschmack:	*leicht, spritzig, bekömmlich*

Biere aus Europa

In Belgien braut man die meisten Sorten an Bier weltweit. Das Brauen in Belgien geht auf die zahlreichen Klöster zurück und stammt aus dem Mittelalter. Im Jahr 1919 erließ die belgische Regierung das „Vandervelde-Gesetz“, das den Verkauf an Spirituosen in Bars verbot. Damit ergab sich eine verstärkte Nachfrage von Bieren mit höherem Alkoholgehalt. Obwohl heute die Bierproduktion in Belgien von einer großen Brauerei bestimmt wird, gibt es etwa 115 weitere Brauereien, die ca. 500 Biere herstellen. Zusammen mit Spezialbieren ergibt sich eine Summe von ungefähr 1000 belgischen Bieren.

Brasserie de l'Abbaye des Rocs SA
Dorfbraukunst

Die Brauerei, die in einem kleinen Dorf in Montignies-sur-Roc, Hennegau, nahe der Ruine der Abtei angesiedelt ist, braut kraftvolles Bier mit den unterschiedlichsten Charakteren. Das bekannteste Bier ist das zweifach vergorene Belgian Abbey Double, welches mit sieben Malzsorten gebraut wird. Die Brauerei an der französischen Grenze braut auch ein starkes, ungefiltertes Weizenbier „Blanche des Honelles“ mit den Zutaten Hafermalz, Weizen und Gerste.

„Abbaye des Rocs“

Brauerei:	*Brasserie de l'Abbaye des Rocs SA*
Standort:	*Montignies-sur-Roc, Hennegau*
Sorte:	*Abteibier Double*
Farbe:	*dunkel, rotbraun*
Alkoholgehalt:	*9,0 Vol.-%*
Serviertemperatur:	*14° C*
Geschmack:	*süßfruchtig, malzig, bitter*

Brasserie d'Achouffe
Hobbybrauerei

Es war eigentlich nur eine Idee, um in der Freizeit den Tag auszufüllen, als Pierre Gobron und Chris Bauweraerts 1982 eine kleine Privatbrauerei gründeten. Doch schon zwei Jahre später gab Gobron seinen Job auf und widmete sich ganz dem Bierbrauen. Als im Jahr 1988 sein Schwager Chris Bauweraerts mit in das Geschäft einstieg, wurde die Brauerei national und international bald ein großer Erfolg. Dabei ist das „La Chouffe Blonde“ das Premiumgetränk der Brauerei. Weitere Produktlinien sind das starke Dark Ale McChouffe und ein Schnaps (Espit d'Achouffe), der aus fünf Jahre altem Bier destilliert wird.

„La Chouffe Blonde“

Brauerei:	*Brasserie d'Achouffe*
Standort:	*Achouffe, Wibrin, Houffalize*
Sorte:	*Ale*
Farbe:	*bernstein gold*
Alkoholgehalt:	*8,0 Vol.-%*
Serviertemperatur:	*12° C*
Geschmack:	*erfrischend mit leichter Hopfung*

Abbaye de Leffe SA
Ein bekanntes Abteibier

Zu den beliebtesten Abteisorten in Belgien gehört die Marke Leffe, eines der bekanntesten Klosterbiere. Die vier Biersorten werden zwar nicht in den Klostermauern gebraut, sondern in Lizenz in der Brauerei Artois in Leuven, der Erlös wird zwischen der Brauerei und der Abtei geteilt. Im Jahr 1152 wurde die Abtei Notre Dame de Leffe in der Stadt Dinant in der Nähe von Namur gegründet. Gebraut wurde in den Mauern seit dem 13. Jahrhundert. Erst während der französischen Revolution wurde das Bierbrauen eingestellt. Ab den 50er-Jahren wurde dann das Bierbrauen, zuerst im lokalen Unfeld, wieder aufgenommen.

„Leffe Brune“

Brauerei:	*Abbaye de Leffe SA*
Standort:	*Dinant, Namur (Abtei)*
Sorte:	*Abteibier*
Farbe:	*braun*
Alkoholgehalt:	*6,5 Vol.-%*
Serviertemperatur:	*10° C*
Geschmack:	*reiches Röstmalzaroma, Schokoladen- und Fruchtnoten*

Inzwischen gibt es vier verschiedene Leffe-Bier-Sorten, das „Leffe Radieuse“, das „Leffe Triple“, das „Leffe Blonde“ und das vorgestellte „Leffe Brune“.

Artois, Stella Artois
Bekannt in der ganzen Welt

Stella Artois ist ein „Premium Lager Bier“ und wird in Leuven (Löwen), einer Stadt in Belgien gebraut. Der Name geht auf Sebastien Artois zurück, der 1717 die Brauerei Den Horen übernahm, wobei die Wurzeln sogar bis 1366 zurückführen. Schon damals war „den Horen“ (das Horn) in der Darstellung der Brauerei vertreten und auch heute ziert ein Jagdhorn das Etikett von Stella Artois. Im Ersten Weltkrieg wurde die Brauerei komplett zerstört, aber nach den Kriegshandlungen an derselben Stelle wieder aufgebaut.

1926 brachte die Brauerei ein spezielles Weihnachtsbier auf den Markt, das so außergewöhnlich war, dass es sofort die Bezeich-

„Stella Artoise“

Brauerei:	*Stella Artois*
Standort:	*Leuven*
Sorte:	*Pilsener*
Farbe:	*hellgold*
Alkoholgehalt:	*5,2 Vol.-%*
Serviertemperatur:	*6° C*
Geschmack:	*leicht malziger Antrunk, sehr zartes und geschmeidiges Bier*

Heute ist Stella Artois in Leuven die größte Brauerei Belgiens.

nung „Stella (lat. für Stern) Artois“ erhielt. Dieses ursprüngliche Weihnachtsbier wurde so populär, dass es schließlich während des ganzen Jahres hergestellt wurde. Stella Artois ist heute als „das Bier aus dem Land der Biere“ bekannt. Heute wird Stella Artois in über 80 Ländern verkauft.

Brasserie du Bocq
Belgisches Weizenbier

Der Landwirt Martin Belot fing 1858 an, auf seinem Bauernhof in Purnode in der Nähe von Dinant Bier zu brauen. Der Grund dafür war anfänglich, dass er seine Arbeiter auch im Winter beschäftigen musste. Die Brauerei wuchs und wuchs und im Jahr 1960 musste der landwirtschaftliche Betrieb zugunsten der Brauerei ganz eingestellt werden. Auch in der heutigen Zeit ist die Brauerei Du Bocq mit ihrem reichhaltigen Sortiment ein Familienunternehmen.

„Blanche de Namur“

Brauerei:	*Brasserie du Bocq*
Standort:	*Purnode, Namur*
Sorte:	*Weizenbier*
Farbe:	*goldgelb, naturtrüb*
Alkoholgehalt:	*4,5 Vol.-%*
Serviertemperatur:	*6° C*
Geschmack:	*fruchtig, erfrischend*

„La Gauloise Brune“

Brauerei:	*Brasserie du Bocq*
Standort:	*Purnode, Namur*
Sorte:	*Ale*
Farbe:	*dunkel*
Alkoholgehalt:	*8,1 Vol.-%*
Serviertemperatur:	*8 bis 12° C*
Geschmack:	*reichlich Hefearoma, leicht bitter*

Der Haupteingang der Brasserie du Bocq in Purnode bei Dinant.

Brouwerij de Gouden Boom
Brauerei „Goldener Baum"

Jan Hugheins erbaute 1455 eine erste Brauerei am noch heute gelegenen Standort. Bis ins späte 19. Jahrhundert wechselten sich Brauerei und Schnapsbrennerei immer wieder ab. Das Anwesen der heutigen Brauerei geht auf das Jahr 1872 zurück, als Jules Vanneste die damalige Brennerei für Alkohol kaufte und sie zu einer Brauerei für obergäriges Ale umbaute.

Als dann das untergärige Pilsener in Belgien immer beliebter wurde, begann auch die Brauerei „goldener Baum", diese Biere zu produzieren. Schnell entstand ein Sortiment aus Bock, Export und Pils. Heute ist die Brauerei nicht mehr eigenständig, sondern gehört zur Alken-Maes-Gruppe. Die Brauerei braut im Moment noch zwei Biersorten der Marke Steenbrugge: ein Duppel und ein Triple.

„Steenbrügge Dubbel"

Brauerei:	*Brouwerij de Gouden Boom*
Standort:	*Brügge, Westflandern*
Sorte:	*Abteibier*
Farbe:	*walnussbraun*
Alkoholgehalt:	*6,5 Vol.-%*
Serviertemperatur:	*10 bis 12° C*
Geschmack:	*fruchtig, nussig, karamellmalzig*

Brouwerij van Hoegaarden
Renaissance der Weißbiere

Ende der 50er-Jahre gab es in Belgien kein Weizenbier mehr. Obwohl östlich von Brüssel das größte Weizenanbaugebiet Belgiens liegt, waren die über 30 Weizenbierbrauereien verschwunden. Das Pilsener hatte dem Weißbier den Rang abgelaufen.

Die Methode, Weißbier zu brauen, verdankt die Gegend den Mönchen, die in einer kleinen Stadt in Belgien, in Hoegaarden, ein Rezept von 1445 entdeckten. Seit dieser Zeit wurde in Hoegaarden mal mehr mal weniger Weißbier gebraut, bis 1957 die letzte Hoegaarden-Brauerei schloss.

Neun Jahre später sprach ein Milchmann mit einem Freund darüber, wie sehr sie das alte Weißbier vermissten. Da entschied

„Hoegaarden Blanche"

Brauerei:	*Brouwerij van Hoegaarden*
Standort:	*Hoegaarden, Flämisch Brabant*
Sorte:	*Weizenbier*
Farbe:	*golden, naturtrüb*
Alkoholgehalt:	*4,9 Vol.-%*
Serviertemperatur:	*9 bis 10° C*
Geschmack:	*würzig, leicht, erfrischend*

Pierre Celis, der neben der Brauerei wohnte, dass es Zeit war, das Weizenbier zurück auf den Markt zu bringen. Mit finanzieller Hilfe vom Vater und mit Brauhilfe von einem ehemaligen Brauern fing er in einem kleinen Bauernhaus an, zu brauen. Der Name der Brauerei war „The Cloister".

Die erfolgreiche Auferstehung dieses großen Bieres zeigten die Zahlen der Produktion. Als Pierre Celis 1966 startete, wurden nur 350 hl Bier gebraut und wurden schnell über 75.000 hl im Jahr 1985. Das war ein großer Erfolg für die Brauerei. Sie war so erfolgreich, dass einige andere Brauereien überlegten, ihr eigenes Weißbier zu brauen. Sie konnten allerdings nie mit dem Original Hoegaarden konkurrieren. 1985 wurde durch ein Feuer eine Großzahl der Maschinen zerstört. Um die Maschinen wieder aufbauen zu können, hätte Pierre Celis eine Beteiligung gebraucht. Die fand er mit Interbrew, der Firma, die auch Stella Artois anbietet. Diese Großbrauerei übernahm letztendlich 1987 die Hoegaarden-Brauerei. Pierre Celis besitzt mittlerweile eine kleine Brauerei in Texas, USA.

Brasserie Leon Huyghe
„Suchtkrankheit" als Namen für Bier

Das belgische Pale Ale Delirium Tremens wird in der Brauerei Huyghe in der Stadt Melle in der Nähe von Gent gebraut. Sie wurde 1906 von Leon Huyghe gegründet, als er die „Appelhoek Brauerei" kaufte, die bereits 1654 ihr erstes Bier gebraut hatte. Die Brauerei entwickelte sich in den folgenden Jahren gut und hatte bis 1913 bereits eine eigene Mälzerei, die auch für die Abfüllung des Biers

Das Gebäude der Brasserie Leon Huyghe in Melle.

verantwortlich war. Zwischen den 30er- und den 60er-Jahren wurde die Brauerei dann immer weiter ausgebaut und modernisiert. Um 1985 teilte man die Brauerei in vier Unternehmensbereiche auf. Heute umfasst das erfolgreiche Unternehmen 60 Marken.

Eine der bekanntesten Biermarken ist das „Delirium Tremens", das in den markanten Steingutflaschen abgefüllt wird und als Maskottchen den pinkfarbenen Elefanten auf dem Flaschenetikett trägt.

„Delirium Tremens"

Brauerei:	*Brouwerij Huyghe*
Standort:	*Melle, Ostflandern*
Sorte:	*Pale Ale*
Farbe:	*golden, trüb*
Alkoholgehalt:	*9,0 Vol.-%*
Serviertemperatur:	*10° C*
Geschmack:	*fruchtig, nussig, karamellmalzig*

Brouwerij Louwaege
Der blutrünstige Graf

Die Entstehungsgeschichte des Biers aus Westflandern geht auf das 12. Jahrhundert zurück, als der Graf Baudouin Hapkin a la Hache (der mit der Axt) den Mönchen der Abtei Ter Duinen vorgab, ein starkes, helles Ale zu brauen. Der Legende nach sollte das Bier die Soldaten des Grafen unbesiegbar machen, um sich vor dem Deutschen Kaiserreich zu schützen.

Gegründet wurde die Brouwerij Louwaege im Jahr 1877 und 2003 wurde sie geschlossen. Sie gehört heute zur bedeutenden britischen Brauerei Scottish & Newcastle.

„Hapkin"

Brauerei:	*Brouwerij Louwaege*
Standort:	*Kortemark, Westflandern*
Sorte:	*Ale*
Farbe:	*blassgolden*
Alkoholgehalt:	*8,5 Vol.-%*
Serviertemperatur:	*10° C*
Geschmack:	*scharf würzig, Abgang trocken und bitter*

Die 1877 gegründete Brauerei wurde 2002 nach England verkauft und im darauffolgenden Jahr komplett geschlossen.

Browerij Duvel Moortgat NV
Teuflisch gut

Die englischen Truppen hatten im Ersten Weltkrieg nicht nur Tod und Verderben auf das Festland gebracht, sondern auch ein sehr süffiges Bier, das dem belgischen Pale Ale ähnelte. Gegen 1918 entschloss sich Albert Moortgat dazu, ein Bier nach britannischem Braurezept zu brauen. Das erste Bier wurde Victory-Ale genannt, aber ein Freund des Brauers rief aus „Da's nen echten duvel (das ist ein echt teuflisches Bier)". So taufte man es also auf „Duvel" um, eine Variante des flämischen Wortes für Teufel (duivel). Andere Brauereien fingen an, ähnliche Biere zu brau-

en, und benannten sie alle ebenfalls nach diesem Thema. Man nannte es „Judas“, „Satan“ und fand noch viele andere Namen. Anfangs der 70er-Jahre benutzte die Brauerei Moortgat die belgische Küste, um das Duvel national bekannt zu machen. Zehn Jahre später begann die Brauerei, zu exportieren. Heute stellt Duvel 85 Prozent der Produktion von Moortgat dar.

„Duvel“

Brauerei:	*Brouwerij Duvel Moortgat NV*
Standort:	*Puurs, Flandern*
Sorte:	*Ale*
Farbe:	*blassgolden*
Alkoholgehalt:	*8,5 Vol.-%*
Serviertemperatur:	*10° C*
Geschmack:	*fruchtig säuerlich, malzig, trockener Abgang*

Eine Flaschenabfüllstraße der Brauerei Duvel in Puurs bei Antwerpen.

Brouwerij Roman NV
Ein Joker der Biere

Die Geschichte der Brauerei führt weit bis ins Mittelalter in die Zeit um 1545 zurück. Die Familie Roman gründete im kleinen Örtchen Mater in der Nähe von Oudenaarde 1930 eine neue, kleine Familienbrauerei. Bis zum Zweiten Weltkrieg hatte die Brauerei nur Pilsener-Biere gebraut. Doch erst als die Brauerei die Produktion von obergärigem Bier im Jahr 1983 wieder aufnahm, stellte sich der Erfolg des „Sloeber“-Bieres ein.

Der Name „Sloeber“ kommt aus dem Flämischen und hat eine ähnliche Bedeutung wie „Joker“, der hier auch mit „Teufel“ gleichzusetzen ist. Auch bei diesem Bier stand das berühmte „Duvel“ Pate.

„Sloeber“

Brauerei:	*Brouwerij Roman NV*
Standort:	*Matter-Oudenaarde, Ostflandern*
Sorte:	*Ale*
Farbe:	*bernstein*
Alkoholgehalt:	*7,5 Vol.-%*
Serviertemperatur:	*10 bis 12° C*
Geschmack:	*mild, mit dominierendem Malzaroma und leichter Hopfigkeit*

Brouweij Timmermans John Martin
Süffiges Obstbier

Die Brauerei Timmermans wurde bereits im Jahr 1832 gegründet. Dokumente belegen, dass der Standort aber schon viel früher ein Platz war, an dem Bier gebraut wurde. Der Begriff „Kriek“ ist inzwischen für alle mit Kirschen aromatisierten Biere geläufig. Dennoch ist die Timmermans Brauerei die Firma, die das Wort „Kriek“ für ihr Kirschbier, das aus natürlichen Hefen gebraut wird, zuerst verwendet hat. Dabei werden während der Reifung nach und nach immer wieder ganze, reife Kirschen nachgegeben. Aber bei Timmermans gibt es nicht nur Kirschbier, sondern auch Erdbeere, schwarze Johannisbeere und Pfirsich sind im Geschmacksangebot.

„Timmermans Kriek“

Brauerei:	*Brouwerij Timmermans J. Martin*
Standort:	*Itterbeek, Flämisch Brabant*
Sorte:	*Kriek-Lambic*
Farbe:	*hellkirschrot*
Alkoholgehalt:	*5,0 Vol.-%*
Serviertemperatur:	*8 bis 9° C*
Geschmack:	*süffig, süßlicher Kirschgeschmack*

Es ist kaum zu glauben, aber in Dänemark gibt es über 450 Brauereien mit über 2000 Biersorten. Viele von ihnen brauen nach dem deutschen Reinheitsgebot. Andere haben sich auf traditionelle Braumethoden spezialisiert.

Die Bierproduktion in Dänemark ist natürlich sehr stark von der Brauerei Carlsberg geprägt, die eine der weltgrößten Brauereien ist. Viele der kleineren Brauereien lehnen daher den etablierten Berufsverband Bryggeriforeningen ab, da er zu stark von der Carlsberg-Gruppe beeinflusst wird. Daher gründeten sie am 21. Oktober 2003 eine eigene Organisation, die „Danke Bryghuse".

Carlsberg Danmark A/S
Auf dem Weltmarkt dabei

Die Geschichte der Brauereigruppe geht auf das Jahr 1847 zurück, als Firmengründer Jacob Christian Jacobsen die Carlsberg-Bryggerier Kjøbenhavn im Stadtteil Vesterbro eröffnete. Schon früh beginnt Carlsberg, sein Bier auch im Ausland abzusetzen: 1868 verkaufte Carlsberg erstmals Bier in Edinburgh. 1939 macht Carlsberg alleine 55 Prozent des gesamten britischen Bierimports aus. Im Jahr 1882 folgt Jacobsens Sohn Carl dem Vorbild seines Vaters und eröffnet seine eigene Brauerei, Ny Carlsberg. Die erste Brauerei, die der Konzern im Aus-

„Elephant Beer"

Brauerei:	*Carlsberg Danmark A/S*
Standort:	*Kopenhagen*
Sorte:	*Lager*
Farbe:	*goldgelb*
Alkoholgehalt:	*7,2 Vol.-%*
Serviertemperatur:	*8 bis 10° C*
Geschmack:	*malziger Antrunk, hopfenherb*

Hinter dem Eingang der berühmten Brauerei Carlsberg in Dänemark schützen vier große Granitelefanten den Eingang.

land eröffnete, entstand 1968 in Malawi. In Europa hingegen ging man mehrmals Fusionen und Joint Ventures ein, an denen man kurze Zeit später die absolute Mehrheit selbst erwarb. Auf diese Weise verleibte sich der Konzern nacheinander den inländischen Hauptkonkurrenten Tuborg (1970), die britische Tetley-Brauerei (1992–1997) und die Orkla-Gruppe (2001–2004) ein.

Die Hausmarke Carlsberg, ein dänisches Bier nach Pilsener Brauart, ist Marktführer in Dänemark und eine der weltweit am weitesten verbreiteten Biermarken. Der grüne Schriftzug mit der stilisierten Hopfendolde und der englische Slogan „probably the best beer in the world" (wahrscheinlich das beste Bier der Welt) (der übrigens in der ursprünglichen Reklame von Orson Welles gesprochen wurde), sind seit den 70er-Jahren weitgehend unverändert.

Tuborg Brewerries Ltd.
Die kleinere Schwesterbrauerei

Tuborg ist die kleinere der beiden dänischen Brauereien des Konzerns Carlsberg. Sie wurde 1880 ebenfalls in Kopenhagen gegründet und ist in Deutschland noch weiter verbreitet als Carlsberg. In Deutschland wird Tuborg, anders als in Dänemark, nach dem Reinheitsgebot von 1516 in Hamburg gebraut. Es zeichnet sich durch besonders süßen Geruch und mittelherb-süßlichen Geschmack aus.

International besonders bekannt ist „det grønne" (das Grüne, wegen seines grünen Etiketts) für seine Reklame geworden: Das Reklameschild des „tørstige mand" (der durstige Mann) des Malers Erik Henningsen (1855–1930), das einen schwitzenden Wanderer zeigt, der sich nach einer Erfrischung sehnt, wurde im Laufe der Jahre millionenfach reproduziert und gilt manchen als eines der wichtigsten dänischen Kunstwerke des 20. Jahrhunderts. Eine weitere bekannte Reklame der Brauerei ist der TV-Spot für Tuborgs Julebryg, ein spezielles Weihnachtsbier: Der Trickfilm handelt vom Weihnachtsmann, der im nächtlichen Schneegestöber Geschenke ausfährt, sich dann aber kurzfristig entscheidet, einem vorbeifahrenden Tuborg-Lastwagen hinterherzueilen, und schließt mit einem Weihnachtsgruß an die Zuschauer ab. Dieser Spot wird seit vielen Jahren in unzähligen Varianten ausgestrahlt.

„Pure Gold"

Brauerei:	*Tuborg Brewerries Ltd.*
Standort:	*Kopenhagen*
Sorte:	*Lager*
Farbe:	*goldgelb*
Alkoholgehalt:	*5,5 Vol.-%*
Serviertemperatur:	*8 bis 10° C*
Geschmack:	*malzig, hopfenherb*

„Pilsener"

Brauerei:	*Tuborg Brewerries Ltd.*
Standort:	*Kopenhagen*
Sorte:	*Pilsener*
Farbe:	*pilsgelb*
Alkoholgehalt:	*4,9 Vol.-%*
Serviertemperatur:	*8 bis 10° C*
Geschmack:	*malziger Antrunk, hopfenherb*

Schweden ist das Land Nummer eins in Sachen „Bier". Seit dem Mittelalter ist Bier das Nationalgetränk. Da die Brauereien jedoch die Einzigen waren, die auch Spirituosen destilieren durften, und sich mit Schnäpsen und Likören bald mehr Geld verdienen ließ, kam die Brauereitradition von 1700 bis heute fast zum Stillstand. Erst im 18. Jahrhundert, als das „Porter" aus England exportiert wurde, konnte sich das Biertrinken wieder etablieren.

Bei den Norwegern ist das Bierbrauen nur ein regionales Handwerk, da die Brauereien unter sehr hohen Steuern und vielen Vorschriften leiden. Dennoch kann sich Norwegen brüsten, in der Provinz Troms die nördlichste Brauerei der Welt zu besitzen. Die Hauptstadt Tromso liegt 344 Kilometer nördlich des Polarkreises. Sehr alt ist das Brauereigewerbe in Finnland. Das finnische Bier ist eine ganz spezielle Bierart, die weltweit kaum vergleichbare Mitkonkurrenten hat. Heute entwickeln sich viele kleine Gasthausbrauereien vor allem in den Städten. Island hat von allen skandinavischen Ländern die jüngste Braugeschichte. Durch ein Gesetz, das erst vor ca. zwölf Jahren abgeschafft wurde, war es verboten, Bier zu brauen, das mehr als 2,2 Vol-% hatte.

Carlsberg Sverige
Schotten in Schweden

„Carnegie Porter"

Brauerei:	*Carlsberg Sverige*
Standort:	*Stockholm, Schweden*
Sorte:	*Baltic Porter*
Farbe:	*braun*
Alkoholgehalt:	*5,5 Vol.-%*
Serviertemperatur:	*10 bis 13° C*
Geschmack:	*nach Lakritz mit trockenem Abgang*

Es ist nicht ungewöhnlich, dass dieses typische Porter von einem Schotten namens Carnegie in den 30er-Jahren des 19. Jahrhunderts in Göteborg gebraut wurde. Denn Schweden und Schottland unterhielten seit jeher intensive Handelsbeziehungen, und das nicht nur beim Bier. Zudem waren die Menschen damals davon überzeugt, dass gerade das Porterbier mit Eigelb, vom Arzt verschrieben, stillenden Müttern bei der Schwangerschaft helfen würde. Beim Carnegie Porter gibt es zwei Biersorten. Einmal das eher schwächere mit 3,5 Vol.-%, das sich für gesellige Runden eignet, und das starke Porter (5 Vol.-%), das eher zu guten Speisen getrunken wird.

Lapin Kulta
Lapplands Gold

Nicht nur in Amerika gab es einen „Goldrausch". Auch in Finnland gab es Mitte des 19. Jahrhunderts einen riesigen „Run" auf das begehrte Edelmetall. Eine der wichtigsten „Goldschürfer"-Städte war Torino in Lappland, und da nach getaner Arbeit die trockene Kehle befeuchtet werden musste, entstand 1873 die Brauerei. Beide Aktivitäten waren von Erfolg gekrönt. Die „Schatzsucher" fan-

„Premium Lager"

Brauerei:	*Hartwall Ltd., Lapin Kulta*
Standort:	*Tornio, Lappland, Finnland*
Sorte:	*Lager*
Farbe:	*hellgolden*
Alkoholgehalt:	*5,2 Vol.-%*
Serviertemperatur:	*6 bis 7° C*
Geschmack:	*malziger Antrunk, keinerlei Malzsüße, malzbitter*

Goldrausch

Gold aus Lapland wurde zuerst im Fluss Ivalojoki im Jahr 1868 entdeckt. Der erste Goldrausch begann 1870. Seither haben sich große Unternehmen dazu entschlossen, das Gold in Lappland mit riesigen Maschinen abzugraben.

den mehr als 130 Kilogramm Gold und auch die Brauerei gedieh trotz des Alkoholverbots zwischen 1919 und 1932. Ab den 60er-Jahren konnte das Bier sogar ins Ausland verkauft werden.

Spendrups Bryggeri
Zwischen Finnland und Schweden

Norrland wurde alsbald nach dem Abschmelzen des Inlandeises vor ungefähr 10.000 Jahren besiedelt. In der jüngeren Steinzeit entwickelte sich dort die „Schieferkultur“. Aus der vorchristlichen Zeit ist kaum etwas bekannt. Aus den Ortsnamen ist zu entnehmen, dass Frey und Freyja sowie Thor hier Kultstätten hatten. Erst 1435 taucht der Begriff „Norrland“ in der gereimten sogenannten „Karlschronik“ aus der Unionszeit auf. Norrlands historische Südgrenze im heutigen Schweden ist Ödmården, ein großes Waldgebiet zwischen Gästrikland und Hälsingland. Gästrikland gehörte früher zu Svealand und wird erst in den letzten Jahrhunderten zu Norrland gezählt.

Bis 1809 gehörte der nördliche Teil des heutigen Finnland ebenfalls zu Norrland, dieser wurde damals an Russland abgetreten. Die Grenze zwischen dem damaligen Österland und Norrland bildete der Fluss Oulujoki (schwedisch Ule älv'), der bei der Stadt Oulu (schwedisch Uleåborg) in den bottnischen Meerbusen mündet.

Die Norrländer sind, wie auch ihr Bier, durch ihren direkten und gelassenen Charakter bekannt. So ist auch das Bier schnörkellos, geradlinig und süffig.

Spendrups Bryggeri
Im Pilsener Stil

Ursprünglich war der Sitz der Firma ca. 240 Kilometer nordwestlich von Stockholm. Gunnar Spokis Andersson hatte das Unternehmen im Jahr 1949 gegründet. Heute ist der Hauptsitz in die Hauptstadt Schwedens umgezogen.

Das „Spendrups Old Gold“ wurde Mitte der 80er-Jahre das erste Mal gebraut und ist eines der ersten schwedischen Biere, die im Pilsener Stil gebraut wurden.

„Norrlands Guld Export“

Brauerei:	*Spendrups Bryggeri*
Standort:	*Grangesberg, Schweden*
Sorte:	*Lager*
Farbe:	*goldgelb*
Alkoholgehalt:	*5,3 Vol.-%*
Serviertemperatur:	*6 bis 8° C*
Geschmack:	*schnörkellos, süffig*

„Splendups Old Gold“

Brauerei:	*Spendrups Bryggeri*
Standort:	*Grangesberg, Schweden*
Sorte:	*Pilsener*
Farbe:	*dunkel goldgelb*
Alkoholgehalt:	*5,0 Vol.-%*
Serviertemperatur:	*6 bis 8° C*
Geschmack:	*mildblumiges Hopfenaroma*

Elche in Skandinavien

Größere Elchpopulationen sind in Norwegen, Schweden, Finnland und den baltischen Staaten zu finden. Früher kam der Elch auch in Westeuropa vor. Um die Zeitenwende war der Elch in ganz Germanien verbreitet. Mit dem Verschwinden der Wälder und der Ausweitung des Kulturraumes ging der Elchbestand zurück. Bis zum Zweiten Weltkrieg kam der Elch in Deutschland in Mecklenburg, Teilen Ostbrandenburgs und Schlesiens und vor allem aber in Ostpreußen auf der Kurischen Nehrung und in den Niederungen am Ostufer des Kurischen Haffs vor.

Natürlich wird in Frankreich Bier getrunken, sogar sehr gern, und auch gebraut. Frankreich ist der fünftgrößte Bierproduzent in Europa. Vor allem im Elsass und im Norden (Nord-Pas-de-Calais) gibt es viele und große Brauereien. Die bekanntesten Marken und Biersorten, denen man in Frankreich begegnet (in Supermärkten und Lokalen), sind wohl Kronenbourg, 1664, Kanterbräu und Pelforth. Es ist durchaus üblich, sich am Nachmittag auf „une pression", das ist ein Glas Fassbier („gepresst" aus dem Fass), auf den Freisitz vor einem Lokal in den Schatten zu setzen. In den Städten gibt es überall auch „Brasseries", das sind vor allem Bierlokale – aber man kann dort natürlich auch andere Getränke zu sich nehmen. Gern wählt man auch ein Bier als Aperitif vor dem Essen am Abend. Die Biere sind alle wohlschmeckend; welche Sorte einem am besten zusagt, muss man natürlich selbst herausfinden.

Brasserie Fischer
Ein neuer Bierstil

Das französische „Adelscott" wurde erstmals in den 80er-Jahren gebraut. Es ist ein untergäriges Lagerbier, das aus verschiedenen Malzen und Mais gebraut ist. Dazu kommen torfgeräucherte Whiskeymalze.

Ursprünglich wurde das Bier in der Adelshoffen-Brauerei in Schiltigheim gebraut. Die Brauerei Adelshoffen wurde 1862 an der Stelle einer ehemaligen Ölmühle in Schiltigheim gegründet und 1868 von den Gebrüdern Ehrhardt gekauft. Aus der Brauerei wurde 1883 eine Aktiengesellschaft. Um den Umsatz, der nach der Grenzschließung durch die deutsche Behörde gesunken war, zu erhöhen, hat sich die Brauerei 1902 mit der nahe gelegenen Brauerei Hahnenbräu, die unter deutscher Obhut stand, zusammengeschlossen. Nach dem Rückzug der Deutschen, nahm die Brauerei 1918 wieder ihren ursprünglichen Namen an und wurde dem französischen Staat übergeben, der seinen Anteil zum Verkauf freigab. Heute wird es von der Brasserie Fischer produziert, die zur Heineken-Gruppe gehört.

„Adelscott"

Brauerei:	*Brasserie Fischer*
Standort:	*Schiltigheim, Elsass*
Sorte:	*Rauchbier*
Farbe:	*bernsteinfarben*
Alkoholgehalt:	*6,6 Vol.-%*
Serviertemperatur:	*9° C*
Geschmack:	*süßlich, Whiskey-, Karamellaroma*

Brasserie Duyck
Bier in Champagnerflaschen

Die Brasserie Duyck ist ein Familienbetrieb, der bereits in der vierten Generation braut. Felix Duyck gründete im Jahr 1922 die Brauerei in einem Bauernhaus in Jenlain bei Valenciennes im äußersten Norden Frankreichs. Sein obergäriges Bier fand schnell Zuspruch über die Gemeinde hinaus.

Nach dem Zweiten Weltkrieg entschlossen sich die Duycks, ihr Bier auch in Flaschen abzufüllen. Mangels Geld kaufte man „alte" Champagnerflaschen, dieser Flasche ist man bis heute treu geblieben.

„Jenlain"

Brauerei:	*Brasserie Duyck*
Standort:	*Jenlain, Nord-Pas-de-Calais*
Sorte:	*Biere de Grande*
Farbe:	*bernsteinrot*
Alkoholgehalt:	*6,5 Vol.-%*
Serviertemperatur:	*6 bis 8° C*
Geschmack:	*trocken, mit würzigem Abgang*

Brasseries Kronenbourg
Größte Brauerei Frankreichs

Mit seinem frisch eroberten Diplom als Böttcher und Brauer mietete Jérôme Hatt 1664 die Brauerei „Zur Carthaunen", die er später kaufte und die heute noch unter dem Namen „Brasserie

du Canon“ (Brauerei zur Kanone) in Straßburg, Place du Corbeau, existiert. Ab 1857 beliefert sein Nachkomme Frédéric-Guillaume Hatt ganz Paris mit vollen Zügen pasteurisierter Fässer. Das Bier verlässt dann das Elsass und erobert ganz Frankreich. 1862 wird die ganze Brauerei nach Cronenbourg in die ehemaligen Vauban-Befestigungsanlagen verlegt. 1922, nach der Übernahme der „Brasserie du Tigre“, nimmt die Brauerei Hatt mit der Marke „Tigre Bock“ den ersten Platz der elsässischen Brauereien ein. 1940 wird die Brauerei von den Deutschen beschlagnahmt. Erst 1947 mit der Ankunft eines neuen Jérôme Hatt wird die Marke „Tigre Bock“ in „Kronenbourg“ umbenannt. Kronenbourg ist die erste Brauerei, die im selben Jahr die 33-cl-Bierflasche auf den Markt bringt. Sie ist heute die größte Brauerei in Frankreich. In der Firmengeschichte wurde der Name mehrmals geändert wegen der teils deutschen, teils französischen Geschichte Straßburgs (zuerst Brasserie Hatt, dann Tiger Bock, Kronenburg, Cronenbourg, Kronenbourg). Seit 2000 ist Kronenbourg eine Tochterfirma von Scottish & Newcastle. Seit dem 29. April 2008 ist Kronenbourg nach der Fusion von Scottish & Newcastle mit Heineken und Carlsberg eine Tochterfirma von Carlsberg.

„Kronenbourg 1664“

Brauerei:	*Brasseries Kronenbourg*
Standort:	*Straßburg, Elsass*
Sorte:	*Premium Lager*
Farbe:	*hell, golden*
Alkoholgehalt:	*5,9 Vol.-%*
Serviertemperatur:	*9 bis 10° C*
Geschmack:	*leicht malziger Antrunk, zartes Weizenmalzaroma, leicht säuerlich und fruchtig*

Les Brasseurs de Gayant
Der Belzebub und der Bierkönig

Das „Biere du Demon“ nimmt in Anspruch, das stärkste Lagerbier weltweit zu sein. Kein Wunder bei 12 Vol.-%. 1981 wurde das Lagerbier der Brauerei Gayant das erste Mal gebraut. Der Name der Brauerei „Gayant“ bezieht sich auf eine alte Volkssage, die auch heute noch in den Städten Douai und Cambrai als „La Fe`te du Vieux Gayant“ (das Fest des alten Riesen) zur Erinnerung an den Bierkönig Gambrinus gefeiert wird, der dem Beelzebub mittels Bier ein Schnippchen schlug.

„Biere de Demon“

Brauerei:	*Les Brasseurs de Gayant*
Standort:	*Douai, Nord-Pas-de-Calais*
Sorte:	*Strong Lager*
Farbe:	*hell, golden*
Alkoholgehalt:	*12,0 Vol.-%*
Serviertemperatur:	*12° C*
Geschmack:	*stark malzig, trocken mit Honig*

Brasserie Pietra
Bier aus Korsika

Das Biera Corsa ist ein handwerklich eingebrautes dunkles Bier, das aus der korsischen Brauerei Pietra kommt. Es wird aus einer Mischung von ausgewählten Malzsorten und dem Mehl von korsischen Kastanien gebraut. In Korsika ist die Kastanie die traditionelle Frucht. Sie wird im Wald Castagniccia (Haute-Corse) handgepflückt, individuell ausgesucht und mit Eseln zum nächsten Ort getragen, um dort zu Mehl verarbeitet zu werden. Dieses auf der Welt einzigartige Bier besitzt einen außergewöhnlichen Charakter – stark und delikat mit einem leicht bitteren Geschmack. Pietra hat eine wunderschöne Bernsteinfarbe.

„Pietra“

Brauerei:	*Brasserie Pietra*
Standort:	*Furiani, Korsika*
Sorte:	*Lager*
Farbe:	*hell, golden, bernsteinfarben*
Alkoholgehalt:	*6,0 Vol.-%*
Serviertemperatur:	*7 bis 8° C*
Geschmack:	*trocken, harzig, bitterer Abgang*

Das Brauwesen hat eine lange Tradition in England, die bis auf den heutigen Tag bewahrt wird. So ist England das Land, in dem noch heute das Ale (obergäriges, starkes, helles oder dunkles hopfenbitteres Bier, das bei relativ warmen Temperaturen vergoren wird) seinen Platz neben dem im Rest der Welt üblichen Lagerbier (Pils, „Helles“, etc.) behaupten kann. England ist nach Deutschland der zweitgrößte Bierproduzent Europas, verfügt aber über weit weniger Brauereien. Gerade mal an die 450 Groß-, Klein- und Pubbrauereien gibt es noch in England im Vergleich zu den rund 1300 Brauereien in Deutschland.

Bass Brewers Ltd.
Bier für Indien

„Bass Pale Ale“

Brauerei:	*Bass Brewers Ltd.*
Standort:	*Burton upon Trent, Staffordshire*
Sorte:	*India Pale Ale*
Farbe:	*rotbraun*
Alkoholgehalt:	*5,2 Vol.-%*
Serviertemperatur:	*10° C*
Geschmack:	*malzig aromatisch, leicht bitterer Abgang*

Bereits im Jahr 1777 wurde die Brauerei Brass in Burton upon Trent gegründet und das „Bass Ale“ zum Verkauf angeboten. Das Wasser ist das Geheimnis des außergewöhnlichen Biers mit dem leicht schwefeligen Aroma, das bis heute nicht kopiert werden konnte. Um das Bier haltbar zu machen, denn es wurde bis nach Indien über den Seeweg exportiert, wurden der Alkohol- und der Hopfenanteil recht hoch angesetzt. Die Brauerei Bass war bis 1955 die größte in Großbritannien, dann wurde Scottish Newcastle durch eine Fusion zum Marktführer. Bass gehören neben der Brauerei auch die Holiday-Inn-Hotelkette sowie die Intercontinental-Hotels.

George Bateman & Son Ltd.
Das Champion-Beer

1874 wurde die berühmte britische Brauerei von George Bateman neben einer inzwischen efeubewachsenen Windmühle gegründet. Heute betreibt der Enkel, ebenfalls mit dem Namen George Bateman versehen, die Brauerei. Obwohl Mitte der 80er-Jahre fast an eine Schließung gedacht werden musste, hat sich heute die Privatbrauerei erholt und auch die Unabhängigkeit von großen Konzernen bewahrt. Auslöser des Erfolgs war die Fassversion des „Bateman's XXXB“, das 1986 den Titel „Champion Beer“ beim Great British Beer Festival gewann.

„Bateman's XXXB“

Brauerei:	*George Bateman & Son Ltd.*
Standort:	*Wainfleet, Lincolnshire*
Sorte:	*Bitter*
Farbe:	*kupferrot*
Alkoholgehalt:	*4,8 Vol.-%*
Serviertemperatur:	*10 bis 13° C*
Geschmack:	*ausgewogen aus Malz und Hopfen*

Black Sheep Brewery
Monty Python lässt grüßen

Die Brauerei Black Sheep Brewery entstand, nachdem die Traditionsbrauerei Theakston von 1823 im Jahr 1987 von Scottish & Newcastle aufgekauft wurde. Der Theakston-Erbe und seit 1969 Geschäftsführer der Brauerei, Paul Theakston, entschloss sich nach kurzer Zeit, den Konzern zu verlassen und an historischem Ort weiterzubrauen. Die Black Sheep Brewery ist mittlerweile eine der erfolgreichsten unabhängigen Brauereien des Vereinigten Königreichs, durch ihr Sponsoring eine feste Größe in Yorkshires Kultur- und Sportlandschaft und durch einzelne Aktionen wie die Zusammenarbeit mit Monty Python in der Produktion eines Holy Grail Ale auch über die Grenzen des Landes und der

Das viktorianische Braugebäude liegt im Ortszentrum von Masham.

Biertrinkerszene hinaus bekannt. Während die Brauereiwirtschaft in den letzten 20 Jahren gewaltige Umbrüche erlebte, die viele Traditionsfirmen in die Geschäftsausgabe oder in die Abhängigkeit von Großkonzernen führte, ist Black Sheep mittlerweile eine der größten unabhängigen Brauereien der Britischen Inseln. Black Sheep ist damit eine der wenigen Brauereien im Vereinigten Königreich, die in einem stetig sinkenden Marktumfeld beständig die Umsätze steigern können.

Unter anderem verfügt die Brauerei über ein intensives lokales Marketing. So sponsert Black Sheep diverse lokale Veranstaltungen, ebenso wie sie analog zu den Schottischen Whisky-Trails einen Yorkshire-Brauerei-Trail einrichtet. Das Besucherzentrum in der Brauerei ist mittlerweile eine Standardattraktion in allen großen Reiseführern. Darüber hinaus gibt es einen Black-Sheep-Fanclub und andere Aktivitäten wie einen Black-Sheep-Ruderclub The Flock. Die originale Theakston-Brauerei befindet sich mittlerweile auch wieder im Familienbesitz.

„Black Sheep Ale"

Brauerei:	*Black Sheep Brewery*
Standort:	*Masham, North Yorkshire*
Sorte:	*Pale Ale*
Farbe:	*rotgold*
Alkoholgehalt:	*4,4 Vol.-%*
Serviertemperatur:	*13° C*
Geschmack:	*trockene, stabile Malzigkeit*

Daleside Brewers Ltd.
„Königlicher" Abstammung

„Daleside Morocco Ale"

Brauerei:	*Daleside Brewers Ltd.*
Standort:	*Harrogate, Yorkshire*
Sorte:	*Ale*
Farbe:	*dunkel*
Alkoholgehalt:	*5,5 Vol.-%*
Serviertemperatur:	*13° C*
Geschmack:	*Ingwer-, Orange-, Toastkuchenaroma*

Vermutlich stammt der Name des Bieres bereits aus der Zeit König Charles II. Man erzählt, dass die dunkelhäutigen Diener am Hof des Königs den Grund für die Namensgebung waren. Das Bier selbst wurde von den Höflingen in Levens Hall bei Kendal in Cumbria eingeführt. Im Jahr 1870 war dort ein „Morocco" serviert worden, der 21 Jahre gereift war.

Fuller, Smith & Turner plc.
Prinz Charles als „Geburtshelfer"

Fuller, Smith & Turner blicken mit Sicherheit auf eine 165-jährige Geschichte und Brautradition zurück, also bis zum Jahr 1845, als die Brauerei Fuller, Smith & Turner gegründet wurde. In Quellen ist dokumentiert, dass am Standort von Fuller schon mindestens 325 Jahre gebraut wird. Im Jahr 1995 kam das heute

Eines der drei Fuller Pubs in Chiswick.

„Fuller's 1845“

Brauerei:	*Fuller, Smith & Turner plc.*
Standort:	*Chiswick, London*
Sorte:	*Ale*
Farbe:	*braunrot*
Alkoholgehalt:	*6,3 Vol.-%*
Serviertemperatur:	*13° C*
Geschmack:	*lebhaftes, hefig malziges Aroma*

berühmte Strong Ale zur 150-Jahr-Feier der Brauerei heraus. Das Rezept des Biers ist dem historischen Bier des 19. Jahrhunderts, so wie es damals getrunken wurde, nachempfunden. Niemand Geringerer als Prinz Charles gab der ersten Braufüllung den ersten Hopfen zu.
Es ist die letzte und einzige Londoner Brauerei mit ihrem Domizil an der Chiswick Lane und sie wurde als „englischer Regionalbrauer“ im Jahr 2007 geehrt.

George Gale & Co.
Die Seeschlacht von Trafalgar

Die Hausbrauerei Gale's wurde im Jahr 1847 von Richard und Ann Gale in Horndean gegründet. 1853 übernahm ihr Sohn George die Führung der Geschäfte. Schnell hatte der junge Mann das Potenzial der Firma erkannt und es bis heute zu einem stattlichen Unternehmen gemacht. Im Herbst jeden Jahres wird ein besonderes Bier gebraut, das an den 21. Oktober 1805 erinnern soll. Damals hatte Admiral Horatio Nelson in der berühmten Seeschlacht von Trafalgar die spanisch-französische Flotte besiegt. Doch von der Kugel eines französischen Schützen getroffen, welcher von einem Mast der „Redoutable“ aus geschossen hatte, starb er noch am gleichen Tag, nachdem ihm der überwältigende Sieg über die gegnerische Flotte gemeldet worden war.

„Gale's Trafalgar“

Brauerei:	*George Gale & Co.*
Standort:	*Horndean, Hampshire*
Sorte:	*Ale*
Farbe:	*rubinrot*
Alkoholgehalt:	*9,0 Vol.-%*
Serviertemperatur:	*13 bis 14° C*
Geschmack:	*fruchtige Malz- und Hopfennoten*

Greene King Brewery
Blick auf eine lange Geschichte

„Greene King Abbot Ale“

Brauerei:	*Greene King*
Standort:	*Bury St. Edmunds, Suffolk*
Sorte:	*Pale Ale*
Farbe:	*bernsteinfarben*
Alkoholgehalt:	*5,0 Vol.-%*
Serviertemperatur:	*10 bis 13° C*
Geschmack:	*anregend bitter, vollmundig*

Die Greene King Brewery zählt in England zu den ältesten und größten Brauereien, die noch in Betrieb sind. Das Brauereigewerbe von Bury blickt auf eine ungewöhnlich

Die Greene King Brewery mit Museum in dem Besucher verschiedene Biere probieren können.

lange Geschichte zurück. Mindestens seit dem Mittelalter wurde hier im großen Stil gebraut. Zu jener Zeit bauten die Mönche der Abtei St. Edmund auf dem Grund und Boden des Klosters eine eigene Brauerei. Die Greene-King's-Westgate-Brauerei, heute die größte Regionalbrauerei in Großbritannien, setzt diese Tradition fort. Ihre Gründung fällt in das für Brauereien goldene Zeitalter zwischen den 1820er-Jahren und 1917. Baubeginn war 1868, als Frederick William King die ersten Gebäude auf dem Gelände errichtete und sie St.-Edmund's-Brauerei nannte. Seit 1887 führt sie den Namen Greene King and Sons Limited.

Scottish & Newcastle Erfolgreiche Biermarken

„Newcastle Brown Ale"

Brauerei:	*Scottish & Newcastle*
Standort:	*Newcastle-upon-Tyne, Tyne and Wear*
Sorte:	*Ale*
Farbe:	*braun*
Alkoholgehalt:	*4,7 Vol.-%*
Serviertemperatur:	*10° C*
Geschmack:	*trocken, nussig*

Mit den Marken Baltika, Foster's und Kronenbourg 1664 gehörten drei erfolgreiche Biermarken zu Scottish & Newcastle. Des Weiteren besaß das Unternehmen die Marken John Smith's und Strongbow in Großbritannien, Kronenbourg Red & White in Frankreich, Sagres in Portugal, Lapin Kulta in Finnland und Kingfisher in Indien. Auch Spezialbiere wie Newcastle Brown Ale und Grimbergen wurden gebraut. Aus der ehemals regional auf Schottland und Nordengland fokussierten Brauerei wurde 1995 das größte Brauereiunternehmen des Vereinigten Königreichs. Es folgte die Expansion durch weitere Zukäufe.

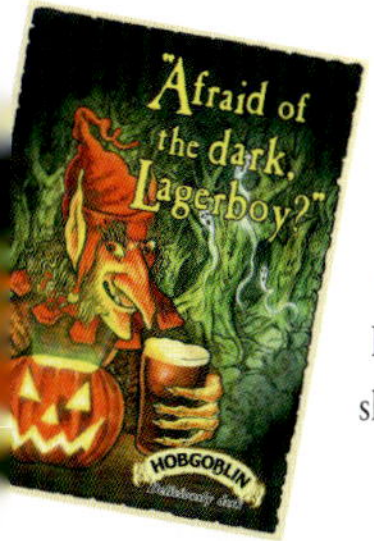

Wychwood Brewery Die Kobold-Brauerei

Im Mittelalter war die Grafschaft Oxfordshire größtenteils eine wenig bewohnte und mit Wald, Wiesen und Feldern überzogene Landschaft. Der Wald, der damals fast komplett West-Oxfordshire bedeckte, wurde Wychwood genannt. Über dieses Gebiet gab es sehr viele Legenden und Sagen und nach den Figuren aus diesen Legenden und Sagen wurden die Biere der Wychwood Brewery benannt. Die Brauerei selbst gibt es schon seit ca. 1811, als John Clinch dort die Clinch & Co. Brewery gegründet hatte.

„Wychwood Hobgoblin"

Brauerei:	*Wychwood Brewery*
Standort:	*Witney, Oxforsshire*
Sorte:	*Pale Ale*
Farbe:	*bernsteinfarben*
Alkoholgehalt:	*5,5 Vol.-%*
Serviertemperatur:	*10 bis 13° C*
Geschmack:	*schokoladig/malzig mit einem Hauch Alkohol*

Diese war eigentlich recht erfolgreich, schloss aber nach der Übernahme durch einen anderen Konzern im Jahr 1961 ihre Pforten. Etwa 22 Jahre später, im Jahr 1983 kaufte Paddy Glenny, ein junger englischer Braumeister, der in Deutschland sein Handwerk gelernt hatte, die alte Brauerei und baute dort in den folgenden Jahren eine eigene Brauerei mit dem Namen „The Eagle Brewery" bzw. „Glenny Brewery" auf. Den Namen „Wychwood Brewery" bekam sie dann im Jahr 1990 und in den folgenden Jahren entstanden dort Biere wie „Hobgoblin", „Circlemaster", „Fiddlers Elbow" und das „Black Wych".

Der „alte" Bedford-Lkw ist jährlich zu vielen Veranstaltungen unterwegs.

Irisches Bier hat im Vergleich zu deutschem Bier weniger Kohlensäure, weniger Geschmack und noch dazu weniger Alkohol. Eine Ausnahme ist das Guiness. Dennoch sind die Iren eine der größten Biertrinker-Nationen der Welt. Guiness ist Marktführer in Irland. Es ist eigentlich nur ein Markenname für Starkbier, auch Stout genannt, und enthält viel Alkohol. Dunkles Bier gibt es auch von Murphy's oder Beamish. Beliebt ist auch das Lager, ein helles Bier der Marke Harp und vieler anderer Marken. Das bekannte Ale, rotgelb und karamellisiert, wird u.a. hergestellt von der Firma Smithwick's in Kilkenny. Dazu gibt es noch das eher seltenere Bitter, das dem deutschen Altbier vergleichbar ist.

Beamish & Crawford
Spielgeld mit Butter und Rindfleisch

Die irische Brauerei Beamish & Crawford datiert ihre Gründung in das Jahr 1792, als Richard Henrick Beamish und Arthur Frederick Sharman Crawford ihre Zusammenarbeit mit dem Erwerb einer maroden Braustätte in Cramer's Lane (Cork) begannen. Beide Firmengründer, von Haus aus protestantische Grundbesitzer, waren allerdings vor den Bierversuchen mit Butter und Rindfleisch zu einem ausreichenden Spielgeld gelangt, dieses Experiment gelassen zu wagen. Ein außergewöhnlich großes Risiko war dies aber denn nun auch nicht, wissen wir doch von Dickens, dass dem einfachen Arbeiter dieser Zeit nicht viel blieb zu seiner Ernährung, außer Austern und Porter (Stout). Die erworbene Cork Porter Brewery, die auch als Schenke fungierte, lag direkt an einem der alten Stadttore. Nach einer Modernisierung 1865 wurde B & C 1901 zur Aktiengesellschaft und landete schließlich über die Carling O'Keefe eines irlandstämmigen Kanadiers bei der australischen Foster's Brewing Group.

„Beamish Irish Stout“

Brauerei:	*Beamish & Crawford*
Standort:	*Cork, Irland*
Sorte:	*Dry Stout*
Farbe:	*schwarz*
Alkoholgehalt:	*4,5 Vol.-%*
Serviertemperatur:	*8° C*
Geschmack:	*sanfte Karamell- und Kaffeenoten*

Die Kühltürme der Beamish Brewery in Cork.

Guinness Ltd.
9000 Jahre Pachtvertrag

„Guinnes Foreign Extra Stout“

Brauerei:	*Guinness Ltd.*
Standort:	*Dublin, Irland*
Sorte:	*Dry Stout*
Farbe:	*schwarz*
Alkoholgehalt:	*7,5 Vol.-%*
Serviertemperatur:	*18° C*
Geschmack:	*voll und stark*

Arthur Guinness' Vater war Landverwalter für Arthur Price, den Erzbischof von Cashel, und braute in dieser Eigenschaft Bier für die Arbeitskräfte des Gutes. Im Jahr 1759 überließ er die Tätigkeit einem seiner Brüder und übernahm eine Brauerei in Dublin. Optimistisch, wie er war, schloss er mit 34 Jahren einen Pachtvertrag für 9000 Jahre. Der Erfolg gab ihm recht. Dank der ausgewählten Zutaten und dem besonders guten Wasser in der Region erfreute sich sein Bier bald großer Beliebtheit.

Im Jahr 1761 heiratete er Olivia Whitmore in der St. Mary's Church in Dublin, mit der er im Verlauf seines weiteren Lebens

Die Guinness Brauerei (oben) und der Eingang zur Verwaltung (unten) in Dublin.

21 Kinder hatte. Zehn von ihnen begründeten die berühmte Guinness-Dynastie.
Im Jahr 1778 begann Guinness mit dem Brauen der dunklen Biersorte Porter, und 1799 stellte er das Brauen heller Biersorten komplett ein. Gegen Ende des 18. Jahrhunderts war seine Brauerei die größte Porter- und Stout-Brauerei der Welt. Guinnes-Biere wurden aber nicht nur auf der „Insel“ getrunken, sondern auch in Indien, an der afrikanischen West- und Ostküste und ab 1949 auch in Nordamerika. Heute wird Guinness in über 50 Ländern gebraut und in über 150 Ländern getrunken.

„Harp Lager“

Brauerei:	*Guinness Ltd.*
Standort:	*Dundalk, Louth, Irland*
Sorte:	*Lager*
Farbe:	*hellgold*
Alkoholgehalt:	*7,5 Vol.-%*
Serviertemperatur:	*8° C*
Geschmack:	*malzsüß, im Abgang leicht hopfig*

Carlow Brewing Co.
Irische Braukunst wiederbelebt

„O’Hara’s Celtic Stout“

Brauerei:	*Carlow Brewing Co.*
Standort:	*Carlow, Irland*
Sorte:	*Dry Stout*
Farbe:	*dunkelstbraun*
Alkoholgehalt:	*4,3 Vol.-%*
Serviertemperatur:	*9° C*
Geschmack:	*Kaffearoma mit einem Hauch von Karamell*

Die Carlow Brewing Company ist eine kleine unabhängige irische Brauerei, die 1996 von der Familie O’Hara gegründet wurde, um das Interesse an der alten Biertradition in Irland wieder aufleben zu lassen. Seit dem Jahr 1998 wird hier wieder nach historischen Rezepten irisches Bier gebraut. Dennoch verbindet sich die Geschichte der Biere mit den modernen Produktionsstandards der heutigen Zeit, um dem Biergenießer eine gleichbleibende Qualität zu gewährleisten. Durch die zentrale Lage der Brauerei im Hopfenanbaugebiet „Barrow Valley“ kann ständig auf beste Produkte der Mälzereien aus dem eigenen Land zurückgegriffen werden. So ist auch das Motto von Seamus O’Hara für die Zukunft: Die Kultur des Bierbrauens wiederzubeleben, die Qualität von irischem Bier festzuschreiben und nur mit natürlichen Inhaltsstoffen ohne künstliche Zusätze zu brauen.

Wenn man an Schottland denkt, denkt man eigentlich zuerst an Whisky. Doch der südliche Nachbar Englands hat eine starke und individuelle Brautradition. Durch den flächendeckenden Anbau von Gerste, der auch für den Whisky benötigt wird, ergibt sich auch die Grundlage für das schottische Bier, die Gerste. Da Hopfen in dem nasskalten Klima von Schottland nicht angebaut werden kann, haben die erfindungsreichen Schotten Ersatzzutaten wie Ingwer, Gewürze und Kräuter in ihr Bier eingebracht. Bereits im 19. Jahrhunder besaß Schottland eine gut funktionierende Brauindustrie. So besaß allein Edinburgh Anfang des 20. Jahrhunderts 28 größere und kleine Brauereien. In den 70er-Jahren ging es dann mit dem Brauhandwerk bergab, bis es in der heutigen Zeit zu einer kleinen Renaissance durch die Wiederentdeckung der traditionellen Brauereiverfahren kam.

Broughton Ales Ltd.
Erfolgreicher Exporteur

„Broughton Old Jock“

Brauerei:	*Broughton Ales Ltd.*
Standort:	*Biggar, Peeblesshire, Schottland*
Sorte:	*Strong Ale*
Farbe:	*mahagonibraun*
Alkoholgehalt:	*6,7 Vol.-%*
Serviertemperatur:	*10 bis 12° C*
Geschmack:	*vollmundig, süß fruchtig*

Die Firma Broughton Ales ist in dem kleinen Städtchen Broughton in den Scottish Border gelegen. Der Ort liegt zwischen Biggar und Peebles an der A 701 etwa 25 Meilen südlich von Edinburgh direkt an der Grenze zu England. Die Brauerei wurde im Jahr 1980 von David Younger gegründet und produziert heute elf verschiedene Flaschenbiere, darunter drei Bio-Biere. Dazu kommen noch 18 Sorten Fassbiere, die in etwa 200 Pubs in Schottland ausgeliefert werden. Die Flaschenprodukte werden mittlerweile in ganz Großbritannien und auf vielen Exportmärkten weltweit vermarktet. Das Broughton „Old Jock“ heißt nichts anderes als „alter Schotte“, denn heute ist „jock“ der Spitzname der Schotten. Die historische Bedeutung ist die der Soldaten der schottischen Highland- und Loeland-Regimenter, die im Kampf für ihren Mut und ihre Entschlossenheit bei den Gegnern gefürchtet waren.

Caledonian Brewery
Über Feuer gebraut

„Caledonian 80/-“

Brauerei:	*Caledonian Brewery*
Standort:	*Edinburgh, Schottland*
Sorte:	*Export Strong*
Farbe:	*dunkelbraun*
Alkoholgehalt:	*4,1 Vol.-%*
Serviertemperatur:	*10° C*
Geschmack:	*voll und malzig*

Die Klassifizierung von schottischem Bier ist etwas gewöhnungsbedürftig. Einmal wird die Stärke der Biere in „light“ bis „heavy“ und „export“ bis „strong“ angegeben. Im zweiten System wird der Alkohol benannt, und zwar in der Abhängigkeit von der zu entrichtenden Steuer. So wurden 80 Schilling (abgek. 80/-) auf das Exportbier „Caledonian 80/- erhoben. Dabei bezog sich der Preis immer auf ein Fass Bier, also 238,67 Liter. Diese Steuerverrechnung wurde im 19. Jahrhundert eingeführt. Die Brauerei selbst wurde 1869

Die Caledonian Brewery mit dem unverkennbaren Schornstein.

als Lorimer & Clark gegründet. 1919 wurde die Brauerei an Vaux aus Suderland verkauft.

Als Vaux 1985 die Brauerei schließen wollte, übernahm die damalige Geschäftsleitung die Firma. Heute ist die Brauerei eine der bedeutesten Privatbrauereien Schottlands. Übrigens wird das Bier wie anno dazumal in offenen Kupferkesseln über dem Feuer erhitzt. Die meisten Brauereien erhitzen heute ihr Gebräu mittels Wasserdampf.

Williams Brothers Brewery
Die Würze von Heidekraut

„Fraoch Heather Ale“

Brauerei:	*Williams Bros Brewing Co.*
Standort:	*Killiebank (Alloa), Schottland*
Sorte:	*Ale*
Farbe:	*bernsteinfarben*
Alkoholgehalt:	*5,0 Vol.-%*
Serviertemperatur:	*13° C*
Geschmack:	*blumig, leicht ölig, würzig*

So wurde Bier schon 2000 Jahre vor Beginn unserer Zeitrechnung gebraut: Nach einem alten gälischen Rezept brauen die Williams Brothers im schottischen Kelliebank (Alloa) ein echtes Heather Ale ein. Während des Sudens wird blühendes Heidekraut beigemengt. Die Brauer über ihr Bier: „A light amber ale with floral peaty aroma, full malt charachter, a spicy herbal flavour and dry wine like finish.“

Traquair House Brewery Ltd.
In den Adel erhoben

Schon im Jahr 950 begann die Geschichte des „Traquair House“. Zuerst war es ein einfaches Steinhaus im Wald von Ettrick. Erst mit dem Besuch von König Alexander I. wurde das Haus ein wichtiger Meilenstein in der schottischen Geschichte. Die Traquair-Brauerei wurde 1965 von Peter Maxwell Stuart in Schottland gegründet. Seit seinem Tod im Jahr 1990 wird die Brauerei von seiner Tochter Catherine Maxwelle Stuart geführt. Die

„Traquair House Ale“

Brauerei:	*Traquair House Brewery Ltd.*
Standort:	*Innerleithen, Peeblesshire, Schottland*
Sorte:	*Strong Ale*
Farbe:	*mahagonibraun*
Alkoholgehalt:	*7,2 Vol.-%*
Serviertemperatur:	*10 bis 13° C*
Geschmack:	*würzig, fruchtig, Eichenaroma*

Brauerei war ursprünglich im 18. Jahrhundert eine inländische Brauerei. Nach 1800 wurde sie vernachlässigt und gar stillgelegt. Die Anlagen waren stets unberührt und wurden 1965 von Peter Maxwell entdeckt. Gebraut wird das Bier in Eichenbehältern aus Gerste, Hopfen und Hefe, reinem Quellwasser und Malz aus Schottland. Dem Bier werden traditionsgemäß keine Konservierungsstoffe beigemischt.

„Traquair Jacobite Ale“

Brauerei:	*Traquair House Brewery Ltd.*
Standort:	*Innerleithen, Peeblesshire, Schottland*
Sorte:	*Scottish Ale*
Farbe:	*dunkelrot*
Alkoholgehalt:	*8,0 Vol.-%*
Serviertemperatur:	*13° C*
Geschmack:	*bittersüß, Kräuteraroma*

Das Traquair House im Jahr 1814.

Italien ist eigentlich kein „Bierland". Die Italiener geben auch heute immer noch dem Wein den Vorzug. Lediglich bei den jungen Italienern wird das Biertrinken immer moderner. Doch die Braukunst hat auch in Italien eine lange Tradition. Durch den Einfluss deutscher und österreichischer Kaufleute, die mit Venezien Handel trieben, kam so manche „Bierfuhre" auch nach Norditalien. Doch erst im Jahr 1829 entstand die erste wirtschaftlich betriebene Brauerei in Brescia. Bis zum Ende des 19. Jahrhunderts waren es dann immerhin 100 Brauereien, die vor allem Lagerbier brauten.

Le Baladin
Bier mit Auszeichnung

Teo Nusso Materino aus dem kleinen Dorf Piosso in Piemont hatte eine Vision. Er wollte in seiner historischen Kneipe Bier brauen. 1996 war es dann so weit, das erste Bier wurde ausgeschenkt und es war „super". So war auch ein Name für das als belgisches Abtei Dubbel gebraute Bier schnell gefunden. Das obergärige doppeltgemalzte Bier fand nicht nur wegen seines hohen Alkoholgehalts, sondern auch wegen seines fruchtigen Aromas bald seine Freunde. Im Jahr 2000 erhielt es den Titel „bestes Bier Italiens".

„Le Baladin Super"

Brauerei:	*Le Baladin*
Standort:	*Piozzo, Piemont*
Sorte:	*Belgisches Abtei-Dubbel*
Farbe:	*bernsteinfarben*
Alkoholgehalt:	*8,0 Vol.-%*
Serviertemperatur:	*10 bis 12° C*
Geschmack:	*blumig, Aprikosen- und Zitrusfruchtnoten*

Brauerei Moretti
Das Bier Italiens

Birra Moretti ist die Nummer eins in Italien, wenn man von Bier spricht. Gebraut in der Brauerei Moretti in Udine im Friaul nach alter Tradition seit 1859 ist dieses milde Lagerbier eine Verführung des Gaumens. Besondere Brauverfahren und höchste Qualität der Zutaten geben diesem Bier seine besondere Milde und seinen unverwechselbaren Charakter. Birra Moretti ist perfekt auf die italienische Esskultur abgestimmt und entführt mit seinem süffig milden Geschmack auf einen Kurzurlaub in die

„Moretti Lager"

Brauerei:	*Moretti, Castello di Udine*
Standort:	*Udine, Friaul-Julisch Venetien*
Sorte:	*Lager*
Farbe:	*strohgelb*
Alkoholgehalt:	*4,6 Vol.-%*
Serviertemperatur:	*5 bis 7° C*
Geschmack:	*leicht malzig, zart gehopft*

„Moretti La Rossa"

Brauerei:	*Moretti, Castello di Udine*
Standort:	*Udine, Friaul-Julisch Venetien*
Sorte:	*Doppelbock*
Farbe:	*dunkles Rotbraun*
Alkoholgehalt:	*7,2 Vol.-%*
Serviertemperatur:	*9° C*
Geschmack:	*deutlicher Rosinengeschmack*

„Moretti San Souci“

Brauerei:	*Moretti, Castello di Udine*
Standort:	*Udine, Friaul-Julisch Venetien*
Sorte:	*Lager*
Farbe:	*goldgelb*
Alkoholgehalt:	*5,6 Vol.-%*
Serviertemperatur:	*5 bis 7° C*
Geschmack:	*honigsüß mit trocken bitterer Hopfennote*

Metropole Italiens. Mehrfach als Bier des Monats ausgezeichnet, ist Birra Moretti das beliebteste italienische Bier auch hier in Deutschland. Birra Moretti hat in den letzten Jahren international die besten Auszeichnungen gewonnen wie u.a.: den Australian International Beer Awards in Melbourne im Mai 2006, World Beer Cup in Colorado (USA), 2004, W&Si Beer Challenge „Seal of approval“ Kategorie: Premium Lager in London im Jahr 2005 und den Int. Beer Award Melbourne (Australien) 2005 in Silber und Bronze.

Birra Peroni Industriale
Das große Premium-Bier Italiens

Die italienische Brauerei Birra Peroni SpA wurde 1846 von Francesco Peroni gegründet. Sie zählt zu den bekanntesten Brauereien Italiens und gehört heute zur internationalen Sabmiller-Gruppe. Das Unternehmen beschäftigt insgesamt rund 800 Mitarbeiter am Hauptsitz in Rom sowie in zwei weiteren Werken in Padua und Bari. Pro Jahr produziert die Brauerei rund vier Millionen Hektoliter Bier. Peroni ist die absatzstärkste Biermarke Italiens, auch im internationalen Vertrieb nimmt Peroni die Spitzenstellung unter den italienischen Biersorten ein. Weitere populäre Marken der Brauerei Birra Peroni sind Pilsner Urquell, MILLER, Peroni GRAN RISERVA, RAFFO und Wührer.

„Nastro Azzuro“

Brauerei:	*Birra Peroni Industriale*
Standort:	*Rom, Latium*
Sorte:	*Lager*
Farbe:	*blassstrohgelb*
Alkoholgehalt:	*5,2 Vol.-%*
Serviertemperatur:	*7 bis 9° C*
Geschmack:	*leicht, erfrischend und spritzig*

Brauerei Poretti
Erste Flaschen mit Schraubverschluss

„Splügen“

Brauerei:	*Brauerei Poretti*
Standort:	*Induno Olona Varese, Lombardei*
Sorte:	*Pilsener*
Farbe:	*goldgelb*
Alkoholgehalt:	*4,5 Vol.-%*
Serviertemperatur:	*7 bis 8° C*
Geschmack:	*körniges Malzaroma, krautige Hopfennote*

Die Brauerei Poretti wurde 1877 gegründet. Seit 1902 werden die heute bekannten Splügen-Spezialitäten erfolgreich vertrieben. Bis 1905 konnte der Absatz des inzwischen bekannten Biers um 40 Prozent gesteigert werden.
In den 80er-Jahren des 20. Jahrhunderts machte die Brauerei mit einem neu eingeführten „Schraubverschluss“ intensiv Werbung, was zu einem wahren Boom der Marke führte und sie zur führenden Marke Italiens machte. Heute gehört die Brauerei zur Carlsberg-Gruppe.

Die älteste Brauerei in Kroatien ist in Osijek ansässig und braut seit 1697 Bier. Durch die ehemalige Verbindung mit Österreich und Ungarn konnten die Produkte gut abgesetzt werden. Heute sind die kroatischen Biere nicht nur in den Touristengebieten gerne gesehen. Auch der Absatz bei den Einheimischen wächst stetig. Als erste Brauereien der Welt verwenden kroatische Brauereien bakterielle Enzyme und filtern ihr Bier. Das bringt eine gute Qualität aller Biersorten.

Buzetska Pivovara
Bier und Volksmusik

Die Gegend um Buzet an der nördlichen Adriaküste ist eine typische Touristenregion und mit ihrem jährlichen Volksmusikfest bei Insidern sehr bekannt. Das Wasser aus der Gegend ist eines der besten in ganz Kroatien. Bereits im Jahr 1958 sollte eine Brauerei in Rijeka gebaut werden, um den steigenden Nachfragen an Bier gerecht zu werden. Doch wegen Finanzproblemen wurde das Projekt immer wieder verschoben. Erst zehn Jahre später nahm sich die Stadt mit Erfolg des Brauereiprojekts an.

„Favorit“

Brauerei:	*Buzetska Pivovara*
Standort:	*Buzet, Kroatien*
Sorte:	*Lager*
Farbe:	*strohgelb*
Alkoholgehalt:	*5,2 Vol.-%*
Serviertemperatur:	*6 bis 8° C*
Geschmack:	*frisch, hopfig mit körnigem Malz*

Karlovacko Pivovara
Bekanntestes Bier Kroatien

„Karlovacko Pivo“

Brauerei:	*Karlovacko Pivovara*
Standort:	*Karlovac, Kroatien*
Sorte:	*Lager*
Farbe:	*hellgoldgelb*
Alkoholgehalt:	*5,4 Vol.-%*
Serviertemperatur:	*6 bis 8° C*
Geschmack:	*leicht, prickelnd, erfrischend*

Karlovacko ist eine der bekanntesten Biermarken Kroatiens und die Hauptmarke der Brauerei, in der das Bier seit 1854 gebraut wird. Auf der internationalen Fachmesse Drinktec, welche 2005 in München stattfand, wurde das Karlovacko svijetlo mit einer Goldmedaille ausgezeichnet. Jeden Sommer von Ende August bis Anfang September finden in Karlovac die berühmten Karlstädter Biertage statt.

Wer als Deutscher nach Slowenien kommt, muss sich auf einige Veränderungen einstellen. Es gibt kein Ikea und Aldi heißt hier Hofer. Slowenien ist ein gut entwickeltes Land, jedoch sehr kleinteilig und in 210 Verwaltungsbezirke aufgeteilt. Zwischen Land- und Stadtbewohnern herrscht eine große Kluft, sogar beim Bier. In Slowenien gibt es nur wenige Biermarken, die entweder von der Landbevölkerung oder von den „Städtern" getrunken werden. Weil sich die Stadt- und die Landbevölkerung bei den Biermarken in der Philosophie des Biertrinkens stark aufteilen, muss man als Ausländer genau aufpassen, wann man welche Marke lobt.

„Zlatorog Club"

Brauerei:	*Pivovarna Lasko*
Standort:	*Lasko, Slowenien*
Sorte:	*Lager*
Farbe:	*dunkles Rotgold*
Alkoholgehalt:	*5,0 Vol.-%*
Serviertemperatur:	*7° C*
Geschmack:	*klar, erfrischend mit starker Hopfennote*

„Zlatorog Pivo"

Brauerei:	*Pivovarna Lasko*
Standort:	*Lasko, Slowenien*
Sorte:	*Lager*
Farbe:	*goldgelb*
Alkoholgehalt:	*2,0 Vol.-%*
Serviertemperatur:	*7° C*
Geschmack:	*leicht*

Pivovarna Lasko
Die Sage vom weißen Gamsbock

Die eigenständige Brauerei Lasko schloss sich 1924 mit der Brauerei Union, einer der größten Brauereien Sloweniens zusammen. Im Jahr 1938 entschlossen sich die verschiedenen Vertreter der Brauereien der Stadt Lasko schließlich, eine neue große Brauerei zu gründen. Jedoch wurde diese bald darauf durch einem Bombenangriff im Krieg zerstört. Die Wiederaufbaumaßnahmen dauerten bis ins Jahr 1946. Erst ab diesem Zeitpunkt konnte wieder Bier gebraut werden.

Als sich die Slowakei infolge der Teilung Jugoslawiens 1992 aus dem Staatenbund löste, verlor die Brauerei über 40 Prozent ihres Marktes. Erst in den letzten Jahren konnte sie wieder, vor allem im Export, den Erfolgskurs fortsetzen. Im Inland hat die Marke inzwischen einen Marktanteil von 50 Prozent.

Die Zlatorog-Sage

Im Triglav-Gebiet hat die Sage vom wilden weißen Gamsbock Zlatorog ihren Ursprung. Er hatte goldene Hörner und hoch oben am Triglav einen Garten und war zugleich Hüter eines verborgenen Schatzes. Als sich ein habgieriger Jäger des Schatzes bemächtigen wollte, schlich sich dieser an Zlatorog heran und erschoss ihn. Aus dem Blut des getöteten Gamsbocks wuchs auf der Stelle eine Wunderblume, die Zlatorog das Leben zurückgab. In rasender Wut tötete Zlatorog den Übeltäter. Anschleißend zerstörte er seinen Gebirgsgarten und ward nie mehr gesehen.

Bier ist das Lieblingsgetränk der Menschen in Holland. Das beliebteste aller einheimischen Biere ist Heineken. Abgesehen davon sind andere populäre Biere aus Holland Brandt Amstel, Breda, Grolsch Skol und Oranjebook. Man trinkt die Biere im ganzen Land aus „Bruine Kroegen". Da die Niederlande kein Schankgesetz haben, kann man Bier den ganzen Tag bekommen.

Amstel-Bierwerbung in den 50er-Jahren.

Amstel Brouwerij
Ein Premiumbier

„Amstel Pilsener"

Brauerei:	*Amstel Brouwerij*
Standort:	*Zoeterwoude, Südholland*
Sorte:	*Lager*
Farbe:	*gelb*
Alkoholgehalt:	*5,0 Vol.-%*
Serviertemperatur:	*6 bis 7° C*
Geschmack:	*leicht malziger Antrunk, kaum malzbitterer Abgang*

Die Brauerei wurde 1870 gegründet und ist nach dem Fluss Amstel benannt, dessen Wasser anfänglich zur Kühlung diente. 1872 braute die Amstel-Brauerei schon jährlich 10.000 Hektoliter Pils. Für die Lagerung des Biers wurde im Winter Eis aus den Grachten in speziellen doppelwandigen Kellern aufbewahrt. Ursprünglich wurde das Bier vor allem in Amsterdam getrunken, ab 1883 aber auch nach Großbritannien und Indonesien exportiert. Die Bayrische Bierbrauerei Amstel wurde 1892 von der Firma De Pesters, Kooy en Co. als Aktiengesellschaft gegründet. 1915 war die Produktion von Amstel verzwanzigfacht und 1926 beherrschte Amstel ein Drittel des niederländischen Bierexports. 1941 übernahm Amstel, zusammen mit Heineken das Kapital der Amsterdamer Brauerei Van Vollenhvens bierbrouwerij, die 1961 geschlossen wurde. 1954 baute Amstel eine Brauerei in Surinam. Einige Jahre später war Amstel die erste niederländische Brauerei, die Bier in Dosen exportierte. Zu dieser Zeit betrug der totale Export von Amstelbier 101.000 Hektoliter. 1958 produzierte eine Tochtergesellschaft von Amstel ihr erstes Bier in Jordanien. 1960 wurde die dritte Tochter von Amstel eröffnet – die antillische Brauerei auf Curaçao. Zwei Jahre später nahm Amstel unter Lizenz der Almaza-Brauerei im Libanon die Produktion auf. 1963 begann man mit zwei neuen Brauereien, einer in Puerto Rico und einer in Griechenland.

Ein geschmückter Pferdetransporter der Brauerei Amstel um 1900.

Bavaria Brouwerij
Die Brauerei Bavaria in Lieshout

Die Brauerei Bavaria in Lieshout, an der holländischen Küste gelegen, braute bereits 1719 Bavaria Bier. Heute kommt das Unternehmen mit ca. 1000 Mitarbeitern auf eine Jahresproduktion von nahezu fünf Millionen Hektolitern. Die Bavaria Braue-

Die Bavaria Brauerei in Lieshout von heute.

„Premium Pilsener“

Brauerei:	*Bavaria Brouwerij NV*
Standort:	*Lieshout, Nordbrabant*
Sorte:	*Pilsener*
Farbe:	*goldgelb*
Alkoholgehalt:	*5,0 Vol.-%*
Serviertemperatur:	*6 bis 8° C*
Geschmack:	*nicht bayerisch, aber leicht herb*

rei mit ihrem Café liegt zwar nicht direkt in Eindhoven, aber das darf einen nicht hindern angesichts dessen, dass das Bavaria Bier unweigerlich mit Eindhoven in Verbindung gebracht wird. Das Café ist das einzig echte Bavaria Café und liegt direkt neben der Brauerei in der das Bier gebraut wird. Von hier aus kann man wunderbar zu diversen Aktivitäten starten, die in Verbindung mit der Brauerei, wie zum Beispiel einer Brauereibesichtigung stehen oder in der Umgebung angeboten werden.

Bierbrouwerij Sint Christoffel
St. Christoffel und „Reinheitsgebot“

Gegründet wurde die Brauerei im Jahr 1986 in der früheren Bergbaustadt Roermond von Leo Brand, einem Mitglied der bekannten Brauerfamilie Brand. Die Brauerei trägt den Schutzpatron der Stadt in ihrem Firmenzeichen. In der Zeit, als die Brauerei nur das ungefilterte und nicht pasteurisierte Lagerbier braute, hieß das Bier einfach „christoffel“. Erst als das „Robertus“ dazukam, wurde es in „Christoffel Blond“ umgetauft. Die Brauerei

„Christoffel Blond“

Brauerei:	*Bierbrouwerij Sint Christoffel*
Standort:	*Roermond, Limburg*
Sorte:	*Pilsener*
Farbe:	*blassgelb*
Alkoholgehalt:	*6,0 Vol.-%*
Serviertemperatur:	*8° C*
Geschmack:	*vollmundig, robust mit bitterer Hopfennote*

wuchs schnell und musste 1995 in ein größeres Fimengelände umziehen. Alle Christoffelbiere werden nach dem deutschen Reinheitsgebot gebraut.

Grolsch Bierbrouwerij
Auch im Ruhrgebiet gefragt

„Grolsch Premium Lager“

Brauerei:	*Grolsch Bierbrouwerij NV*
Standort:	*Enschede, Overijssel*
Sorte:	*Pilsener*
Farbe:	*vollgelb*
Alkoholgehalt:	*5,0 Vol.-%*
Serviertemperatur:	*6 bis 8° C*
Geschmack:	*schlanker Antrunk, weiches Malz*

Ursprünglich stammte die Firma Grolsch aus Groenlo und hat daher auch ihren Namen. Seit 1615 wird bei Grolsch Bier gebraut. Firmengründer war Willem Neerfeldt. Wegen steigender Nachfrage wurde eine zweite Brauerei in Enschede eröffnet. Nach einer Explosion in der Nachbarschaft wurde die Brauerei jedoch an den jetzigen Standort verlegt und die Brauerei in Groenlo wurde geschlossen. Die 2004 eröffnete Brauerei ist eine der modernsten und umweltfreundlichsten Brauereien weltweit. Weit verbreitet ist

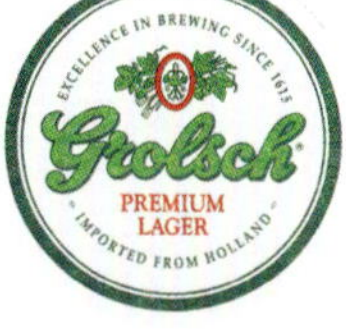

Grolsch im Münsterland und im Ruhrgebiet. Hier wird vor allem das Premium Pilsner in 0,45-Liter-Flaschen mit Bügelverschluss vertrieben. Seit 2008 gehört Grolsch dem weltweit agierenden SABMiller-Konzern an.

Die bescheidenen Anfänge nach dem Ersten Weltkrieg: Das Bild zeigt die stationäre Werksdampfmaschine von Heineken.

Heineken Brouwerij
Der Marktführer

Am 15. Februar 1864 kaufte Gerard Adriaan Heineken mit Unterstützung seiner Mutter im Alter von 22 Jahren die Brauerei De Hooiberg – damals die größte der Gegend – in Amsterdam. Bis

„Heineken"

Brauerei:	*Heineken Brouwerij BV*
Standort:	*Amsterdam, Nordholland*
Sorte:	*Lager*
Farbe:	*hellgelb*
Alkoholgehalt:	*5,0 Vol.-%*
Serviertemperatur:	*6 bis 8° C*
Geschmack:	*mild malziger Antrunk, frischer Durchzug, zart malzsüßlich*

1886 wurde obergäriges, danach nach deutschem Vorbild untergäriges Bier hergestellt. 1931 wurde die erste ausländische Niederlassung in Soerabaja, Indonesien, eröffnet. In den 1970er-Jahren ging Heineken mehr und mehr dazu über, Lizenzen an ausländische Brauereien zu vergeben und so seine Marktstellung im Ausland zu verbreitern. In den 1990er-Jahren war Heineken dann – nachdem die „einfachen" Märkte erobert

Die heutige Heineken-Brauerei mit dem sehenswerten Brauerei-Museum (kleines Bild).

waren – gezwungen, sich so schwierigen Märkten wie Deutschland mit seinem zersplitterten regional geprägten Biermarkt zu widmen. Bis zum Jahr 2000 hatte es die Unternehmung dann zur Nummer zwei auf dem Weltmarkt mit einer Produktion von 98 Millionen Hektoliter per annum gebracht. Im Jahr 2009 rangiert Heineken nach Anheuser-Busch InBev, SAB Miller als Nummer drei weltweit unter den Brauereien. Mit einem Exportanteil von 19 Millionen Hektoliter in 170 Ländern ist Heineken die weltweit verbreitetste Biermarke. In den Niederlanden hat Heineken heute einen Marktanteil von mehr als 50 Prozent.

Im Brauerei-Museum des Klosters erfährt man viel über die Braukunst.

Bierbrouwerij De Koningshoeven
Einzige Abtei-Dubbel

Die Trappisten, die im Jahr 1881 nach Berkel-Enschot kamen, lebten anfänglich von Ackerbau und Viehzucht. Jedoch waren die auf dem mageren Heideboden zu erwirtschaftenden Erträge für die wachsende Gemeinschaft bald nicht mehr ausreichend. Daher beschlossen die Mönche im Jahr 1884, Trappistenbier zu brauen. „La Trappe", wie das in Koningshoeven gebraute Bier heißt, ist Niederlands einziges Trappistenbier. Nur wenn Bier in einem Trappistenkloster sowie unter Aufsicht und in der Verantwortlichkeit von Trappisten gebraut wird, darf es den Namen „Trappistenbier" tragen. La Trappe wird auf handwerkliche Weise gebraut, und zwar nach einer von den Koningshoevener Trappisten entwickelten Rezeptur. Es werden dabei ausschließlich natürliche Grundstoffe verarbeitet, so Hopfen, Gerste und Hefe. Das Wasser der Brauerei stammt übrigens aus einem eigenen Brunnen. Für die Gärung verwendet man eine Hefesorte, die vor allem zwischen 18° C und 20° C wirksam ist. Ein derartiger Gärungsprozess wird als „obergärig" bezeichnet. Zusammen mit etwas Hefe und Zucker wird das Bier in Flaschen abgefüllt. Dadurch gärt La Trappe noch in den Flaschen nach und entwickelt ein einzigartiges Aroma. Die Brauerei De Koningshoeven BV stellt ein selbstständiges Tochterunternehmen von Bavaria NV in Lieshout dar. Bavaria hat seit 1997 die Brauereigebäude von der Abtei angemietet. Dort wird das Trappistenbier aber weiterhin im Auftrag und unter Aufsicht des Klosters produziert.

„La Trappe Dubbel"

Brauerei:	*Bierbrouwerij De Koningshoeven BV*
Standort:	*Tilburg, Nordbrabant*
Sorte:	*Trappistenbier*
Farbe:	*rotbraun, trüb*
Alkoholgehalt:	*6,5 Vol.-%*
Serviertemperatur:	*10 bis 12° C*
Geschmack:	*leicht malziger Antrunk, Weinaroma, spürbar hefig*

Lindeboom Bierbrouwerij
Lindenbaum-Bier

„Lindeboom Pilsener"

Brauerei:	*Lindeboom Bierbrouwerij NV*
Standort:	*Neer, Limburg*
Sorte:	*Pilsener*
Farbe:	*blassgelb*
Alkoholgehalt:	*5,0 Vol.-%*
Serviertemperatur:	*6 bis 8° C*
Geschmack:	*würzig und angenehm*

Willem Geenen gründete die Brauerei im Jahr 1870 als Familienunternehmen in Neer. Zuerst startete er mit einem obergärigen Bier, „Geenen's" genannt. Da aber Pilsener zur damaligen Zeit lieber getrunken wurde, schwenkten seine Söhne Bernhard und Christien im Jahr 1912 auf Pilsener um. Der Brauerei ist es bis in die heutigen Tage gelungen, unabhängig von den großen Brauereikonzernen zu bleiben.

Das österreichische Bier ist Symbol und ein untrennbarer Teil der österreichischen Kultur und der gemütlichen Lebensart des Österreichers. Perfektioniert wurde die Erfindung des Österreichers Anton Dreher, als die Reinzüchtung von Hefe gelang und Linde die erste brauchbare Kühlmaschine erfand. Diese technischen Neuerungen ermöglichten erstmals die Herstellung großer Biermengen bei gleichbleibend hoher Qualität. Seit damals gibt es Märzenbier das ganze Jahr über. Ein Jahr nach Drehers Erfindung wurde im österreichischen Pilsen (Böhmen) das erste „Lagerbier Pilsner Art“ eingebraut.

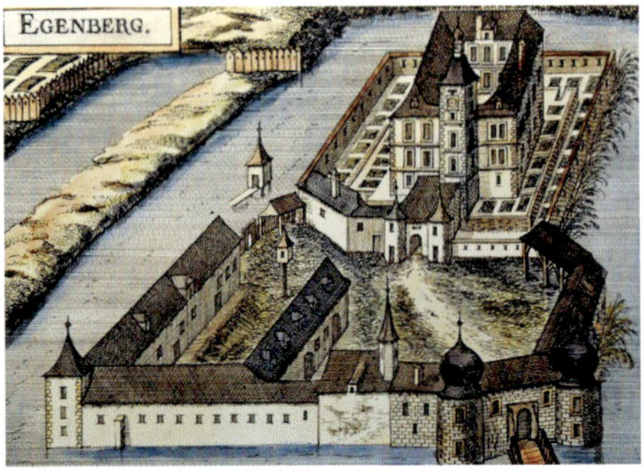

Schloss Eggenberg als Stich von Georg Matthäus Vischer aus dem Jahr 1674. Links im Vordergrund ist der Teich- oder Arestturm zu sehen.

Schloss Eggenberg
Das Bier zum Salzkammergut

„Eggenberg Urbock 23“

Brauerei:	*Schloss Eggenberg*
Standort:	*Vorchdorf, Oberösterreich*
Sorte:	*Doppelbock*
Farbe:	*dunkelgolden/bernsteinfarben*
Alkoholgehalt:	*9,6 Vol.-%*
Serviertemperatur:	*9 bis 10° C*
Geschmack:	*malziger Antrunk, schwere und beherrschende Malzsüße, angenehm „klebriges“ Karamell-aroma*

Die urkundlich nicht verbürgte Entstehung Eggenbergs datiert auf das Jahr 971. Schloss Eggenberg ist seit über 200 Jahren im Besitz der Familie Forstinger-Stöhr. Erstmals erwähnt wurde Eggenberg vor ca. 1000 Jahren und seit dem 14. Jahrhundert wird im Schloss Eggenberg Bier gebraut. Das „flüssige Brot“ wurde damals ausschließlich für die Bewohner der Umgebung gebraut. Seit 1681 werden im Schloss Eggenberg Bierspezialitäten gewerblich erzeugt. Vor rund 200 Jahren wurde die Brauerei von den Vorfahren des heutigen Besitzers erworben und seitdem stetig ausgebaut und modernisiert.

Brauerei Fohrenburg
Tradition seit 1881

Die Gründung der Brauerei geht auf das Jahr 1880 zurück, als Ferdinand Gassner mit dem Bau begann. 1881 gründet er schließlich mit elf weiteren Gesellschaftern die Bierbrauerei Fohrenburg F. Gassner & Comp.

Zwischen 1896 und 1898 finden große Erweiterungen der Betriebsanlage statt. Inzwischen werden jählich fünf Millionen Liter Bier pro Jahr erzeugt. Der Fuhrpark wird über Ochsengespanne und Pferdegespanne ab 1913 auf Lkws umgerüstet. Neue Exportmärkte werden ab 1975 erschlossen. Nun gelangt das Fohrenburger Bier auch nach Oberitalien, ins Fürstentum Liechtenstein und in die Ostschweiz. 1980 führt die Brauerei als erste in Österreich die „Bierkugel“ ein, ein 1000 Liter fassendes rundes Gefäß zur Lagerung von Bier.

„Fohrenburger Jubiläum“

Brauerei:	*Brauerei Fohrenburg*
Standort:	*Bludenz, Vorarlberg*
Sorte:	*Bockbier*
Farbe:	*dunkelgolden/bernsteinfarben*
Alkoholgehalt:	*9,6 Vol.-%*
Serviertemperatur:	*9 bis 10° C*
Geschmack:	*spritziger, würziger Hopfen-geschmack mit Malz*

Brau Union Österreich AG
Austria's Number One

Im Stift Göss, das 1020 gegründet worden war, wurde schon im Mittelalter Bier gebraut. Die erste urkundliche Erwähnung zur Brauerei Göss findet sich 1459 über einen im Nonnenstift angesiedelten Bierbrauer names Lenhart Newmaister. 1860 kaufte der 28-jährige Braumeister der Brauerei Saybusch, Max Kober, Teile der Liegenschaft und errichtete gegen den Willen des Gemeinderates eine neue Brauerei. Kober führte die Brauerei ausgezeichnet, denn schon bald war Göss die größte Brauerei der Obersteiermark. 1892 betrug der Ausstoß bereits 70.000 hl. Im und nach dem Ersten Weltkrieg beteiligte sich die Brauerei Göss an zahlreichen anderen Brauereien. Bereits im Jahr 1933 erhielt das Unternehmen die unwiderrufliche staatliche Auszeichnung und darf seither das Bundeswappen im Geschäftsverkehr verwenden.

„Gösser"

Brauerei:	*Brau Union Österreich AG*
Standort:	*Leoben, Steiermark*
Sorte:	*Export*
Farbe:	*hell*
Alkoholgehalt:	*5,2 Vol.-%*
Serviertemperatur:	*6 bis 8° C*
Geschmack:	*zartes und malzfruchtiges Aroma*

Gösser-Motorsport

1976 gewann der von „Gösser Beer" gesponserte BMW 3.5 CLS (Gruppe 4) mit dem Team Quester/Krebs das 1000-Kilometer-Rennen am Nürburgring.

Brauerei Hirt
Qualität seit 1270

Die Brauerei war eine Taverna, die den dürstenden Kaufleuten und Rittern auf ihrem Weg von Vindobona in das südliche Aquilea Rast und Verpflegung bot. Der Hirter Braukeller erfüllt diese Anforderungen noch heute in behutsam restaurierten, uralten Gemäuern, in denen sich die Energie längst vergangener Zeiten gespeichert hat. Seit 1270 wird nach einem schriftlichen Steuerbescheid an das Gurker Domkapitel in Hirt Bier gebraut. Hirt ist erwiesenermaßen eine der ältesten Brauereien Österreichs, die sich noch heute in Privatbesitz befindet.

„Hirter Privat Pils"

Brauerei:	*Brauerei Hirt Ges. m.b.H.*
Standort:	*Hirt, Kärnten*
Sorte:	*Pilsener*
Farbe:	*golden*
Alkoholgehalt:	*5,2 Vol.-%*
Serviertemperatur:	*8° C*
Geschmack:	*weicher Antrunk, Abgang bitter*

Brauerei Zipf
Ein Glas heller Freude

Im Jahr 1858 kaufte der Wiener Bankier Franz Schaup ein kleines Brauhaus, das jährlich 1540 Hektoliter Bier braute. Innerhalb von fünf Jahren verzehnfachte sich die Produktion. Nachdem die Schäden behoben waren, konnte zur 100-Jahr-Feier (1958) auch die Überschreitung der 200.000-Hektoliter-Marke gefeiert werden.

„Zipfer Urtyp"

Brauerei:	*Brauerei Zipf*
Standort:	*Zipf, Oberösterreich*
Sorte:	*Lager*
Farbe:	*hell goldgelb*
Alkoholgehalt:	*5,4 Vol.-%*
Serviertemperatur:	*7 bis 9° C*
Geschmack:	*leicht malzig, geradlinig, hopfenherb*

Tschechien

Tschechisches Bier (pivo) gehört traditionell zu den besten der Welt, da sind sich Fachleute einig. Aber auch der Bierkonsum der Tschechen ist unangefochten Weltspitze. Statistisch trinkt jeder Einwohner Tschechiens jährlich 160 Liter des Nationalgetränks, in Jahren mit einem heißen Sommer auch durchaus noch etwas mehr. Unumstritten ist die Standardmenge, in der das Bier traditionell ausgeschenkt und am liebsten getrunken wird, nämlich in Halb-Liter-Krügen oder -Gläsern. Und das am liebsten in der jeweiligen lokalen, rauchgeschwängerten Bierstube (hospoda, hostinec) zusammen mit den anderen Stammgästen. Und man prostet sich gemeinhin zu, indem man die Gläser mit einem „Na zdraví!" (Zum Wohl) zunächst anstößt und – aufgepasst – dann noch einmal kurz mit dem Glasboden den Tisch leicht berührt oder auch heftig daraufschlägt, bevor man den ersten Schluck nimmt.

Brauerei Budweiser Budvar
Für wahre Feinschmecker

„Budweiser Budvar Lager"

Brauerei:	*Brauerei Budweiser Budvar*
Standort:	*Budweis, Südböhmen*
Sorte:	*Pilsener*
Farbe:	*hellgolden*
Alkoholgehalt:	*9,6 Vol.-%*
Serviertemperatur:	*9° C*
Geschmack:	*leicht malziger Antrunk, leicht , malzfruchtig, hochwertig*

Die Brauerei wurde 1895 in Budweis von tschechischen Brauberechtigten als Aktiengesellschaft gegründet. Ende des 19. Jahrhunderts war Budweiser auch in Amerika eine beliebte Verkaufsbezeichnung, über deren Nutzungsrechte ab 1907 zwischen den ortsansässigen sowie dem amerikanischen Unternehmen Anheuser-Busch gestritten wurde (Budweiser-Streit). Man einigte sich, die Produkte nur auf dem Heimatkontinent als Budweiser anzubieten. Nach 1945 wurde das Unternehmen verstaatlicht. Auf die Weiterverwendung der deutschsprachigen Bezeichnung Budweiser wurde verzichtet, Export außerhalb des Ostblocks gab es kaum. Dies änderte sich nach 1989 teilweise, als sich die tschechischen Brauereien auf ihre Traditionen besannen. Im Jahr 2002 gelang es der Brauerei Budvar, nach 62 Jahren erneut in den US-amerikanischen und kanadischen Markt einzusteigen. Wegen der Schutzmarkenrechte von Anheuser-Busch wird das Bier dort unter der Marke Czechvar verkauft.

Brauerei Lobkowicz
Alte tschechische Tradition

Die Brauerei wurde im Jahr 1466 in Vysoky Chlumec gegründet und gehört dem Adelsgeschlecht Lobkowicz. Bis zum Zweiten Weltkrieg blieb die Brauerei im Besitz der Adelsfamilie. Während des Krieges wurde die Brauerei von der damaligen Regierung konfisziert und die Familie floh nach England. Als die Familie nach den Kriegswirren in die Tschecheslowakei zurückkehrte, dauerte es nicht lange, bis die Brauerei verstaatlicht wurde. Erst ab 1992 konnten die Lobkowicz wieder in ihrem eigenen Unternehmen Bier brauen. Die Brauerei stellt heute jährlich etwa 60.000 Hektoliter pasteurisiertes Bier her, für dessen Produktion hochwertige Rohstoffe verwendet werden: hervorragendes Wasser aus eigenem Brunnen, ökologisch angebaute Gerste, Saaßer Hopfen und traditionell veredelte Hefepilze.

„Lobkowicz Baron"

Brauerei:	*Lobkowicz Brauerei*
Standort:	*Hochchlumetz, Mittelböhmen*
Sorte:	*Schwarzbier*
Farbe:	*schwarzbraun*
Alkoholgehalt:	*4,7 Vol.-%*
Serviertemperatur:	*9° C*
Geschmack:	*malzig süßlich, ausgewogen*

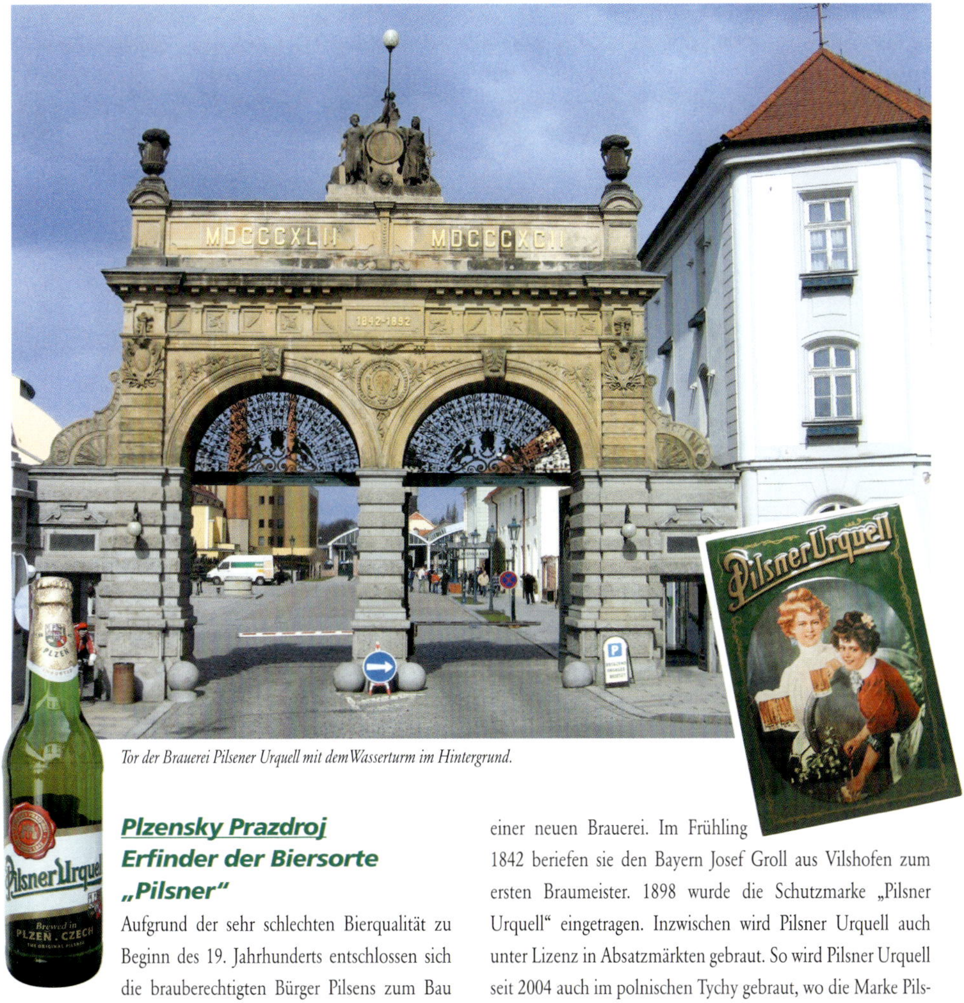

Tor der Brauerei Pilsener Urquell mit dem Wasserturm im Hintergrund.

Plzensky Prazdroj Erfinder der Biersorte „Pilsner"

Aufgrund der sehr schlechten Bierqualität zu Beginn des 19. Jahrhunderts entschlossen sich die brauberechtigten Bürger Pilsens zum Bau einer neuen Brauerei. Im Frühling 1842 beriefen sie den Bayern Josef Groll aus Vilshofen zum ersten Braumeister. 1898 wurde die Schutzmarke „Pilsner Urquell" eingetragen. Inzwischen wird Pilsner Urquell auch unter Lizenz in Absatzmärkten gebraut. So wird Pilsner Urquell seit 2004 auch im polnischen Tychy gebraut, wo die Marke Pilsner Urquell erstmals außerhalb Tschechiens produziert wird.

„Pilsner Urquell"

Brauerei:	*Plzensky Prazdroj, a.s.*
Standort:	*Pilsen, Westböhmen*
Sorte:	*Pilsener*
Farbe:	*mittelgolden*
Alkoholgehalt:	*4,4 Vol.-%*
Serviertemperatur:	*9° C*
Geschmack:	*leicht malziger Antrunk, zarte Malzsüße, moderat hopfenherber Abgang*

Historischer Bierkeller der Brauerei

Pivovary Staropramen
Das Prager Bier

„Premium Beer“

Brauerei:	*Pivovary Staropramen a.s.*
Standort:	*Prag, Mittelböhmen*
Sorte:	*Pilsener*
Farbe:	*kräftig golden*
Alkoholgehalt:	*5,0 Vol.-%*
Serviertemperatur:	*8° C*
Geschmack:	*malzig süßlicher Antrunk, leicht würzig herber Abgang*

Mit der Übergabe der Baupläne für das 18.000 quadratmeter große Gelände an die zwei Hauptaktionäre, Jan Kohout und Vilem Picek, legte ein Techniker namens Gustav Noback am 23. Oktober 1869 am linken Ufer der Moldau den Grundstein für die Staropramen-Brauerei mit Sitz in Smichov, Prag. Bereits in den Wintermonaten des kommenden Jahres startete die Eisgewinnung. Das erste Mälzen erfolgte am 17. Februar 1871. Am 1. Mai wurde in einer feierlichen Zeremonie der erste Sud gebraut und am 15. Juli begann schließlich der Verkauf. Die Nachfrage war weit höher als das Angebot, so sehr überzeugten die hohe Qualität und der exzellente Geschmack des Biers. Dies lag u.a. auch an der täglichen Lieferung von 1600 Litern an die nahe gelegene Firma Ringhofer. Der Pragbesuch seiner Apostolischen Hoheit, des Kaisers und Königs Franz Joseph I. nach dem Wiener Börsenkrach 1876 und anderen Nachkriegsereignissen stellt einen großen Marketingerfolg für das Smichov-Bier dar. Im Anschluss an eine Brauereibesichtigung fand eine Bierprobe statt. Alle Anwesenden warteten gespannt auf die Reaktion des Kaisers. Er rief: „Exzellentes Bier, wirklich exzellent!“, und trug sich dann in das Gästebuch ein – zu aller Überraschung in Tschechisch.

In der zweiten Hälfte der 20er-Jahre wurde das Staropramen-Logo vom berühmten tschechischen Maler, Grafikdesigner und führenden Vertreter der tschechischen Avantgarde, Frantisek Tichy, kreiert. Trotz schwerer Wirtschaftskrise schrieb Staropramen in dieser Zeit schwarze Zahlen, investierte kräftig in Ausrüstungen und entwickelte sich zu einem modernen Unternehmen. Die Brauerei Staropramen war hinsichtlich des Produktionsvolumens lange Zeit führend in der Tschecheslowakei. Zwischen 1933 und 1937 fand die erste Phase einer weitreichenden allgemeinen Umstrukturierung statt: 1938 wurden 823.317 Hektoliter Bier produziert, ein Jahr später waren es bereits 859.561 Hektoliter. Die Brauerei stieg zu jener Zeit in die Riege der drei größten europäischen Bierhersteller auf.

Kurz nach Kriegsende wurde die Brauerei konfisziert. Erst 1950 konnte wieder das Produktionsvolumen der Zeit vor dem Krieg erreicht werden. Darüber hinaus wurden aufgrund der Rohstoffknappheit nur niedriggradige Biere gebraut. Die Herstellung des hellen zwölfgradigen Biers (Lager) wurde erst 1951 wieder aufgenommen. 1953 wurde nach langen Jahren erstmals wieder für den Export produziert.

„Dark“

Brauerei:	*Pivovary Staropramen a.s.*
Standort:	*Prag, Mittelböhmen*
Sorte:	*Dunkles*
Farbe:	*schwarzdunkelrot*
Alkoholgehalt:	*4,4 Vol.-%*
Serviertemperatur:	*9° C*
Geschmack:	*weicher und leicht malziger Antrunk herzhaft*

Biere aus Übersee

Die amerikanischen Brauereien Anheuser-Busch und Miller sind die größten Bierproduzenten der Welt und haben den heimischen Markt fest in der Hand.

Das war nicht immer so. Amerika hatte einst eine ähnliche Brauereienvielfalt wie Europa. Die von den Immigranten verschiedenster Herkunft betriebenen Brauereien produzierten eine enorme Anzahl verschiedener Biere. Die Stadt Milwaukee im Bundesstaat Wisconsin wurde zur Hochburg des amerikanischen Brauwesens. Die Prohibition, die Zeit des Alkoholverbots von 1920 bis 1933, zwang jedoch die meisten Betriebe zur Aufgabe.

In den letzten 20 Jahren gelang es jedoch vielen kleinen Brauereien, einige neu gegründet, andere Generationen alt, regionale Märkte zurückzuerobern oder sich sogar landesweit zu etablieren. Hinzu kommen die zahllosen Brew Pubs. Diese Kneipen, die es fast schon in jeder mittelgroßen Stadt gibt, brauen ihr eigenes, zum Teil sehr originelles Bier.

Goldrausch

In Nordamerika gab es drei große Goldrauschphasen, die größte war der Kalifornische Goldrausch. Des Weiteren gehören dazu auch der „Colorado Gold Rush" und der Goldrausch am Klondike River und am Yukon River in Kanada. 1874 wurde bei Custer in den Black Hills in South Dakota Gold entdeckt, und es entstand ebenfalls ein Goldrausch, in dessen Verlauf die Cheyenne vertrieben wurden.

Chinook Alaskan Brewery Co.
Goldrausch-Bier

Der Beginn des „Goldrausches" am Klondike River in Alaska ging im Jahr 1872 los, als Joe Juneau und Richard Harris das Edelmetall entdeckten. 1881 war in dem Goldgräberstädtchen Juneau bereits „der Teufel los", und da die Goldschürfer durstig waren, entstand in der Stadt auch bald eine Brauerei. Der Höhepunkt der Goldschürfaktivitäten war um die Jahre 1897 und 1898, als die Brauerei Douglas City Brewing Company das „Alaska Amber" braute. Als die Minen ausgebeutet waren, zogen die Goldsucher weiter und die Brauerei musste wegen des geringen Bedarfs an Bier schließen. Erst im Jahr 1986 erinnerte man sich an das malzige Altbier von damals und gründete die Chinook Alaska Brewing Company. Heute werden die verschiedensten Biere, darunter auch Saisonbier, hergestellt. Das Malz des „Smoked Porter" wird wie schon früher in der nahe gelegenen Lachsräucherei über Erlenholz geröstet.

„Alaskan Smoked Porter"

Brauerei:	*Chinook Alaskan Brewery Co.*
Standort:	*Juneau, Alaska*
Sorte:	*Rauchbier*
Farbe:	*dunkles Mahagoni*
Alkoholgehalt:	*5,9 Vol.-%*
Serviertemperatur:	*12° C*
Geschmack:	*rauchig, Frucht und Karamell*

Bear Republic Brewing Co.
Klein, aber oho!

Richard Norgrove und seine Frau Tami gründeten im kalifornischen Healdsburg eine kleine Hausbrauerei. Doch bald waren die Räumlichkeiten zu klein und das junge Paar wechselte in eine nahe gelegene Brauereigaststätte. Noch heute wird das Bier per Hand mit sorgfältigst ausgesuchten Zutaten gebraut. 1999 gewann das Bier beim Great American Beer Festival eine Silbermedaille. Das „Hop Rod Rye" ist ein würziges Bier, dessen Etikett an die gute alte Zeit der Hod Rods Amerikas erinnert.

American Hot Rod

Ursprünglich wurden für den Bau der Hot Rods alte, billige Autos benutzt, bei denen das Gewicht reduziert und ein deutlich stärkerer Motor eingebaut wurde. In den 40er-Jahren fanden die aus dem Zweiten Weltkrieg zurückkehrenden Soldaten sowie bessergestellte Jugendliche so eine vergleichsweise preiswerte Möglichkeit, Beschleunigungsrennen zu fahren.

„Hop Rod Rye“

Brauerei:	*Bear Republic Brewery Co.*
Standort:	*Healdsburg, Kalifornien*
Sorte:	*American IPA*
Farbe:	*tiefdunkles Mahagoni*
Alkoholgehalt:	*7,5 Vol.-%*
Serviertemperatur:	*12° C*
Geschmack:	*deftig pikant*

Breckenridge Brewery
Bier aus den Rocky Mountains

Breckenridge ist die Hauptstadt des Summit Countys in Colorado und liegt knapp eine Autostunde von Denver in den Rocky Mountains. Bekannt ist sie heute vor allem als Skiort. Doch historisch gesehen wurde die Stadt gegründet, als die ersten Goldsucher während des Colorado-Goldrauschs von 1859 in das Gebiet kamen, um den täglichen Bedarf der Goldwäscher entlang der Fundstellen am Georgia Gulch zu decken. Darunter waren natürlich auch Brauereien.

Die Breckenridge Brauerei wurde jedoch erst 1990 gegründet, braut aber auch heute noch nach dem Rezept von Richard Squire mit drei Malzsorten und fünf Hopfensorten.

Der Breckenridge-Brewery-Komplex in der Kalamath Street in Denver.

„Trademark Pale“

Brauerei:	*Breckenridge Brewery*
Standort:	*Denver, Colorado*
Sorte:	*American Pale Ale*
Farbe:	*tiefgolden*
Alkoholgehalt:	*5,0 Vol.-%*
Serviertemperatur:	*10 bis 12° C*
Geschmack:	*ausgewogen und angenehm*

Anheuser-Busch Companies
King of Beer

Zu Weihnachten setzt die Anheuser-Busch Company ein spezielles Pferdegespann für die Werbung ein.

Budweiser wird in den USA seit 1876, inspiriert von dem Bier Pilsner-Brauart, das böhmische Emigranten aus ihrer Heimatstadt Budweis mitbrachten, gebraut und ist heute die am meisten verkaufte „Premium“-Bier-

National Association for Stock Car Auto Racing

Die NASCAR (National Association for Stock Car Auto Racing) ist ein großer US-amerikanischer Motorsportverband mit Sitz in Daytona Beach, Florida. Die Geschichte der NASCAR begann in der Prohibitionszeit. Als jeglicher Genuss von Alkohol strikt verboten war, gab es einen großen Schmuggler-Kreis, der jede Nacht selbstgebrannten Alkohol, den sogenannten „Moonshine" durch die USA transportierte. Heutzutage sehen viele Brauereien wie Anheuser-Busch, Miller, Coors und Lite in Amerika in der NASCAR einen idealen Werbeträger für ihre Produkte.

„Budweiser"

Brauerei:	*Anheuser-Busch Companies*
Standort:	*St. Louis, Missouri*
Sorte:	*Lager*
Farbe:	*blasses Gelb*
Alkoholgehalt:	*4,9 Vol.-%*
Serviertemperatur:	*6 bis 8° C*
Geschmack:	*mild und süffig*

marke in den USA. Neben Bud gibt es seit 1982 eine „Leicht"-Version: Bud Light ist seit 1994 Marktführer unter den Leichtbieren in den USA. Weitere Biere der Budweiser-Markenfamilie sind Budweiser select, Bud Dry, Bud Ice und Bud Ice Light. Seit 1990 bemühen sich die Tschechen teilweise erfolgreich, Rechte für die Herkunftsbezeichnung in mehreren Sprachen zumindest in Europa zugesprochen zu bekommen. Auch die Kurzform „Bud" durfte von Anheuser-Busch in Europa lange Zeit nicht verwendet werden, wegen der Verwechslungsgefahr mit „Bit" der Bitburger Brauerei. Anlässlich der Fußballweltmeisterschaft 2006 durfte Anheuser-Busch sein Bier doch als „Bud" vermarkten, im Gegenzug war Bitburger die einzige deutsche Biermarke in den Stadien.

Coors Brewing Company
Fünftgrößte Brauerei weltweit

„Coors Light"

Brauerei:	*Coors Brewing Company*
Standort:	*Golden, Colorado*
Sorte:	*Lager*
Farbe:	*hellgelb*
Alkoholgehalt:	*4,5 Vol.-%*
Serviertemperatur:	*6 bis 8° C*
Geschmack:	*trockenes eindimensionales Malz, nicht süßlich*

Die Coors Brewing Company war das wichtigste Tochterunternehmen der Adolph Coors Company. 1873 gründete der deutsche Einwanderer Adolph Coors eine Brauerei in Golden (Colorado). Sein American Lager, das den Spitznamen „Banquet Beer" trug und jetzt unter dem Namen „Coors Original" firmiert, soll seinen Geschmack aus dem reinen Wasser der Rocky Mountains herleiten. Die Firma Coors überstand die Prohibition, ein von 1920 bis 1933 in der Verfassung der USA festgeschriebenes Alkoholverbot, in dem sie ihre Tätigkeit auf die Herstellung anderer Produkte wie etwa Malted Milk oder Keramik verlagerte. Das Keramikgeschäft wurde später von der eigenständigen Gesellschaft CoorsTek weitergeführt.

Der große Sudkessel steht am Haupteingang der Coors Brewering Company.

Hair of the Dog Brewing Co.
Amerikanisches Bier aus Dortmund

Hair of the Dog Brewing Company wurde im November 1993 gegründet. Fred Eckhardt, ein Brauhistoriker entdeckte ein lange vergessenes Bier mit Namen „Adams". Es war ein starkes obergäriges Bier, das in der Mitte des 19. Jahrhunderts in Dortmund gebraut wurde. Der Sage nach hatte König Friedrich Wilhelm IV. von Preußen bei seinem Besuch in Dortmund einen Humpen des Biers eingeschenkt bekommen. Daraufhin verlor der Herrscher das Bewusstsein. 24 Stunden soll er geschlafen haben, bevor er sich von dem Schluck erholte.

„Adams"

Brauerei:	*Hair of the Dog Brewing Co.*
Standort:	*Portland, Oregon*
Sorte:	*Old Ale*
Farbe:	*fast schwarz*
Alkoholgehalt:	*4,5 Vol.-%*
Serviertemperatur:	*12 bis 14° C*
Geschmack:	*stark und herb*

SAB Miller
Hefestamm aus Sigmaringen

Frederick Miller wurde zwar in Riedlingen geboren, begann jedoch im benachbarten Sigmaringen in jungen Jahren seine Tätigkeit als Braumeister. 1849 berief ihn Prinz Karl Anton Fürst von Hohenzollern-Sigmaringen, letzter Herrscher des hohenzollerschen Stammlandes vor dessen Eingliederung in Preußen, an die Hofbrauerei der Hohenzollern in Sigmaringen. Wenig später heiratete er seine Frau Josephine und wanderte im Alter von 30 Jahren nach Amerika aus. 1855 braute er in der „Old Watertown Plank Road Brewery" sein erstes Bier nach deutscher Rezeptur in den USA und gründete dort im selben Jahr die Miller-Brauerei. Die Brauerei befindet sich heute nicht mehr im Familienbesitz. Die lange Zeit von dem Tabakkonzern Philip Morris geführte Unternehmung wurde im Jahr 2002 von den South African Breweries übernommen. Der Hefestamm aller Miller-Biere ist noch heute der Hefestamm der Hofbrauerei der Hohenzollern in Sigmaringen.

„Genuine Draft"

Brauerei:	*SAB Miller*
Standort:	*Milwaukee, Wisconsin*
Sorte:	*Lager*
Farbe:	*gelb*
Alkoholgehalt:	*4,7 Vol.-%*
Serviertemperatur:	*6 bis 8° C*
Geschmack:	*zart malziger Antrunk, schwaches Malzaroma*

Bier ist in Asien noch ein recht junges Getränk. Erst im 20. Jahrhundert kam das Gebräu über die Deutschen und Russen nach China und Japan. Dies sind auch die bedeutendsten Biermärkte im „Fernen Osten". Kirin war in Japan die erste Brauerei, die von einem Amerikaner gegründet wurde. Da in Japan ein Mindestausstoß von 180.000 Litern jährlich Vorschrift ist, gibt es keine kleinen Brauereien und alles konzentriert sich auf einige Großkonzerne. Im restlichen Asien ist die Brautradition sehr unterschiedlich. Wo die Engländer als Kolonialherren waren, wird schon lange Bier getrunken. Ansonsten kam das Verlangen oft erst mit den Touristen nach Asien.

Das Head-Office der Asahi-Brauerei in Tokio.

Asahi Breweries Ltd.
Aus Malz, Hopfen, Mais und Reis

„Asahi Super Dry"

Brauerei:	*Asahi Breweries, Ltd.*
Standort:	*Tokio, Japan*
Sorte:	*Lager*
Farbe:	*goldgelb*
Alkoholgehalt:	*5,0 Vol.-%*
Serviertemperatur:	*6 bis 7° C*
Geschmack:	*trocken, nur leicht malzig, hopfenbitterer Abgang*

Das Asahi-Bier wurde zum ersten Mal 1892 in der Brauerei Suita hergestellt. Im Januar 2009 erwirbt Asahi von Anheuser-Busch eine 19,9%ige Beteiligung an der chinesischen Tsingtao-Brauerei. Asahi ist mit einer Beteiligung von insgesamt 31 Prozent damit zweitgrößter Anteilseigner von Tsingtao. Asahi wird vom Hersteller als „Premium"-Produkt bezeichnet und aus Malz, Hopfen, Mais und Reis gebraut. Es hat 5 Vol.-% Alkoholgehalt und ist vom Typ der international verbreiteten amerikanischen und internationalen Lagerbiere ähnlich und hat wie diese einen im Vergleich mit europäischen Sorten wenig ausgeprägten Eigengeschmack.

Außerhalb Japans erfreut es sich in Südkorea, Taiwan und China großer Beliebtheit. Ansonsten wird Asahi mittlerweile in die ganze Welt exportiert, auch nach Deutschland. Seit 2000 wird es in Lizenz auch in Europa (Tschechien) hergestellt.

PT Multi Bintang Indonesia Tbk.
Ursprung in Holland

1929 wurde in Indonesien die Brauerei als Nederlandsch Indische Brierbrouwerijen gegründet. Schon damals wurde das Pilsener nach dem deutschen Reinheitsgebot gebraut, dann übernahm die Heineken-Gruppe die Brauerei, um ihr eigenes Bier zu brauen. Als sich Heineken im Jahr 1957 aus dem indonesischen Markt zurückzog, musste ein neuer Markenname her. So entstand das „Perusahaan Bir Bintang". Als Heineken 1967 wieder zurückkam, wurde das Bier in Bintang Baru umbenannt. Seit 2002 heißt es nun Bir Bintang.

„Bintang Pilsener"

Brauerei:	*PT Multi Bintang Indonesia Tbk.*
Standort:	*Jakarta, Indonesien*
Sorte:	*Pilsener*
Farbe:	*goldgelb*
Alkoholgehalt:	*4,8 Vol.-%*
Serviertemperatur:	*8° C*
Geschmack:	*ausgewogenes Hopfen-Malz-Aroma*

In Indonesien, wo gerade eine hypermoderne Brauerei eröffnet wurde, ist Heineken mit seiner Marke „Bintang" und einem Marktanteil von 60 Prozent inzwischen Marktführer. Auch in Vietnam, China, Thailand, Kambodscha wird inzwischen das Heineken-Bier gebraut und getrunken.

United Breweries
„Tanz in vielen Märkten"

Die Brauerei wurde 1857 von dem Schotten Thomas Keishman gegründet. Die Zusammensetzung des Bieres bezog ihre Grundzüge aus dem englischen Bier, das zu dieser Zeit nach Indien transportiert wurde. 1947 wurde Vittal Mallya der erste indische Direktor des Unternehmens. Die größten Umsätze machte die Brauerei anfänglich mit der Herstellung einfachen Biers für die britischen Truppen, die in riesigen Fässern transportiert wurden. In den 50er- und 60er-Jahren expandierte die Firma durch den Zukauf mehrerer kleiner Brauereien. Aber auch im Wein- und Spirituosengeschäft, in der landwirtschaftlichen Industrie und im chemischen Bereich, mit langfristigen Beziehungen zur Hoechst AG Deutschland, war die Firma bald sehr erfolgreich.

„Kingfisher"

Brauerei:	*United Breweries*
Standort:	*Bangalore, Karnataka, Indien*
Sorte:	*Lager*
Farbe:	*blassgelb*
Alkoholgehalt:	*4,8 Vol.-%*
Serviertemperatur:	*5° C*
Geschmack:	*dünner Antrunk, eine Nuance Getreidearoma, betont mild, fast nicht gehopft*

Sapporo Breweries Ltd.
Die Brauerei in den Bergen

Die alten Gebäude der ehemaligen Brauerei in Sapporo ist heute ein Museum.

Seibei Nakagawa gilt als Begründer der Sapporo-Brauerei. Nachdem er in Deutschland das Brauereihandwerk erlernt hatte, wurde er im Jahr 1776 von der japanischen Regierung beauftragt, den Bau einer Brauerei in Hokkaido zu überwachen. Noch im selben Jahr wurden die ersten „bayrischen" Biere in Japan produziert. 1886 wurde dann der Name „Sapporo"-Brauerei kreiert. 20 Jahre später wurde die Brauerei von der

„Silver Sapporo"

Brauerei:	*Sapporo Breweries Ltd.*
Standort:	*Tokio, Japan*
Sorte:	*Lager*
Farbe:	*goldgelb*
Alkoholgehalt:	*4,5 Vol.-%*
Serviertemperatur:	*6 bis 8° C*
Geschmack:	*anfangs noch malzig, wird es später überraschend würzig und angenehm bitter*

Dai-Nippon-Gruppe übernommen und das Unternehmen zog nach Tokio um. Als sich im Jahr 1949 nach dem Krieg die Dai-Nippon-Gruppe aufteilte, wurde Sapporo wieder selbstständig. Die mit roten Klinkern erbauten, mit Efeu bewachsenen Gebäude der alten Sapporo-Brauerei in Hokkaido von 1876 wurden inzwischen zur größten Bierhalle Japans umgestaltet.

Sapporo Snow Festival

Mit den eindrucksvollen Skulpturen, die das Zentrum von Sapporo alljährlich in eine Märchenwelt aus Schnee und Eis verwandeln, gilt das Festival als das größte der Welt. Und dazu ein frisches Bier vom Fass, denn auch für Bierbrauereien ist Sapporo eine bekannte und gute Adresse.

Boon Rawd Brewery Co.
Bier mit Eis

Es gibt in Thailand inzwischen ein recht reichhaltiges Bierangebot, angefangen von „richtigem“ Bier bis hin zu Reis-Bieren. Die Thais trinken in der Regel ihr Bier mit Eis. Die Biergeschichte Thailands begann exakt am 4. August 1933, als Phya Bhirom Bhakdi eine Braulizenz erhielt. Historisch gesehen war dies auch der Startschuss für die Boon Rawd Brauerei, deren Löwenbier (auf Thai Singha, gesprochen aber nur „Singh“) einen gewaltigen Erfolg vor sich haben sollte. Ob das Wappentier übrigens ein Verweis auf die deutsche Löwenbrauerei sein sollte, ist auch heute, nach 65 Jahren erfolgreicher Produktion, nicht bekannt. Fest steht jedenfalls, dass die Singha-Brauerei mit rund 80 Prozent am thailändischen Biermarkt den Löwenanteil hält!

Der älteste Sohn des Gründers Phya Bhirom Bhakdi, Khun Prachuab Bhirom Bhakdi, war der erste Braumeister Thailands. Vom renommierten „Doemens Institut“, der heutigen Fachakademie in München-Gräfelfing, wurde ihm 1936 nach erfolgreicher Ausbildung der Titel „Diplom-Braumeister“ verliehen. Als Khun Prachuab am 1. Juli 1993 starb, hinterließ er ein Unternehmen mit dem gigantischen Jahres-Bierausstoß von sage und schreibe 350 Millionen Litern.

„Singha Lager Beer“

Brauerei:	*Boon Rawd Brewery Co.*
Standort:	*Bangkok, Thailand*
Sorte:	*Lager*
Farbe:	*hellgolden*
Alkoholgehalt:	*6,0 Vol.-%*
Serviertemperatur:	*6 bis 8° C*
Geschmack:	*malzig fruchtiger Antrunk, rau und unausgewogen, wenig malzbitterer Abgang*

Asia Pacific Breweries
Größte Brauerei Singapurs

Die Brauerei wurde im Jahr 1931 als Malayan Breweries in Singapur gegründet. Mit einem Joint Venture mit Fraser & Neave und Heineken wurde sie zur größten Brauerei Singapurs. 1990 wurde sie in Asia Pacific Breweries umbenannt. Inzwischen ist

Der berühmte „Tigersky“ in Singapur.

„Tiger“

Brauerei:	*Asia Pacific Breweries*
Standort:	*Singapur, Singapur*
Sorte:	*Lager*
Farbe:	*strohgelb*
Alkoholgehalt:	*5,0 Vol.-%*
Serviertemperatur:	*6 bis 8° C*
Geschmack:	*mäßig malzig und geschmacksarm*

die Asia Pacific in zwölf Ländern wie Singapur, Malaysia, Thailand, Vietnam, Mongolei, Neuseeland, Sri Lanka und Indien vertreten.

Tsingtao Brewery Co. Deutsches Bier aus China

Tsingtao ist wohl unbestritten das bekannteste Bier aus China, wenn nicht gar aus ganz Asien, und in Deutschland wird es zwischenzeitlich auch sehr gerne getrunken. Tsingtao ist heute die größte Brauerei der Volksrepublik China und die zehntgößte Brauerei weltweit. Sie wurde im Jahr 1903 von deutschen Siedlern als Germania-Brauerei in Kiautschou gegründet. Einen Anteil von 45 Prozent des Unternehmens hält die Volksrepublik. Weitere Besitzanteile gehören dem britischen Nahrungsmittelkonzern Associated British Foods. Der Marktanteil von Tsingtao in China liegt bei ca. 15 Prozent. 1972 wurde Tsingtao in den US-amerikanischen Markt eingeführt und ist seitdem das am meisten verkaufte chinesische Bier in den USA. Weltweit wird Tsingtao in über 50 Staaten exportiert, damit liegt Tsingtaos Anteil des chinesischen Bierexports bei ca. 50 Prozent.

„Tsingtao Beer“

Brauerei:	*Tsingtao Brewery Co.*
Standort:	*Tsingtao (Qingdao), Shandong*
Sorte:	*Lager*
Farbe:	*kräftiges Gelb, klar*
Alkoholgehalt:	*4,7 Vol.-%*
Serviertemperatur:	*8° C*
Geschmack:	*leicht malziger Antrunk, malzbetont*

Haupteingang der Brauerei Tsingtao und des Bier-Museums in Tsingtao in der Provinz Shandong.

Kanada hat eine lange Tradition in der Bierbrauerei. Heute sind viele Brauereien international vertreten. Bier wurde erstmals von europäischen Siedlern im 17. Jahrhundert eingeführt. Die erste kommerzielle Brauerei wurde 1668 von Jean Talon in Québec errichtet. Weitere kamen in den nächsten Jahrzehnten hinzu. John Molson gründete 1786 eine in Montréal, Alexander Keith 1829 in Halifax und Eugene O'Keefe in Toronto. Am 6. Juli 1842 wurde das erste staatliche Patent an G. Riley vergeben. Die Marktführer in Kanada sind die Brauereien Molson und Labatt. Ihre beiden Hauptmarken sind das Molson Canadian und das Labatt Blue sowie auch einige Nischenprodukte.

Labatt Brewing Company
Bier und Eisenbahn

Labatt gründete die Firma, indem er die London Simcoe Street Brewery aufkaufte. 1853 war Labatt alleiniger Eigentümer und nannte die Brauerei John Labatt's Brewery. Durch die Fertigstellung der Great Western Railway in den 1850ern exportierte die Firma nun in das ganze Land. Anfang des 20. Jahrhunderts ging die Firma an die neun Kinder von Labatt über.

1915 begann das Verbot öffentlicher Bars. 1916 wurde auch Ontario davon betroffen. Manche Provinzen verboten die Produktion von Alkohol, wohingegen andere die Produktion für den Export in die USA erlaubten. Labatts Strategie war es, sich auf den Export zu konzentrieren und ein Getränk mit weniger als zwei Prozent Alkoholgehalt herauszubringen, welches in Ontario verkauft wurde. Aufgrund der Verbote, die bis 1926 anhielten, mussten viele Brauereien schließen, was jedoch auch die Marktstellung der Labatt Brewing Company festigte.

„Labatt Blue“

Brauerei:	*Labatt Brewing Company Ltd.*
Standort:	*London, Ontario*
Sorte:	*Lager*
Farbe:	*goldgelb, klar*
Alkoholgehalt:	*5,0 Vol.-%*
Serviertemperatur:	*6 bis 8° C*
Geschmack:	*wohl ausgewogen mit weichem Körper*

Moosehead Breweries Limited
Die Elchkopfbrauerei

Kanadas älteste und letzte unabhängige Großbrauerei kann auf eine Vergangenheit zurückblicken, die einen Zeitraum von mehr als 100 Jahren umfasst. Im Jahr 1867 braute Susannah Oland in ihrem Garten im Turtle Groveviertel von Dartmouth, Nova Scotia, nach Familienrezepten ein einziges Fass Bier. Das braune Oktober-Ale der Familie Oland wurde so beliebt, dass Susannah und ihr Mann, John James Dunn Oland, von einem Freund der Familie, Kapitän Francis DeWinton, dazu ermutigt wurden, ihr Hobby in ein kommerzielles Unternehmen umzusetzen. Moosehead Breweries Limited aus Saint John, New Brunswick, ist Kanadas älteste unabhängige Brauerei.

Die Brauerei wurde 1867 von Susannah Oland gegründet und befindet sich seitdem in Familienbesitz. Die Werbung in den maritimen Provinzen für Moosehead-Biere richtet sich speziell an deren Einwohner, um sie an die einzige Brauerei in ebendiesen Provinzen zu erinnern.

„Moosehead Lager “

Brauerei:	*Moosehead Breweries Limited*
Standort:	*Saint John, Neubraunschweig*
Sorte:	*Lager*
Farbe:	*gelb, klar*
Alkoholgehalt:	*5,0 Vol.-%*
Serviertemperatur:	*5° C*
Geschmack:	*zart fruchtiges Malzaroma*

EEJ-205

Bildnachweis:
Abbaye de Leffe SA, Adlerbrauerei Herbert Werner, Aktienbrauerei Kaufbeuren, Alpirsbacher Klosterbräu, Altenburger Brauerei, Altstadt-Bräu Johann Sion, Amstel Brouwerij, Andreasbräu, Anheuser-Busch Companies, Artland Brauerei, Asahi Breweries, Asia Pacific Breweries, Auerbräu Rosenheim, Augusta Bräu, Augustiner-Bräu Wagner, Bass Brewer Ltd., Baustolz GmbH, Bautzener Brauhaus, Bavaria Brouwerij, Bayrische Staatsbrauerei Weihenstephan, Beamish & Crawford, Bear Republic Brewery Co., Bergische Löwen-Brauerei, Bergquell-Brauerei Löbau, Berliner Kindl Schultheiss Brauerei, Bierbrouwerij De Koningshoeven BV, Bierbrouwerij Sint Christoffel, Biergeschichten, Binding Brauerei, Birra Peroni Industriale, Bischoff'sche Brauerei, Bitburger Brauerei Th. Simon, Bitterfelder Brauerei, Black Sheep Brewery, Böhmisch Brauhaus, Boon Rawd Brewery Co., Brandenburg, Brasserie d'Achouffe, Brasserie de l'Abbaye des Rocs SA, Brasserie du Bocq, Brasserie Duyck, Brasserie Fischer, Brasserie Kronenbourg, Brasserie Pietra, Brau Union Österreich AG, Brauerei Allersheim, Brauerei Alsfeld, Brauerei Aying, Brauerei Beck, Brauerei Brinkhoff, Brauerei Budweiser Budvar, Brauerei C. & A. Veltins, Brauerei Carl Betz, Brauerei Clemens Härle, Brauerei Diebels, Brauerei Dinckelacker, Brauerei Engelhardt, Brauerei Fohrenburg, Brauerei G. A. Bruch, Brauerei Gebr. Fohr, Brauerei Gold Ochsen, Brauerei Grohe, Brauerei Hirt, Brauerei Kühbach, Brauerei Landsberger, Brauerei Maisach, Brauerei Max Leibinger, Brauerei Neunspringe Worbis, Brauerei Pinkus Müller, Brauerei Poretti, Brauerei Rapp, Brauerei Reichenbrand, Brauerei Rogg, Brauerei Schleswig, Brauerei Schlösser, Brauerei Schwelm, Brauerei Weimar-Ehringsdorf, Braugold Vertriebs GmbH, Brauhaus Babben, Brauhaus Pforzheim, Brauhaus Schweinfurt, Brauhaus Spandau, Brauhaus Südstern, Bräuhaus Wallhall, Breckenridge Brewery, Broughton Ales Ltd., Brouwerij de Gouden Boom, Brouwerij Duvel Moortgat NV, Brouwerij Leon Huyghe, Brouwerij Louwaege, Brouwerij Roman NV, Brouwerij Timmermans J. Martin, Brouwerij van Hoegaarden, Bürgerliches Brauhaus Nordhausen, Bürgerliches Brauhaus Saalfeld, Buzetska Pivovara, Caledonian Brewery, Carlow Brewing Co., Carlsberg Danmark A/S, Carlsberg Sverige, Chinook Alaskan Brewery Co., Colbitzer Heidebrauerei, Cölner Hofbräu Früh, Corrs Brewing Company, Daleside Brewers Ltd., Darguner Brauerei, Darmstädter Privatbrauerei, Distelhäuser Brauerei Ernst Bauer, Dithmarscher Brauerei, Dortmunder Actien-Brauerei, Eichenbaum-Brauereien, Eichener Brauerei, Eick Bräu, Einbecker Brauhaus, Einsiedler Brauhaus, Eisenacher Brauerei, Engel-Bräu, Erste Dampfbierbrauerei Zwiesel, Feldschlößchen AG, Flensburger Brauerei, Frankfurter Brauhaus, Friesisches Brauhaus zu Jever, Fuller, Smith & Turner plc., Garley Spezialitäten-Brauerei, George Bateman & Son Ltd., George Gale & Co., Gilde-Brauerei, Glückauf-Brauerei, Greene King Brewery, Grolsch Bierbrouwerij, Gröninger Privatbrauerei, Grosswald Brauerei Bauer, Guinness Ltd., Haake-Beck Brauerei, Hacker-Pschorr-Bräu, Hair of the Dog Brewing Co., Hanseatische Brauerei Rostock, Hasen-Bräu Augsburg, Hasseröder Brauerei, Heineken Brouwerij BV, Henninger Bräu, Herforder Brauerei, Herta Jarczok, Hochstädter Landbier, Holsten-Brauerei, Irseer Klosterbräu, Karlovakko Pivovara, Karlsberg Brauerei, Klosterbrauerei Andechs, Klosterbrauerei Neuzelle, Kloster-Brauerei Scheyern, Königsbacher Brauerei, Köstritzer Schwarzbierbrauerei, Kulmbacher Brauerei, Labatt Brewing Company Ltd., Lahnsteiner Brauerei, Landskron Brauerei Görlitz, Lapin Kulta, Lauterbacher Burgbrauerei, Le Baladin, Leipziger Brauhaus, Les Brasseurs de Gayant, Licher Privatbrauerei, Lindeboom Brierbrouwerij NV, Lobkowicz Brauerei, Löwenbräu, Mauritius Brauerei, Mecklenburgische Brauerei Lübz, Meininger Privatbrauerei, Moosehead Breweries Limited, Moretti Brauerei, Paderborner Brauerei, Park & Bellheimer AG, Paulaner Brauerei, Pfungstädter Brauerei, Pivovarna Lasko, Pivovary Staropramen, Plzensky Prazdroi, Privatbrauerei Bischoff, Privatbrauerei Carl Bolten, Privatbrauerei Gaffel Becker, Privatbrauerei Gebr. Mayer, Privatbrauerei Gessner, Privatbrauerei Härke, Privatbrauerei Herrenhausen, Privatbrauerei Iserlohn, Privatbrauerei Lasser, Privatbrauerei Metzler, Privatbrauerei Michelsbräu, Privatbrauerei Schimpfle, Privatbrauerei Schwerter, Privat-Brauerei Steffens, Privatbrauerei Strate, Privatbrauerei Ustersbach, PT Multi Bintang Indonesia Tbk., Rhönbrauerei Dittmar, Rosenbrauerei Pößneck, SAB Miller, Sapporo Breweries Ltd., Schloss Eggenberg, Schlossbrauerei Fürstlich Drena, Schloßbrauerei Kaltenberg, Scottish & Newcastle, Sophie's Brauhaus, Spendrups Bryggeri, Spreewälder Privatbrauerei, Stella Artois, Stralsunder Brauerei, Stuttgarter Hofbräu, Thorbräu Augsburg, Traquair House Brewery Ltd., Tsingtao Brewery Co., Tuborg Brewerries Ltd., Tucher Bräu, United Breweries, Vielanker Brauhaus, Wäldches Druidenbräu, Warsteiner Brauerei, Weißbierbrauerei Kuchlbauer, Weldebräu, Westerwald Brauerei, Willams Brothers Brewing, Würzburger Hofbräu, Wychwood Brewery
Da einige Vorlagen nicht eindeutig zugeordnet werden konnten, werden berechtigte Honoraransprüche selbstverständlich abgegolten.